Excel 在财务与会计管理中的应用

主　编　赵海荣　庞天天
副主编　孙佳春　韩　潇

北京理工大学出版社
BEIJING INSTITUTE OF TECHNOLOGY PRESS

版权专有　侵权必究

图书在版编目（CIP）数据

Excel 在财务与会计管理中的应用/赵海荣，庞天天主编. —北京：北京理工大学出版社，2022.7 重印

ISBN 978-7-5640-9869-8

Ⅰ. ①E… Ⅱ. ①赵… ②庞… Ⅲ. ①表处理软件-应用-财务管理 ②表处理软件-应用-会计 Ⅳ. ①F275-39 ②F232

中国版本图书馆 CIP 数据核字（2014）第 239933 号

出版发行	/ 北京理工大学出版社有限责任公司
社　　址	/ 北京市海淀区中关村南大街 5 号
邮　　编	/ 100081
电　　话	/（010）68914775（总编室）
	82562903（教材售后服务热线）
	68944723（其他图书服务热线）
网　　址	/ http://www.bitpress.com.cn
经　　销	/ 全国各地新华书店
印　　刷	/ 唐山富达印务有限公司
开　　本	/ 710 毫米 × 1000 毫米　1/16
印　　张	/ 19
字　　数	/ 350 千字
版　　次	/ 2022 年 7 月第 1 版第 8 次印刷
定　　价	/ 49.00 元
责任编辑	/ 钟　博
文案编辑	/ 胡卫民
责任校对	/ 周瑞红
责任印制	/ 李志强

图书出现印装质量问题，请拨打售后服务热线，本社负责调换

前　　言

　　随着计算机的普及以及会计电算化的发展，应用Excel处理相关会计账务成为每位财会工作人员必须掌握的技能。本教材是高职高专类会计电算化专业学生的专业核心课。本教材就是在这一背景需求下产生的。本书的编写，参考了国内有关计算机和会计方面的专著、教材，吸收了有关Excel处理相关会计账务的教学和科研新成果，注重理论联系实际，充分考虑了会计工作的新经验和新成就，具有较强的思想性、理论性、科学性、先进性和实用性。全书比较系统和全面地阐述了Excel在会计实践应用中的基础理论、基础知识和基本技术方法及其应用，在学法上力求概念准确、层次分明、重点突出、简明扼要、深入浅出、通俗易懂。

　　针对高职高专的培养目标和职业教育对象的特点，结合实践教学成果，突破传统教材的编写桎梏，引入了以职业能力为目标，以项目设计为载体，以工作过程为指导思想的编写思路。在编写过程中，注重理论与实务并重、知识与技能并重。本书以会计工作中常见的工作为例，详细地介绍了利用Excel 2007解决会计工作中一些实际问题的方法。根据常用会计工作的实际过程和会计分析的基本分析工具，全书分为11个项目，确定了34个工作任务。本书按照工作任务来编写理论知识，实现了理论教学与实践教学的一体化，有助于锻炼学生解决实际问题的能力。

　　本教材实例丰富、针对性强，既可作为普通高等职业院校、高等专科学校、成人高校、民办高校及应用型本科院校的会计、会计电算化、信息管理及相关专业的教材，又可作为Excel会计应用的培训教材，也是广大Excel 2007使用者不可多得的一本参考书。

　　本教材编写分工为：呼和浩特职业学院赵海荣编写项目六、项目七、项目八、项目九和项目十；内蒙古电子技术职业学院庞天天编写项目一、项目五和项目十一；内蒙古电子技术职业学院孙桂春老师编写项目二和项目四；内蒙古电子技术职业学院韩潇老师编写项目三并负责资料的收集和整理。呼和浩特职业学院赵海荣老师任第一主编，审阅了全书，负责全书总纂和定稿工作；内蒙古电子技术职业学院庞天天老师任第二主编；副主编是孙桂春老师和韩潇老师。

编　者

目 录

项目一 Excel 基础 …………………………………………………… (001)

    任务一 Excel 的工作界面 ………………………………………… (002)

        一、Excel 的启动与退出 ………………………………………… (002)

        二、Excel 的工作界面 …………………………………………… (002)

    任务二 Excel 的工作簿和工作表 ………………………………… (004)

        一、工作簿管理 …………………………………………………… (004)

        二、工作表管理 …………………………………………………… (005)

    任务三 Excel 单元格 ……………………………………………… (007)

        一、Excel 单元格类型 …………………………………………… (007)

        二、单元格的基本操作 …………………………………………… (009)

    任务四 Excel 工作表的美化与打印 ……………………………… (012)

        一、Excel 工作表的美化 ………………………………………… (012)

        二、Excel 工作表的打印 ………………………………………… (014)

项目二 Excel 公式与函数 ……………………………………………… (018)

    任务一 Excel 公式 ………………………………………………… (019)

        一、Excel 公式概述 ……………………………………………… (019)

        二、Excel 公式的操作 …………………………………………… (020)

        三、单元格的引用 ………………………………………………… (025)

        四、公式中的错误与审核 ………………………………………… (028)

    任务二 Excel 函数 ………………………………………………… (030)

        一、函数的定义与分类 …………………………………………… (030)

        二、函数的使用 …………………………………………………… (031)

        三、财务常用函数 ………………………………………………… (033)

项目三 Excel 数据管理 ………………………………………………… (038)

    任务一 Excel 基本数据管理 ……………………………………… (039)

一、数据清单概述 …………………………………………………… (039)
　　二、数据排序 ………………………………………………………… (043)
　　三、数据筛选 ………………………………………………………… (048)
　　四、分类汇总 ………………………………………………………… (052)
　任务二　数据透视表 …………………………………………………… (055)
　　一、数据透视表概述 ………………………………………………… (055)
　　二、创建数据透视表 ………………………………………………… (055)
　　三、编辑数据透视表 ………………………………………………… (058)

项目四　Excel 图表 …………………………………………………………… (064)
　任务一　Excel 图表概述 ……………………………………………… (065)
　　一、认识图表类型 …………………………………………………… (065)
　　二、创建图表 ………………………………………………………… (070)
　　三、图表的基本操作 ………………………………………………… (077)
　　四、图表与数据表的关系 …………………………………………… (078)
　任务二　Excel 插图概述 ……………………………………………… (082)
　　一、插入图形 ………………………………………………………… (082)
　　二、编辑图形 ………………………………………………………… (088)
　　三、设置边框与背景 ………………………………………………… (097)

项目五　Excel 在工资管理中的应用 ………………………………………… (105)
　任务一　工资相关数据的输入 ………………………………………… (107)
　　一、建立相关工作表并输入数据 …………………………………… (107)
　　二、记录单数据输入法 ……………………………………………… (111)
　任务二　工资计算项目的设置 ………………………………………… (112)
　　一、建立工资计算表 ………………………………………………… (112)
　　二、计算各类补贴（补贴标准详见情境案例介绍）………………… (113)
　　三、应发工资的计算 ………………………………………………… (115)
　　四、计算代扣的住房公积金及个人所得税 ………………………… (115)
　　五、计算实发工资 …………………………………………………… (117)
　　六、制作工资条 ……………………………………………………… (118)
　任务三　工资数据的查询与统计设计 ………………………………… (124)
　　一、准备上半年相关工资数据 ……………………………………… (124)
　　二、工资数据分析 …………………………………………………… (128)

项目六　Excel 在会计凭证中的应用 ………………………………………… (136)
　任务一　会计凭证概述 ………………………………………………… (136)

　　　　一、会计凭证的定义及作用 …………………………………… (136)
　　　　二、会计凭证的种类 ……………………………………………… (137)
　　　　三、会计凭证封面的设计 ………………………………………… (137)
　　任务二　创建记账凭证模板 …………………………………………… (141)
　　　　一、会计科目表 …………………………………………………… (141)
　　　　二、创建记账凭证模板 …………………………………………… (145)
　　　　三、保存记账凭证模板 …………………………………………… (156)

项目七　Excel 在会计账簿中的应用 …………………………………… (159)

　　任务一　日记账 ………………………………………………………… (160)
　　　　一、日记账概述 …………………………………………………… (160)
　　　　二、创建日记账表 ………………………………………………… (160)
　　　　三、登记日记账 …………………………………………………… (163)
　　　　四、日记账的审核与过账 ………………………………………… (165)
　　任务二　明细分类账及总分类账的生成 ……………………………… (165)
　　　　一、相关知识的应用 ……………………………………………… (165)
　　　　二、明细分类账的生成 …………………………………………… (166)
　　　　三、总分类账的生成 ……………………………………………… (167)
　　任务三　会计数据保护措施 …………………………………………… (176)
　　　　一、对单元格的保护和撤销保护 ………………………………… (176)
　　　　二、对工作表的保护与撤销保护 ………………………………… (178)
　　　　三、对工作簿进行保护与撤销保护 ……………………………… (179)

项目八　Excel 在会计报表中的应用 …………………………………… (183)

　　任务一　编制总账及试算平衡表 ……………………………………… (184)
　　　　一、相关知识 ……………………………………………………… (184)
　　　　二、背景资料 ……………………………………………………… (185)
　　　　三、总账及试算平衡表 …………………………………………… (189)
　　任务二　编制资产负债表 ……………………………………………… (192)
　　　　一、资产负债表的基本知识 ……………………………………… (192)
　　　　二、资产负债表的编制实例 ……………………………………… (194)
　　任务三　编制利润表 …………………………………………………… (199)
　　　　一、利润表基本常识 ……………………………………………… (199)
　　　　二、利润表编制实例 ……………………………………………… (200)
　　任务四　编制现金流量表 ……………………………………………… (202)
　　　　一、现金流量表的基本知识 ……………………………………… (202)
　　　　二、现金流量表的格式 …………………………………………… (202)

三、现金流量表的编制 ································· (203)

项目九　Excel 在会计报表分析中的应用 ················· (206)

任务一　应用 Excel 分析资产负债表 ················· (207)
一、运用 Excel 进行现金分析 ························· (207)
二、运用 Excel 进行应收账款分析 ····················· (212)
三、应用 Excel 进行存货分析 ························· (218)
四、应用 Excel 进行固定资产分析 ····················· (226)

任务二　利用 Excel 分析利润表 ····················· (227)
一、应用 Excel 进行收入、毛利分析 ··················· (227)
二、应用 Excel 进行期间费用分析 ····················· (230)
三、企业获利能力分析 ······························· (232)

项目十　货币的时间价值 ································· (236)

任务一　现值的计算 ································· (237)
一、利用 PV 函数计算复利现值 ······················· (237)
二、利用 PV 函数计算年金现值 ······················· (239)
三、利用 NPV 函数计算现值之和 ····················· (240)
四、利用 NPV 函数计算投资净现值 ··················· (243)

任务二　终值的计算 ································· (245)
一、利用 FV 函数计算复利终值 ······················· (245)
二、利用 FV 函数计算年金终值 ······················· (247)

任务三　年金的计算 ································· (248)
一、已知终值求年金 ································· (248)
二、已知现值求年金 ································· (249)

任务四　模拟变量表的计算 ··························· (251)
一、用单变量进行方案决策 ··························· (251)
二、用双变量进行方案决策 ··························· (253)

任务五　计算内含报酬率 ····························· (258)
一、利用 IRR 函数计算内含报酬率 ···················· (258)
二、利用单变量求解货币时间价值 ····················· (259)

项目十一　Excel 在固定资产管理中的应用 ················· (264)

任务一　建立固定资产信息清单 ······················· (265)
一、固定资产基本知识 ······························· (265)
二、固定资产基本信息设置 ··························· (265)

任务二　固定资产计提折旧 ··························· (269)

一、固定资产折旧方法及函数 …………………………………… (269)
　　二、利用 Excel 实现固定资产计提折旧 ………………………… (272)
　　三、折旧费用类别 ………………………………………………… (274)
任务三　创建固定资产卡片 …………………………………………… (275)
　　一、设计固定资产卡片 …………………………………………… (275)
　　二、"固定资产卡片"函数及计算公式 ………………………… (278)
任务四　固定资产日常管理 …………………………………………… (283)
　　一、固定资产的增加 ……………………………………………… (283)
　　二、固定资产的调拨 ……………………………………………… (283)
　　三、固定资产的减少 ……………………………………………… (284)
任务五　固定资产折旧费用分配表 …………………………………… (285)
　　一、按固定资产折旧费用类别分析折旧费用分配情况 … (285)
　　二、按固定资产使用部门分析折旧费用分配情况 ……… (287)

项目一
Excel 基础

知识结构图

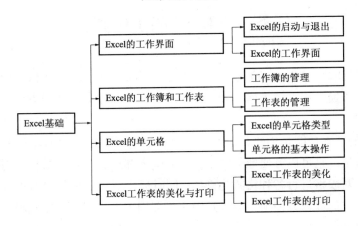

情境写实

【情境案例】

作为高等职业学院会计专业学生,应具备利用 Excel 软件对常用会计基本核算业务进行操作的能力。假设进入一家小型公司实习或工作,该公司未购买专用财务软件,为快速完成工作计划从 2014 年 9 月开始使用 Excel 软件进行会计核算工作,为了适应岗位需求,开始学习 Excel 基础操作知识及技能。

【分析与思考】

请思考:在学习计算机应用基础时,如何熟悉 Excel 2007 软件的工作界面、基本功能、基本操作、单元格基本操作、格式设置、图表设置、函数设置方法等。

学习目标

【知识目标】

(1) 了解 Excel 的基本工作界面,掌握各工具的功能和使用方法。
(2) 了解工作簿、工作表、数据清单、公式和函数的概念。
(3) 认识图表的基本样式,掌握公式输入的格式。

【能力目标】

（1）学会用 Excel 创建和编辑表格，对数据进行输入、编辑、计算、复制、移动操作，掌握数据设置格式、单元格设置。

（2）掌握 Excel 处理数据和分析数据的功能，可以运用公式和函数自动处理数据，能对工作表的数据进行排序、筛选、分类汇总、统计和查询等操作。

（3）能够准确根据工作表中的数据快速生成图表，并进行编辑和修改常用图表。

任务一 Excel 的工作界面

Excel 是微软（Microsoft）公司推出的办公自动化系列软件 Office 中重要的组成部分，用于最常用电子表格处理的应用软件，目前在数据处理方面有着广泛的应用。

Excel 的基本功能是创建和编辑电子表格。电子表格即由若干行和若干列构成的二维表格。它可以方便地创建工作表，输入和编辑工作表数据，对数据进行各种运算，对表格进行各种格式化操作；同时提供实用价值的是数据图表化，可以将工作表中的数据方便地生成各种图表，即用图形直观、形象地将工作表中的数据表示出来，实现数据图表化。它还提供了强大的数据管理分析功能，能将工作表中的数据进行排序、筛选、分类汇总等操作，从而实现数据的管理与分析，从中获取有用的信息。

一、Excel 的启动与退出

1. Excel 的启动

Excel 的启动有 3 种方法：

（1）单击"开始"菜单，指向"所有程序"菜单中"Microsoft Office"，然后单击"Microsoft Office Excel 2007"命令启动。

（2）双击"桌面"上的 Excel 2007 快捷方式启动。

（3）右击"桌面"空白处，在"新建"中找"Microsoft Excel 工作表"启动。

2. Excel 的退出

有 3 种方法可退出 Excel：

（1）单击"Office 按钮"菜单中的"退出 Excel"命令，或双击"Office 按钮"。

（2）单击窗口右上角的关闭按钮 。

（3）按下"【Alt】+【F4】"组合键。

二、Excel 的工作界面

Excel 2007 的基本界面主要由标题栏、菜单栏、快速访问工具栏、标尺、编辑栏、表格区域、滚动条、状态栏等部分组成。Excel 2007 工作界面如图 1-1 所示。

(1) 标题栏。

它位于 Excel 界面中最上方的中央位置,显示当前打开的工作簿的标题。通过拖动标题栏可以拖动整个 Excel 的界面。

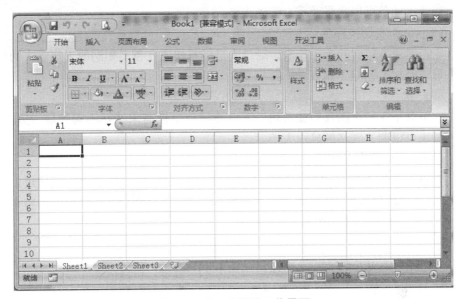

图 1-1　Excel 2007 工作界面

(2) 选项卡与功能区。

它位于标题栏的下方,包含"开始"、"插入"、"页面布局"、"公式"、"数据"、"审阅"和"视图"7 个选项,单击这些选项卡可以进入包含多个工具按钮的界面(功能区),7 大分类让我们可以快速找到需要的功能按钮,可以安装插件进行增加功能和选项。

(3) 快速访问工具栏。

默认状态下,它位于 Excel 界面的左上角,由"撤销键入"、"重复键入"、"保存"和"打印预览"4 个快捷按钮组成。通过设置也可以让工具栏的位置移动至功能区的下方,而且快速访问工具栏还可以根据需要手动添加更多的功能按钮。

(4) 行标题和列标题。

通过 Excel 的行标题和列标题可以快速选定多行或多列的内容,通过该标题也可以调整单元格的宽度和高度,而其上的序号可以用来判定单元格所处的位置。

(5) 编辑栏。

它位于表格区域的上部,显示了选定单元格的名称和内容,也可以在此更改单元格的名称和内容,还可以进行名称定义。

(6) Excel 的表格区域。

它由活动单元格组成，可以输入所需文本或数据，是进行计算和统计的区域。

(7) 水平滚动条及垂直滚动条。

拖动滚动条可以水平及垂直滚动表格。

(8) 工作表切换标签。

工作簿通常包含几个工作表，通过表格标签快速在各不相同的工作表之间切换，可以增加、删除工作表。

(9) 状态栏。

它包含了3种视图及缩放滑块，可以让用户根据需求选择不同的显示方式，缩放滑块可以调节表格的显示大小。

(10) 窗口控制按钮组。

它包含"最小化"、"最大化"和"关闭"3个按钮。"最小化"按钮可以让 Excel 最小化到任务栏，"最大化"按钮可以让 Excel 充满除任务栏以外的整个区域，"关闭"按钮则表示退出 Excel 程序。

任务二　Excel 的工作簿和工作表

在 Excel 中，工作表是一个由行和列组成的表格，工作簿是工作表的集合。工作簿是存储并处理数据、数据运算公式、数据格式化等信息的文件。用户在 Excel 中处理的各种数据最终都是以工作簿文件的形式存储在磁盘上，其扩展名为".xls"，文件名就是工作簿名。工作表是用来存储和处理数据的最主要文档，所有对数据进行的操作都是在工作表上进行的。工作表是不能单独存盘的，只有工作簿才能以文件的形式存盘。每一个工作簿都可以包含多张工作表，因此，可以在一个工作簿中管理各种类型的相关信息。工作表名称显示于工作簿窗口底部的工作表标签上。

一、工作簿管理

1. 新建工作簿

Excel 2007 中新建工作簿常有4种方法：

(1) 在启动 Excel 2007 后，将自动建立文件名为"Book1"全新的工作簿。

(2) 选择"Office 按钮"菜单中的"新建"命令来创建，选择"已安装模板"或"空白工作簿"。

(3) 启动 Excel 2007 后，按快捷键"【Ctrl】+【N】"。

(4) 通过窗口菜单中"新建窗口"命令来创建。

2. 打开工作簿

打开一个已经保存过的工作簿，常有以下几种方法：

（1）在"我的电脑"或者资源管理器中找到需要打开的工作簿，双击即可。

（2）使用"Office 按钮"菜单中的"打开"命令。

（3）在"文件"菜单中单击最近使用过的文件，即可打开相应的工作簿。

Excel 允许同时打开多个工作簿，可以在不关闭当前工作簿的情况下打开其他工作簿，还可以在不同工作簿之间进行切换，同时对多个工作簿进行操作。

3. 保存工作簿

（1）保存未命名的新工作簿。单击"快速访问工具栏"中的 ![按钮]按钮。

（2）单击"Office 按钮"，选择菜单中的"保存"或"另存为"按钮进行文件存储操作。

（3）按下快捷键"【Ctrl】+【S】"进行快速保存。

二、工作表管理

1. 选择工作表

打开或新建一个工作簿，单击某个工作表标签，可以选择该工作表为当前工作表。如果同时选择多个工作表，则可按住【Ctrl】键并分别单击工作表标签。

2. 插入新工作表

方法一：单击工作表切换工作区最右侧的 ![按钮]按钮，插入新工作表。

方法二：右击插入位置右边的工作表标签，再选择快捷菜单中的"插入"命令，将出现"插入"对话框，如图 1-2 所示，选定工作表后单击"确定"按钮。

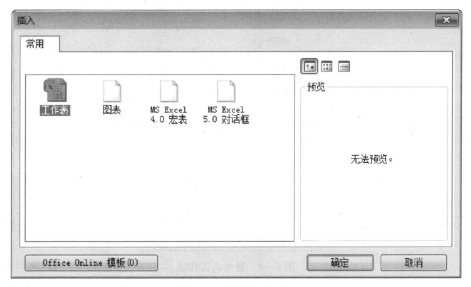

图 1-2　插入工作表

在实际工作中，可能会碰到同时添加多张工作表的情况，则先按住【Shift】键，同时选中与待添加工作表相同数目的工作表标签，然后再单击"插入"菜单中的"工作表"命令。

3. 删除工作表

方法一：选择要删除的工作表，单击"功能区"中的"删除"按钮，选择"删除工作表"命令，如图 1-3 所示。

图 1-3　删除工作表

方法二：右击要删除的工作表，选择快捷菜单中的"删除"命令。

4. 重命名工作表

方法一：双击要重命名的工作表标签，输入新的工作表名称即可。

方法二：右击重命名工作表的标签，选择快捷菜单中的"重命名"命令，输入新的工作表名称即可，如图 1-4 所示。

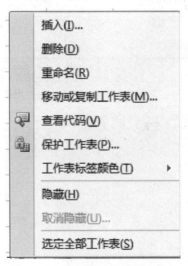

图 1-4　重命名工作表

5. 移动或复制工作表

移动工作表的方法是：单击工作表标签，选定工作表，然后拖动鼠标左键到目标位置即可。如果复制工作表，则按住【Ctrl】键，并拖动鼠标左键到目标位置即可。

6. 工作表标签添加颜色

给工作表标签添加颜色的步骤如下：

（1）右击想要改变颜色的工作表标签。

（2）从弹出的菜单中选择"工作表标签颜色"命令。

（3）选择颜色后，单击"确定"按钮，如图1-5所示。

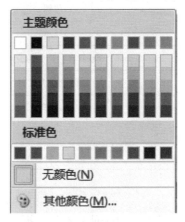

图1-5 工作表标签颜色

7. 隐藏工作表和取消隐藏

选定需要隐藏的工作表，打开功能区的"格式"菜单，在"可见性"中选择所要隐藏或取消隐藏的项目，如图1-6所示。

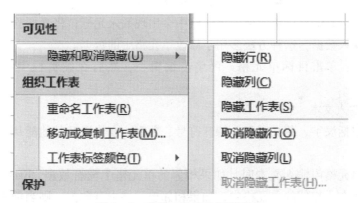

图1-6 隐藏工作表和取消隐藏

任务三 Excel 单元格

一、Excel 单元格类型

单元格是工作表的基本存储单位，每个单元格可以存放数值、文字和公式等数据。

1. 常用数据类型

常用数据类型如表 1-1 所示。

表 1-1 常用数据类型

类型	范例
数值	315.86
文本	Excel 在会计中的应用
日期	2014 年 3 月 1 日
时间	14：30
货币	￥12 234
公式	=SUM（A1：A24）

2. 输入数据

在工作表的单元格中，可以使用两种基本的数据格式，即常数和公式。常数是指文字、数字、日期、时间等数据，而公式则指包含"＝"号的函数、宏命令等。

在向单元格中输入数据时，需要掌握以下 3 种基本输入方法：

方法一：单击目标单元格，然后直接输入。

方法二：双击目标单元格，单元格中会出现插入光标，将光标移到所需位置后，即可输入数据，这种方法多用于修改单元格中的数据。

方法三：单击目标单元格，再单击编辑栏，然后在编辑栏中编辑或修改数据。

（1）输入文本。

文本包括汉字、英文字母、特殊符号、数字、空格以及其他能从键盘中输入的符号。

在向单元格内输入文本时，如果相邻的单元格中没有数据，Excel 允许长文本覆盖在其右边相邻的单元格中；如果相邻单元格中有数据，则当前单元格中只显示该文本的开头部分。按【BackSpace】键可以删除光标左边的字符。如果要取消输入，可单击编辑菜单栏中的"撤销"按钮，或按下【Esc】键。如果要结束输入，可单击编辑栏中的"输入"按钮。

如果把数字作为文本输入（如身份证号码、电话号码、＝5＋8、1/3 等），应先输入一个半角字符的单引号"'"，再输入相应的字符。

（2）输入数字。

和输入其他文本一样，在工作表中输入数字也很简单，只需先用鼠标或键盘选定该单元格，然后输入数字，最后按【Enter】键即可。

(3) 输入日期和时间。

用户可以使用多种格式来输入一个日期，可以用斜杠"/"或"-"来分隔日期的年、月、日。传统的日期表示方法是以两位数来表示年份的，如2014年9月8日，可表示为2014/9/8或2014-9-8，可以根据具体情况进行设置。

在单元格中输入时间的方法有两种，即按12小时制和按24小时制输入。如果按12小时制输入时间，要在时间数字后加一空格，然后输入"a（AM）"或"p（PM）"，字母"a"表示上午，字母"p"表示下午。

二、单元格的基本操作

1. 选定工作区域

Excel在编辑工作表或执行命令之前，首先要选择相应的单元格或单元格区域。表1-2所示为常用的选定工作区域的操作方法。

表1-2 常用选定工作区域的操作方法

选择内容	具体操作
选定单个单元格	单击相应的单元格，或用箭头键移动到相应的单元格
选定某个单元格区域	单击选定区域的第1个单元格，然后拖动鼠标直至选定最后一个单元格
选定工作表中所有单元格	单击"全选"按钮
选定不相邻的单元格或单元格区域	先选定第1个单元格或单元格区域，然后按住【Ctrl】键再选定其他的单元格或单元格区域
选定较大的单元格区域	单击选定区域的第1个单元格，然后按住【Shift】键，再单击该区域的最后一个单元格，通过滚动条可以使该单元格选定
选定整行	单击行号
选定整列	单击列标
选定相邻的行或列	沿行号或列标拖动鼠标，或者先选定第1行或第1列，然后按住【Shift】键再选定其他行或列
选定不相邻的行或列	先选定第1行或第1列，然后按住【Ctrl】键再选定其他的行或列
选定增加或减少活动区域中的单元格	按住【Shift】键并单击新选定区域的最后一个单元格，在活动单元格和所单击的单元格之间的矩形区域便是新的选定区域

2. 插入与删除单元格

选择想要插入与删除的单元格的位置，单击鼠标右键，选择"插入"选项可以插入一个单元格，会弹出"插入"对话框，选择插入的方式，如单元格右移或下移，即横向插入或纵向插入单元格，"删除"单元格操作与"插入"单元格类似，具体如图1-7~图1-9所示。

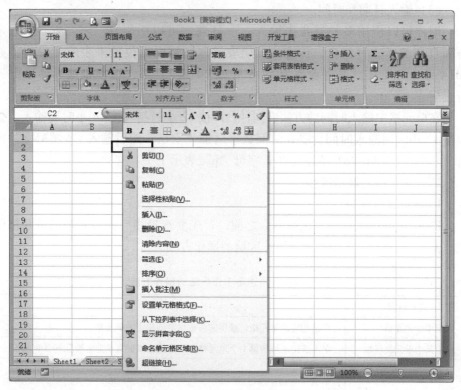

图1-7　插入与删除单元格

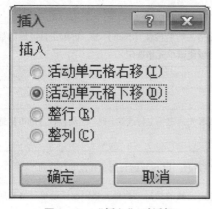

图1-8　"插入"对话框

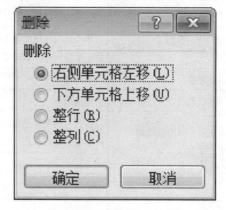

图1-9　"删除"对话框

3. 插入与删除行和列

选定想要插入行或列的位置，单击鼠标右键，可以在该行的前面或该列的左边插入一行或一列。选定想要删除行或列的位置，单击鼠标右键，可以删除一行或一列，如图1-10所示。

图 1-10　插入行列或删除行列

4．合并单元格

方法一：选定区域，单击鼠标右键，选择"设置单元格格式"选项，打开"单元格格式"对话框，选择"对齐"中的"合并单元格"来合并单元格，如图 1-11 所示。

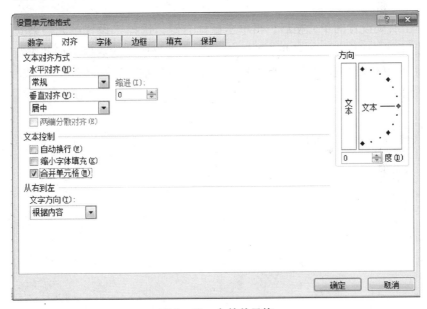

图 1-11　合并单元格

方法二：选定所要合并的区域，在下拉功能区的"合并后居中"中选择合并单元格的相关操作，有"合并后居中"、"跨越合并"、"合并单元格"和"取消单元格合并"，如图 1-12 所示。

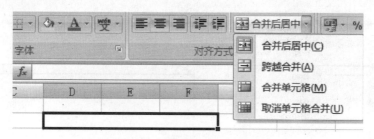

图 1-12 功能区的合并单元格

任务四　Excel 工作表的美化与打印

在用 Excel 制作表格的过程中，需要进行表格制作或美化工作，使做出的表格美观大方且实用，数据要求标准无误，这就需要我们学习表格的基本美化操作。

一、Excel 工作表的美化

在美化表格之前，我们要对单元格进行基本数据类型的设置，确保数据的正确。

1. 设置数据类型

单击所要设置的单元格后，再单击鼠标右键，选择"设置单元格格式"，出现"设置单元格格式"对话框，在"分类"中选择所需的数据类型并进行设置，完成对单元格或区域的数据类型设置，如图 1-13 所示。

图 1-13 设置单元格格式

2. 设置对齐和字体

单击所要设置的单元格后,再单击鼠标右键,选择"设置单元格格式",出现"设置单元格格式"对话框,选择"对齐"、"字体"选项卡,进行相关设置,如图1-14和图1-15所示。

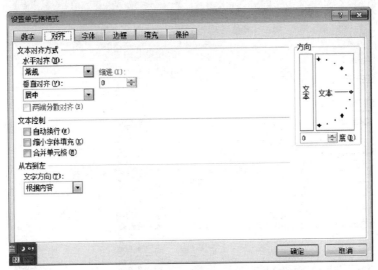

图1-14 设置对齐方式

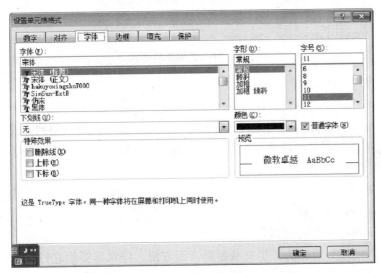

图1-15 设置字体

3. 设置边框和底纹

单击所要设置的单元格后,再单击鼠标右键,选择"设置单元格格式",出现"设置单元格格式"对话框,选择"边框"、"填充"选项卡,进行边框线条的设置以及单元格底纹的设置,使表格更加美观。

4. 使用套用表格格式美化工作表

首先要选择准备套用的表格区域,单击功能区"样式"中的"套用表格格式",选择样式后来美化工作表,如图 1-16 所示。

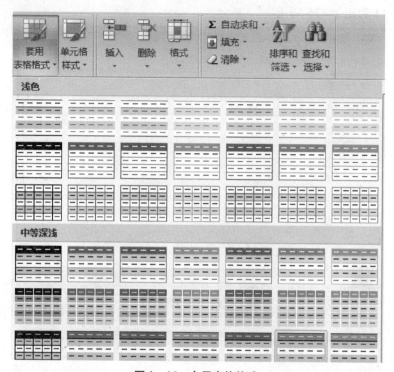

图 1-16　套用表格格式

5. 设置列宽和行高

设置列宽和行高的方法有以下 3 种:

(1) 将指针放在两个列或行的标签分界线处,拖动鼠标调整列宽或行高。

(2) 选择要设置的行或列标签,单击鼠标右键,选择菜单栏中的"列宽"、"行高"来调整列宽或行高。

(3) 选择功能区中的"单元格"中的"格式"按钮,选择行高与列宽的相关设置,调整列宽或行高。

二、Excel 工作表的打印

工作表创建好后,为了提交或留存查阅方便,经常需要把它打印出来,操作步骤一般是:先进行页面设置,再进行打印预览,最后打印输出。

1. 设置打印区域和分页

选择要打印区域的方法是:用鼠标拖动选择要打印的区域,单击"页面布局"选项卡,再单击"打印区域"命令,选定区域的边框上出现虚线表示打印区域已设置好,打印时只有被选定的区域中的数据才能打印,而且工作表被保存后,将来再打开时设置的打印区域仍然有效。

工作表较大时，Excel 一般会自动为工作表分页，如果用户不满意这种分页方式，可以根据自己的需要对工作表进行人工分页。

分页包括水平分页和垂直分页，水平分页的操作步骤如下：单击要另起一页的起始行行号，单击"页面布局"菜单，选择"分隔符"命令，单击"插入分页符"，在起始行上出现一条水平虚线，表示分页成功。

垂直分页必须单击另起一页的列号或选择该列最上端的单元格，分页成功后将在该列左边出现一条垂直分页虚线。如果选择的不是最左或最上端的单元格，插入分页符将在单元格上方和左侧各产生一条分页虚线。

删除分页符可选择分页虚线的下一行或右一列的任一单元格，单击"页面布局"菜单，选择"分隔符"命令，单击"删除分页符"；也可以选中整个工作表，然后在"页面布局"菜单中选择"分隔符"命令，单击"重设所有分页符"命令，则可以删除工作表中的所有人工分页符。

分页后单击"视图"选项卡中的"分页预览"命令，可进入分页预览视图。单击"视图"选项卡中的"普通"命令，可以结束分页预览回到普通视图中。

2. 页面设置

Excel 具有默认页面设置功能，用户因此可以直接打印工作表。如有特殊要求，使用页面设置可以设置工作表的打印方向、纸张方向、纸张大小、页边距，可在"插入"选项卡中对"页眉"、"页脚"进行设置。单击"Office 按钮"，在菜单中选择"打印"/"打印预览"，出现打印预览窗口，可在功能区中选择"页面设置"命令，打开如图 1-17 所示的"页面设置"对话框，该对话框共有 4 个选项卡："页面"、"页边距"、"页眉/页脚"和"工作表"。

（1）"页面"、"页边距"选项卡。

在图 1-17 所示的"页面"选项卡中可以设置纸张方向、缩放比例、纸张大小、打印质量、起始页码；"页边距"选项卡如图 1-18 所示，可设置页面 4 个边界的距离、页眉、页脚的上下边距等。

图 1-17 "页面设置"对话框

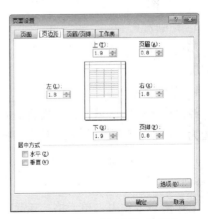
图 1-18 "页边距"选项卡

(2)"页眉/页脚"选项卡。

单击图 1-17 中的"页眉/页脚"选项卡,即出现如图 1-19 所示的对话框。如果设置页眉和页脚,可单击"页眉"和"页脚"的下拉列表,选择内置的页眉和页脚格式,也可分别单击"自定义页眉"、"自定义页脚"按钮,在相应的对话框中自行定义。设置好后单击"确定"按钮即可。

(3)"工作表"选项卡。

"工作表"选项卡如图 1-20 所示。

①打印区域:若不设置,则打印当前整个工作表;若需设置,则单击"打印区域"右侧的折叠按钮,在工作表中拖动选定打印区域后,再单击"打印区域"右侧的折叠按钮,返回对话框,单击"确定"按钮。

②打印标题:如果要使每一页上都重复打印列标志,则单击图 1-20 中的"顶端标题行"编辑框,然后输入列标志所在行的行号;如果要使每一页上都重复打印行标志,则单击"左端标题列"编辑框,然后输入行标志所在列的列标。

③每页都打印行号和列标:选中图 1-20 中的"行号列标"复选框即可。

图 1-19 "页眉页脚"选项卡

图 1-20 "工作表"选项卡

3. 打印预览

单击"Office 按钮"中"打印"中的打印预览,可以看到文档在纸张中的实际情况。

4. 打印输出

经过设置打印区域、页面设置、打印预览后,工作表可以正式打印了。打印方法为:单击"Office 按钮"中的"打印"选项,选择"打印"或"快速打印"方式,即可打印输出。

【概念索引】

工作簿　工作表　单元格　运算符　相对引用　绝对引用　混合引用　图表　公式　函数

【闯关考验】

单项选择题

1. 删除单元格与清除单元格操作（　　）。

A. 不一样　　　　B. 一样　　　　C. 不确定　　　　D. 确定

2. Excel 电子表格存储数据的最小单位是（　　）。

A. 工作簿　　　　B. 工作表　　　　C. 单元格　　　　D. 工作区域

3. 在 Excel 的工作表中，每个单元格都有其固定的地址，如"A5"表示（　　）。

A. "A"代表 A 列，"5"代表第 5 行

B. "A"代表 A 行，"5"代表第 5 列

C. "A5"代表单元格的数据

D. 以上都不是

4. 所选多列按指定数字调节为等列宽，最快的方法是（　　）。

A. 直接在列标处用鼠标拖动至等列宽

B. 无法实现

C. 选择菜单下的"格式"中的"列宽"项，在弹出的对话框中输入列宽值

D. 选择菜单下的"格式"中的"列宽"项，在子菜单中选择"最合适列宽"项

5. Excel 工作簿的工作表数量为（　　）。

A. 1 个　　　　B. 128 个　　　　C. 3 个　　　　D. 1~255 个

6. Excel 每个单元格中最多可输入的字符数为（　　）。

A. 8 个　　　　B. 256 个　　　　C. 32 000 个　　　　D. 640 000 个

【课外修炼】

［1］孙成玉. Excel 数据处理全能手册［M］. 北京：中国铁道出版社，2009.

［2］李泽江. Excel 在信息管理中的应用［M］. 北京：中国水利水电出版社，2008.

【微语录】

项目二
Excel 公式与函数

知识结构图

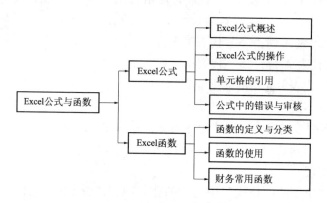

情境写实

【情境案例】

很多公司非常重视其内部每个员工的生日,在某员工生日的当天,会给他(她)送一份生日小礼物,让每个员工都有一种温馨感。这就要求公司的相关部门根据现有公司人员的姓名、生日、职务等信息按一定规制(先按月份排列,同一月份按职位经理——主管——领班——员工顺序进行排序,且需计算出每个人的岁数,如图2-1所示),排序成生日一览表,以便生日礼品的发放。

编号	姓名	部门	入职时间	学历	职称	性别	出生日期
KY001	林同	厂办	1993-7-10	硕士	主管	男	1970-9-9
KY002	李刚	厂办	1981-6-28	高中	领班	男	1959-1-15
KY003	李芳	财务处	1983-3-20	大专	领班	女	1960-8-17
KY004	刘明	财务处	1980-7-15	硕士	员工	男	1958-2-1
KY005	张晨	人事处	1995-7-1	中专	主管	女	1972-11-28
KY006	薛明	人事处	2007-7-20	中专	领班	男	1985-2-5
KY007	张仪	后勤部	2003-7-10	大专	经理	男	1980-12-7
KY008	何年	后勤部	2001-6-30	大专	主管	男	1979-1-17
KY009	向强	后勤部	1985-7-5	中专	领班	男	1962-12-3
KY010	沈宏	金工车间	2005-6-28	硕士	领班	女	1983-1-15
KY011	张贤	金工车间	1996-7-2	大专	员工	男	1973-11-30
KY012	张群	金工车间	1984-5-10	本科	主管	男	1961-11-27
KY013	李明	金工车间	1980-7-5	本科	领班	女	1957-12-3
KY014	王小林	金工车间	1993-7-10	硕士	主管	男	1971-1-27
KY015	张占英	金工车间	1986-7-20	高中	领班	男	1963-12-18
KY016	赵一岚	金工车间	1993-7-18	中专	领班	男	1971-2-4
KY017	刘华	装配车间	2001-7-15	本科	员工	女	1978-12-13
KY018	杜华	装配车间	2002-8-15	本科	主管	男	1980-3-3

图2-1 ××公司员工信息表

请同学们观察，思考如何排序成生日一览表。

【分析与思考】

公式是 Excel 最重要也是最精彩的组成部分，可以使用公式进行各种复杂的计算，而且为用户分析与处理工作表中的数据提供了很大的方便。通过使用公式，不仅可以对各种数值进行加、减、乘、除等数学运算，而且还可以对它们进行逻辑和比较运算。对一些特殊的运算，当我们无法通过直接创建公式来进行计算时，就可以使用 Excel 提供的函数。

学习目标

【知识目标】

（1）了解 Excel 的公式。
（2）了解 Excel 的函数。

【能力目标】

（1）熟悉 Excel 函数的使用。
（2）掌握 Excel 财务函数的使用。

任务一　Excel 公式

Excel 是一款非常强大的数据处理软件。其在数据处理、计算机功能方面能力不凡，从简单的四则运算到复杂的财务运算、统计分析，都可以通过相应的函数来完成。所以在 Excel 中，公式和函数是比较重要的知识，了解并掌握它们对以后的学习有很大帮助。

一、Excel 公式概述

在中文 Excel 2007 中，"公式"是在单元格中执行计算的方程式，如一个执行数学计算的加、减就是一种简单的公式。比如在对工资的操作中，对工作额的总计就使用了这样的公式，此时若单击显示工资额总计的单元格 D9，当它处于选定状态，"编辑栏"中就会显示所使用的公式，如图 2 – 2 所示。

这里，D9 单元格中的公式" = SUM（D3：D9）"所要计算的是单元格 D3 ~ D9 中各数值的和，其值将显示在 D10 单元格中。若想要在别的单元格中也显示该值，而且还想让 Excel 2007 自动计算它，那么就单击那个单元格，接着在该单元格中输入这个公式。

当然了，如果想在"编辑栏"进行操作也行，只要记住公式的应用法则，无论是在单元格中还是在"编辑栏"中，总能准确无误地建立并使用公式。

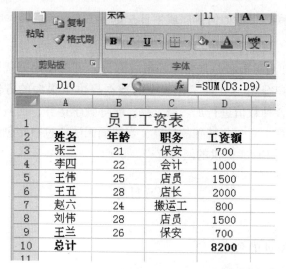

图2-2 在"编辑栏"中观看计算公式

【相关链接】

如果正确地创建了计算公式,那么在 Excel 2007 的默认状态下,其计算值就会显示在单元格中,公式则显示在"编辑栏"中。如果要使工作表中所有的公式在显示公式内容与显示结果之间切换,可按下"【Ctrl】+【'】"组合键(位于键盘左上侧)。一旦建立起了计算公式,Excel 2007 将根据公式中运算符的特定顺序从左到右进行计算,也可以使用括号更改运算顺序,这与四则混合运算法则相同。

二、Excel 公式的操作

公式中元素的结构或次序决定了最终的计算结果。在 Excel 中,运用公式一般都遵循特定的语法或次序,在输入过程中,通常以" = "开始,再输入公式中的各个运算元素,每个元素可以是改变或不改变的数值、单元格或引用单元格区域、名称或工作函数,这些参与运算的元素都是通过运算符隔开的。

(一)公式中常用的运算符

在 Excel 中运算符分为四类:算术运算符、比较运算符、文本运算符和引用运算符,具体运算符如表2-1所示。

表2-1 运算符

优先级	类别	用途
高 低	引用运算	冒号:(区域运算符)、逗号,(联合运算符)、空格 (交叉运算符)
	算术运算	%(百分号)、^(乘方)、*(乘)、/(除)、+(加)、-(减)
	文本运算	&(连接符)
	比较运算	=(等于)、<(小于)、>(大于)、>=(大于等于)、<=(小于等于)、<> (不等于)

提示：在 Excel 中，有时候可能一个公式里包含多个运算符，这时就需要按照一定的优先顺序进行计算。对于相同优先级的运算符，将按从左到右的顺序进行；如果将需要计算的部分用括号括起来，可提高优先顺序。

（1）算数运算符用于完成基本的数学运算，如加法、减法和乘法，连接数字和产生数字结果等。

（2）比较运算符用于比较两个值，结果将是一个逻辑值，即不是 True（真）就是 false（假）。与其他的计算机程序语言类似，这类运算符还用于按条件进行下一步运算。

（3）文本运算符实际上就是一个文本串联符——&，用于加入或连接一个或更多字符串来产生一大段文本。如"North" & "wind"，结果将是"Northwind"。

（4）引用运算符可以将单元格区域合并起来进行运算，如表 2-2 所示。

表 2-2　引用运算符

引用运算符	名称	用途	示例
:	冒号	区域运算符，对两个引用之间，包括两个引用在内的所有单元格进行引用	B5：B15
,	逗号	联合操作符将多个引用合并为一个引用	SUM（B5：B15,D5：D15）
空格	空格	引用多个不连续行和不连续列交叉构成的不连续区域	SUM（（A：A,C：D,F：F,H：H）（1：2,5：5,7：7,10：10））

（二）公式的输入

选定要输入公式的单元格，通常以输入"＝"开始，表明此时单元格输入的内容是公式，再输入公式的内容，按【Enter】键完成输入。具体通过创建某公司的经营情况来创建一张电子报表，并使用计算公式作一些统计，请按下列步骤进行操作。

步骤一，打开项目二工作簿，单击屏幕左下角处的"sheet2"标签，然后在 A1 单元格中开始书写："北京分公司本月收支一览表"字样，并设置好字体与字号（字的大小尺寸），如图 2-3 所示。

图 2-3　输入新的报表标题

步骤二，在 B2、C2、D2、E2 单元格中分别输入"收入/月"、"支出/日"、"员工工资"、"盈利"栏目名称，如图 2－4 所示。接着分别在 A3、A4、A5、A6 单元格中输入"第一营业部"、"第二营业部"、"第三营业部"、"总结余"项目名。

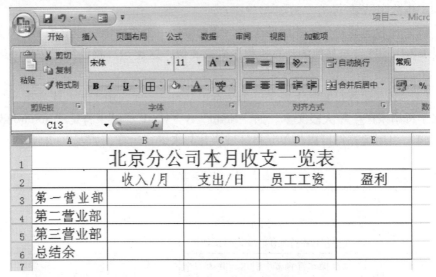

图 2－4　输入纵、横栏目与标题名

【相关链接】

上面输入文字的操作说明，若输入的文字不能被当前单元格完全容纳，Excel 2007 则会自动占用邻近的单元格。书写完毕后，通过设置较小一号字号的方法或者扩大单元格，就可以在单元格中完整地显示它们。

步骤三，选定 A 列与 B 列中的所有栏，并设置较小一号的字号，以便在单元格中完整地显示它们。

建立好了该分公司本月的报表后，还要填入数据资料，如表 2－3 所示。

表 2－3　填入的数据资料

部门	收入/元	每天支出费用/（元·天$^{-1}$）
第一营业部	8 000 000	50 000
第二营业部	7 000 000	30 000
第三营业部	0	70 000

这些数据可以按前面所述的方法直接在表中输入，如图 2－5 所示。

下面的操作将创建一些公式来自动生成"盈利"与"总结余"栏中的数据，此后无论什么时候，只要公式有变动，单元格里的内容也会自动产生变化。

步骤四，单击 E3 单元格，选定它后单击编辑框，输入："＝B3－C3＊30"。

提示：公式中以等号开头，公式内容紧跟在后面。如果输入了一个错误的公式，按下【Enter】键后，屏幕上将显示一条出错信息，询问处理方式，并让选择是否通过一个向导来处理问题。一旦输入正确的公式，单元格中就会显示相应的数字，如图2-5所示。

	A	B	C	D	E
1	北京分公司本月收支一览表				
2		收入/月	支出/日	员工工资	盈利
3	第一营业部	8000000	50000		6500000
4	第二营业部	7000000	30000		
5	第三营业部	0	70000		
6	总结余				
7					

图2-5　显示第一营业部的盈利值

步骤五，选定E4单元格后，在编辑栏中输入公式："=B4-C4*30"；选定E5单元格后，在编辑栏中输入公式："=B5-C5*30"。

此后，各营业部的盈利数字就会自动计算并显示出来，如图2-6所示。

	A	B	C	D	E
1	北京分公司本月收支一览表				
2		收入/月	支出/日	员工工资	盈利
3	第一营业部	8000000	50000		6500000
4	第二营业部	7000000	30000		6100000
5	第三营业部	0	70000		-2100000
6	总结余				
7					

图2-6　自动计算各营业部的盈利值

步骤六，选定E6单元格，并在编辑栏中输入公式："=E3+E4+E5"，如图2-7所示。

	A	B	C	D	E
1	北京分公司本月收支一览表				
2		收入/月	支出/日	员工工资	盈利
3	第一营业部	8000000	50000		6500000
4	第二营业部	7000000	30000		6100000
5	第三营业部	0	70000		-2100000
6	总结余				=E3+E4+E5
7					

图2-7　自动计算并显示"总结余"

上述操作完成后，一张电子报表就制作好了，此表的最大特点是可以在变动收入/支出数据后，自动更新"盈利"与"总结余"单元格中的值。

（三）应用计算公式

在 Excel 2007 中，时常用到的计算与公式示例如下。

1. 计算收支平衡

若要在中文 Excel 2007 中创建支票登记簿来记录银行交易，那么作为电子表格的一部分，就能创建公式来计算收支平衡。

例如，假设单元格 F6 中含有上一次交易的余额，单元格 D7 中含有第一笔交易的存款总数，而单元格 E7 中含有任意的现金收支额，如要计算第一笔交易余额，则可在单元格 F7 中输入公式：

$$= SUM（F6，D7，E7）$$

如果又作了新的交易，那么可将此公式复制到与每一笔新的交易相对应的单元格中。

2. 合并"姓"和"名"

通过公式能将存储在某一列中的"姓"和存储在另一列中的"名"连接起来，如假定单元格 D5 包含"名"，单元格 E5 包含"姓"，若要以格式"名 姓"（如"John Smith"）显示全名，则可输入公式：

$$= D5\& " " \&E5$$

要以格式"姓名"（如"Smith John"）显示全名，则可输入公式：

$$= E5\& " " \&D5$$

3. 合并日期与文本

使用"&"（与）文本运算符即能将两个值合并（或连接）为一个连续的文本值。如果要将保存在单元格中数字、日期或时间值与字符串相连，就可通过 TEXT 工作表函数（参阅后面的内容）来达到目的。

例如，如果单元格 F5 中含有 5 – Jun – 96 这样的一个日期值，那么可以使用以下公式显示文本："时间：5 – Jun – 96"。

$$= "时间："\&TEXT（F5, "d – mm – yy"）$$

4. 按百分比增加

存储在单元格中的数值还能增长若干个百分点。如假定单元格 F5 中包含一个初始值，那么下列公式将让其值增长 5%：

$$= F5 * (1 + 5\%)$$

如果百分点数值存储在某单元格中，如单元格 F2，还可以使用下列公式：

$$= F5 * (1 + \$F\$2)$$

提示：这里对单元格 F2 的引用是"单元格的绝对引用"，所以这个公式可以被复制到其他单元格中，而不会改变对 F2 的引用。"绝对引用"指的是不论包含公式的单元格处在什么位置，公式中所引用的单元格位置都是其在工作表中的确切位置。绝对单元格引用的形式为：＄A＄1、＄B＄1，以此类推。

有些单元格的引用是混合型的。绝对行引用的形式将为 A＄1、B＄1，以此类推。绝对列引用的形式将为＄A1、＄B1，以此类推。与相对引用不同，当跨越行和列复制公式时，绝对引用不会自动调整。

5. 基于单个条件求和

如果不想只对某一行，或者某一列中数据记录求和，那就是要对某一个区域中位于不同行与列的单元格求和，通过使用 SUMIF 工作表函数（参阅后面的内容）就能实现。如对于区域 B5：B25 中包含数值 Northwind 的每个单元格而言，以下公式可为区域 F5：F25 中相对应的单元格求和：

= SUMIF（B5：B25，"Northwind"，F5：F25）

6. 基于多个条件求和

若要对区域 F5：F25 求和，而且要以区域 B5：B25 中所包含的 Northwind，区域 C5：C25 中所包含的 Western 为条件，就可以使用公式：

= SUMIF（if（（B5：B25，"Northwind"，F5：F25）＊（C5：C25 = "Western"），F5：F25））

三、单元格的引用

引用的作用是标识工作表中的单元格或单元格区域，并指明公式中所使用数据的位置。通过引用，可以在公式中使用工作表不同部分的数据，或者在多个公式中使用同一个单元格的数值，还可以引用同一个工作簿中不同工作表上的单元格和其他工作簿中的数据。引用不同工作簿中的单元格称为链接。

1. 选择公式中引用的单元格

示例如图 2 - 7 所示。

2. 创建包含引用的公式单元格

当创建包含引用的公式时，公式和单元格中的数据就联系到一起，公式的计算值取决于引用单元格中的值。当单元格中的值发生变化时，公式的计算值也随之发生变化。Excel 中的引用分为相对引用、绝对引用和混合引用。

（1）相对引用。直接用列表和行号表示单元格。在默认情况下，新公式使用相对引用，在相对引用中，如果公式所在单元格的位置发生改变，引用也随之改变，如果多行或多列地复制公式，引用会自动调整。

相对地址的表示方法为"C3"、"D18"等，用行、列地址作为它的名字。例如，第 3 列第 3 行的单元格的相对地址为"C3"；第 1 列第 3 行到第 8 列第 20 行的单元区域的相对地址为"A3：H20"。

相对引用是指公式中参数以单元格的相对地址表示，当复制或移动含公式的单元格时，单元格引用会随着公式所在单元格位置的变更而改变。例如，A5 单元格中用了相对引用，公式为 A2 ~ A4 求和：A5 = A2 + A3 + A4，将公式复制到 B5，则 B5 单元格中的公式为：B5 = B2 + B3 + B4。

具体示例如图 2-8 和图 2-9 所示。

	A	B	C	D	E
1	某公司B部二、三季度图书销售情况				
2	部门名称	图书名称	销售情况	单价	销售额
3	B部门	高等数学（上）	2800	29.00	=C3*D3
4	B部门	高等数学（下）	2800	17.00	
5	B部门	马克思主义哲学	3500	18.00	
6	B部门	毛泽东思想概论	230	20.00	
7	B部门	法学概论	2800	23.00	
8	B部门	沟通技巧	3200	20.00	
9	B部门	五笔打字	3000	17.50	
10	B部门	电脑上网	2500	22.50	
11		合计			
12					

图 2-8　相对引用（一）

E10　　fx　=C10*D10

	A	B	C	D	E
1	某公司B部二、三季度图书销售情况				
2	部门名称	图书名称	销售情况	单价	销售额
3	B部门	高等数学（上）	2800	29.00	81200
4	B部门	高等数学（下）	2800	17.00	47600
5	B部门	马克思主义哲学	3500	18.00	63000
6	B部门	毛泽东思想概论	230	20.00	4600
7	B部门	法学概论	2800	23.00	64400
8	B部门	沟通技巧	3200	20.00	64000
9	B部门	五笔打字	3000	17.50	52500
10	B部门	电脑上网	2500	22.50	56250
11		合计			
12					

图 2-9　相对引用（二）

（2）绝对引用。绝对地址则为 Excel 某些单元格在工作表格中的确切位置。绝对地址的表示方法为"＄A＄2"、"＄H＄8"等，用行、列地址加"＄"作为名字。例如，第 4 列第 10 行的单元格的绝对地址为"＄D＄10"；第 2 列第 2 行到第 8 列第 12 行的单元区域的绝对地址为"＄B＄2：＄H＄12"。

绝对引用是指公式中参数以单元格的绝对地址表示，当复制或移动含公式的单元格时，公式中的绝对引用不会随着公式所在单元格位置的变更而改变。例如，C4 单元格中用了绝对引用，公式为 ＄C＄1～＄C＄3 求和：C4 = ＄C＄1 + ＄C＄2 + ＄C＄3，将该公式复制至 D4，则 D4 单元格中的公式为：D4 = ＄C＄1 + ＄C＄2 + ＄C＄3，没有发生变化。

具体示例如图 2-10 和图 2-11 所示。

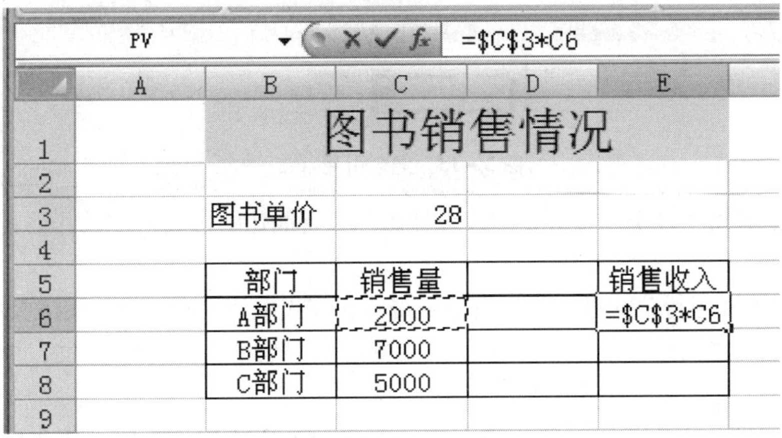

图 2-10 绝对引用（一）

图 2-11 绝对引用（二）

（3）混合引用。混合引用是指需要固定某行引用而改变列引用，或固定某列引用而改变行引用，如 $B8、B$7。混合引用综合了相对与绝对引用的效果。例如，E4 单元格中用了混合引用，公式为：E4 = E$1 + $E2 + E$3，将该公式复制到 F5，则 F5 单元格中的公式为：F5 = F$1 + $E2 + F$3。

具体示例如图 2-12 和 2-13 所示。

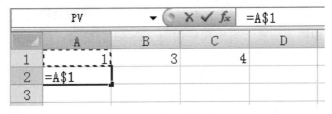

图 2-12 混合引用（一）

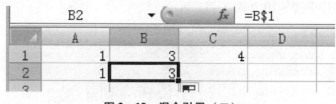

图 2-13 混合引用（二）

灵活运用三种引用方式，可以设计出强大智能化的报表，多试几下就会发现规律的。

在 Excel 进行公式设计时，会根据需要在公式中使用不同的单元格引用方式，这时可以可将光标移至编辑栏中所需改变的引用地址，按【F4】键，每按一次【F4】键即改变一种表示方法。

（4）同一工作簿中的单元格引用。在同一工作簿中，不同工作表中的单元格或单元格区域可以相互引用，这种引用称为三维引用。三维引用单元格的一般表示方法为"工作表标签！单元格"，如图 2-14 所示。

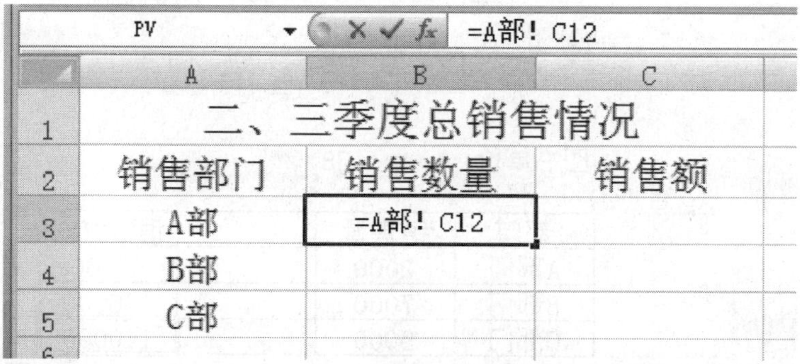

图 2-14 同一工作簿中的单元格引用

（5）不同工作簿间单元格的引用。在当前工作表中还可以引用其他工作簿中的单元格或区域的数据或公式。首先打开要引用单元格所在的工作簿及目标工作簿。在目标工作簿中输入"＝"，然后单击要引用的工作簿的单元格即可完成计算。

四、公式中的错误与审核

1. 公式返回的错误值

在公式或函数的运用过程中，有时会因为公式或函数的设置以及人为因素造成单元格中出现错误信息。当出现错误时，Excel 会给出一些提示，以帮助用户找出错误的原因。

"#####！"：输入到单元格的数值太长，在单元格中显示不下，可以通过修改列宽来修正。

"#VALUE！"：使用了错误的参数和运算对象类型。

"#DIV/0!":公式被"0"除时。
"#NAME!":公式中产生不能识别的文本,产生的错误值。
"#N/A":函数或公式中没有可用的数值,产生的错误值。
"#REF!":单元格引用无效。
"#NUM!":公式或函数中的某个数字有问题。
"#NULL!":试图为两个并不相交的区域指定交叉点时产生的错误值。

2. 公式审核

Excel 提供了公式审核功能,使用户可以跟踪公式的引用或从属单元格,也可以检查公式中的错误,如图 2-15 所示。

图 2-15 分式审核

如果一个或多个工作表的不同单元格设置了公式,要想查看其内容和计算结果,必须在不同单元格或工作表中转换。因此,Excel 2007 增加了一个名为监视窗口的工具,它能将另一工作表内与编辑内容相关联的数据,开启成一个可移动的小窗口,若更改现有的工作表内容,监视窗口中的关联内容也会随之更改,如图 2-16 所示。

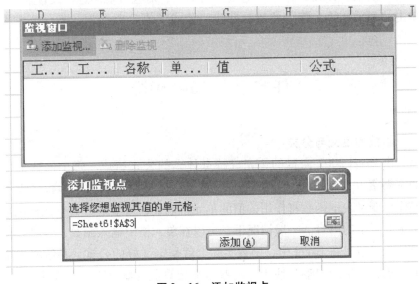

图 2-16 添加监视点

3. 检查公式错误

Excel 2007 会自动对输入的公式进行检查，若发生错误，在单元格的左上角会出现一个小三角，如图 2－17 所示。

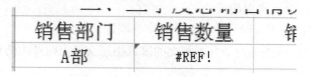

图 2－17　检查公式错误（一）

选中含有错误的单元格，还会出现按钮，单击该按钮，会打开一个快捷菜单，其中提供了解决此错误的方法，如图 2－18 所示。

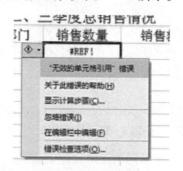

图 2－18　检查公式错误（二）

此时若要检查公式里的错误，可单击"公式审核"工具栏上的"错误检查"按钮。

单击"选项"按钮，打开"选项"对话框，对检查规制进行设置。

单击"显示计算步骤"按钮，打开"公式求值"对话框，显示公式的计算步骤。

任务二　Excel 函数

一、函数的定义与分类

函数由 Excel 2007 内置的、完成特点计算的公式组成。每个函数都由等号"="、函数名和变量组成。其中，等号"="后面跟着函数，函数名表示将执行的操作，变量表示函数将作用的值的单元格地址，通常是一个单元格区域，也可以是更为复杂的内容。一般情况下，可以在单元格中输入函数，也可以使用函数向导插入函数。在 Excel 中，函数实际上就是定义好的公式，系统提供了大量现成的函数，可供用户参考使用。这些函数运算能够满足各种日常办公、财务、统计和各种报表等所需要的计算。

在 Excel 中的函数可以分为：常用函数、财务函数、日期和时间函数、数学与三角函数、统计函数、查找与引用函数、数据库函数、文本函数、逻辑函数和信息函数等，如表 2-4 所示。

表 2-4 Excel 中的函数

函数类型	函数
常用	SUM（求和）、AVERAGE（求平均值）、MAX（求最大值）、MIN（求最小值）、COUNT（计数）等
财务	DB（固定余额递减法）、IRR（返回内部收益率）、PMT（年金函数）等
日期与时间	DATA（日期）、HOUR（小时数）、SECOND（秒数）、TIME（时间）等
数学与三角	ABS（求绝对值）、E2002（求指数）、SIN（求正弦值）、INT（求整数）、RAND（产生随机数）等
统计	AVEDEY（绝对误差的平均值）、COVAR（求协方差）、BINOMDIST（一元二项式分布概论）等
查找与引用	ADDRESS（单元格地址）、AREAS（区域个数）、LOOKUP（从向量或数组中查找值）等
逻辑	AND（与）、OR（或）、FALSE（假）、TRUE（真）、IF（如果）等

二、函数的使用

1. 函数的输入

在 Excel 中，函数的创建方法有两种：一种是直接在单元格中输入函数的内容，这种方法需要用户对函数有足够的了解；另一种方法是使用"公式"→"插入函数"命令，这种方法比较简单，它不需要对函数进行全面的了解，而是以提供函数供用户选择的方式进行创建。下面对这两种方法分别介绍。

（1）直接输入。

如果用户对某一函数比较熟悉，并且了解该函数的各个参数，就可以通过直接输入将函数输入到公式中来。用户需要先选择输入函数公式的单元格，以等号"="开头，然后输入函数的各个参数即可。

在单元格 C4 中输入求积函数，用来求出 A2 和 B2 单元格数值的积。

选中单元格 C4，输入公式"=A2*B2"，如图 2-19 所示。

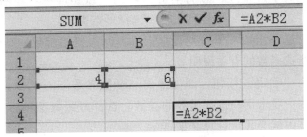

图 2-19 直接输入公式

按【Enter】键，或单击编辑栏中的"输入"按钮✓，则可在 C4 单元格显示计算结果。

（2）插入函数。

当用户不能确定函数的拼写时，则可以使用插入函数方法来插入函数，这种方法不需要用户输入，直接插入函数即可。插入函数是通过函数指南来完成输入的，其操作方法如下：

首先，选择需要插入函数的单元格。

其次，选择"公式"菜单中"插入函数"命令，或单击编辑栏上的"插入函数"图标 f_x，弹出如图 2 – 20 所示的"插入函数"对话框。

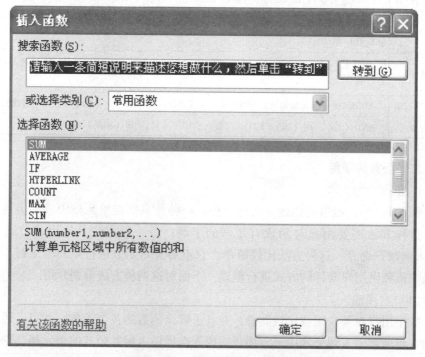

图 2 – 20　"插入函数"对话框

如果不知道所需要的函数是什么类型，可在"搜索函数"文本框中输入与函数有关的一些文字性描述，然后单击"转到"按钮即可。如果知道所需函数类型，可单击"选择类型"下拉列表框，选择函数类型。

再次，在"选择函数"下拉列表框中选择所需要的函数，Excel 会自动在列表框下面显示所选函数的有关说明。

最后，单击"确定"按钮，即可弹出"函数参数"对话框，如图 2 – 21 所示，在此对话框中要求用户选择函数的参数。选择好函数参数后，单击"确定"按钮，在单元格内就会显示计算结果。

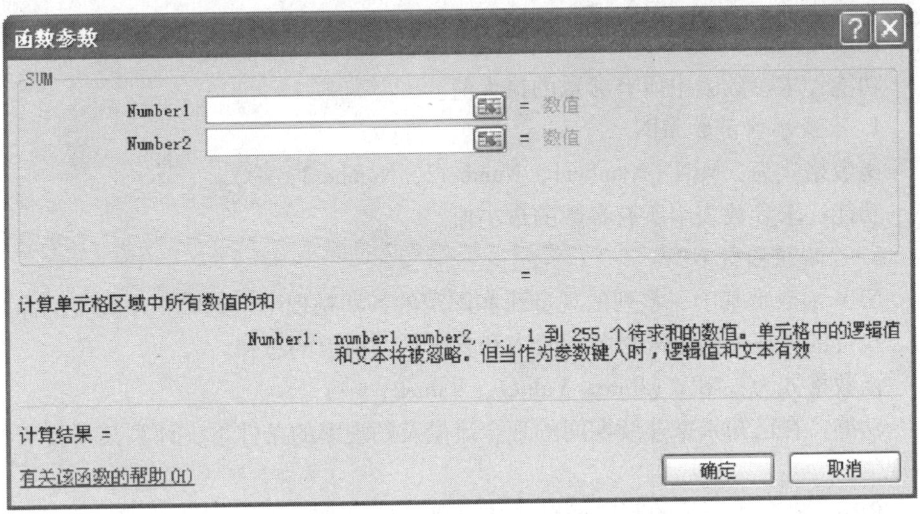

图 2-21 "函数参数"对话框

提示：如果不知道所需要的函数是什么类型，可在"搜索函数"文本框中输入与函数有关的一些文字性描述，然后单击"转到"按钮即可。如果知道所需要的函数类型，可单击"选择类别"下拉列表框，选择函数类型。

然后，在"选择类别"下拉列表框中选择所需要的函数，Excel 会自动在列表框下面显示所选函数的有关说明。

最后，单击"确定"按钮，即可弹出"函数参数"对话框，在此对话框中要求用户选择函数的参数。选择好函数参数后，单击"确定"按钮，在单元格内就会显示计算结果。

三、财务常用函数

Excel 提供了 300 多种函数，涉及数学、统计学、财务、资产、资金预算等各方面，功能比较齐全，可以进行各种复杂计算、检索和数据处理。

利用 Excel 提供的大量财务函数进行数据的运算，将使数据的运算操作更加简便。在运用这些函数时，用户只需要在"函数参数"对话框中输入相关的参数即可。这不仅提高了工作效率，还能加深用户对函数的认识，为以后的工作提供便利。

以下是常用部分函数：

1. 求和函数 SUM

函数格式为：SUM（Number1，Number2，Number3，…）。

功能：求参数表中所有参数的和。

2. 求平均值函数 AVERAGE

函数格式为：AVERAGE（Number1，Number2，Number3，…）。

功能：求参数表中所有参数的平均数。

3. 求最大值函数 MAX

函数格式为：MAX（Number1，Number2，Number3，…）。

功能：求参数表中所有参数的最大值。

4. 求最小值函数 MIN

函数格式为：MIN（Number1，Number2，Number3，…）。

功能：求参数表中所有参数的最小值。

5. 净现值函数 NPV

NPV 函数是基于一系列的现金流和固定的各期贴现率，返回一项投资的净现值。投资的净现值是指未来各期收入和支出的当前值的总和。

函数格式为：NPV（Rate，Value1，Value2，…）。

功能：在已知未来连续期间的现金流量及贴现率的条件下，计算某项投资的净现值。

Rate：投资或贷款的利率或贴现率，即为了各期现金流量折为现值的利率，也叫必要报酬或资本成本。

Value1，Value2，…：对于一项投资各期收回的金额，代表各期的现金流量。各期的长度必须相等，且现金流量和流出时间均发生在期末。各期的现金流量顺序和 Value1，Value2，…的顺序相同。

【经典实例】

某人想开一店铺，前期投入 70 万元。以后 5 年每年收入分别为 15 万元、17 万元、20 万元、18 万元、19 万元，无风险利率为 5%，分析该投资是否有利可图？

具体操作如下：选择"公式"→"插入函数"命令，调出 NPV 函数，输入 Rate 值和 Pmt 区域，按【Enter】键即可完成。最后其运算结果如图 2-22 所示。

	A	B	C
1			
2		5%	无风险利率
3		-700000	前期投入
4		150000	第一年投入
5		170000	第二年投入
6		200000	第三年投入
7		180000	第四年投入
8		190000	第五年投入
9			
10	=NPV(B2,B3:B8)		
11	￥63,596.28		
12			

图 2-22 投资净现值计算结果

根据运算结果可知，该项投资的净现值是正的，是有利可图的。

6. 终值函数 FV

FV 函数是基于固定利率和等额分期付款方式的，它计算的是某项投资的未来值。

函数格式为：FV（Rate，Nper，Pmt，[Pv]，[Type]）。

功能：计算一次性给付或等额定期支付的投资在将来某个日期的值。

Rate：投资或贷款的利率或贴现率。

Nper：总投资期限，即为该项投资付款期限总数。

Pmt：各期应支付的金额，其数值在整个投资期内保持不变。通常 Pmt 包括本金和利息，但不包括其他费用和税款。

Pv：现值，为一系列未来付款的当前值的总和，也称本金。若省略 Pv，则假设其值为"0"。不能同时省略 Pmt 和 Pv 值。

Type：数字"0"和"1"，指定未来每期付款是在期初还是在期末。"0"表示在期末，"1"表示在期初，若省略 Type，则其假设值为"0"。

7. DB 函数（固定余额递减法）

函数格式为：DB（Cost，Salvage，Life，Period，Month）。

功能：计算资产在给定期间内的折旧值。

Cost：表示资产的初始值。

Salvage：表示资产在折旧期后的剩余价值（残值）。

Life：表示计算的折旧期限。

Period：需要计算的单个时间周期（就是需要计算第几年的折旧额）。

Month：第一年的月份数。

8. SLN 函数（直线折旧法）

函数格式为：SLN（Cost，Salvage，Life）。

功能：计算资产的每期直线折旧值。

9. SYD 函数（年数总和法）

函数格式为：SYD（Cost，Salvage，Life，Per）。

功能：按年数总和法计算折旧值。

10. IRR 函数（返回内部收益率函数）

函数格式为：IR（Values，Guess）。

功能：计算投资的内部收益率。

Values：表示为数组或单元格的范围引用，必须包含至少一个正值和一个负值。

Guess：表示对函数计算结果的估计值，它提供计算的起点，如果省略，则假设该值为"10%"。

11. ROUND 四舍五入函数

函数格式为：ROUND（Number，Num_digits）。

功能：按指定位数对数值进行四舍五入。

12. IF 函数

函数格式为：IF（logical_test，value_if_true，value_if_false）。

功能：执行真假判断，根据逻辑测试的真假值，返回不同的结果。

13. INT 函数

函数格式为：INT（Number）。

功能：将数值向下取整数。

14. NOW 函数

函数格式为：NOW（）。

功能：返回当前的系统日期和时间。

15. TODAY 函数

函数格式为：TODAY（）。

功能：返回当前的系统日期。

【相关链接】

1. "＄"符号在 Excel 中有什么作用？

答：（1）加"＄"为绝对引用，填充公式时，公式中加 ＄ 的内容不会发生变化。

（2）"Z＄10"为绝对引用，就是在用鼠标拉动公式时，不论直拉或横拉，都把第 10 行给固定住，如果不固定 ＄10，则向下拉会变成 Z11、Z12、Z13……，固定住以后，就都是 Z10 了，同理也可以设置成 ＄Z＄10，这样的话，不论怎么拉都会是 Z10 这个单元格。

（3）"＄A＄1：＄A＄100"为绝对引用，"A1：A100"为相对引用。

对于一个单元格来说，绝对引用和相对引用是没有区别的。但在复制公式时，采取相对引用的公式会随着单元格的变化而进行相应的变化，而绝对引用就不会变化。

所以，当需要将引用单元格固定起来时，要用绝对引用，而需要随单元格进行变化时，就要用相对引用。也就是说，要根据需要适时地改变引用方式。

实际上，引用方式总共有以下四种：

A1：A100：相对引用，即行和列都可变化。

＄A1：＄A100：列绝对引用，即行变列不变。

A＄1：A＄100：行绝对引用，即列变行不变。

＄A＄1：＄A＄100：绝对引用，即行列都不变。

此外，在输入公式时，无须手工输入"＄"。当用鼠标选择了单元格或区域后，按【F4】键，就会在上述四种情况下自动转换。如果手工输入的单元格地址，则先选中输入的地址，再按【F4】键转换。

（4）绝对引用（可以从帮助里搜索）。

公式中的相对单元格引用（如 A1）是基于包括公式和单元格引用的单元格

的相对位置。如果公式所在单元格的位置改变，引用也随之改变。如果多行或多列地复制公式，引用会自动调整。

单元格中的绝对单元格引用（如"＄A＄1"）总是在指定位置引用单元格。如果公式所在单元格的位置改变，则绝对引用保持不变。如果多行或多列地复制公式，绝对引用将不作调整。在默认情况下，新公式使用相对引用，需要将它们转换为绝对引用。

2. Excel 中"&"符号的作用是什么？
答：连接作用。

【概念索引】

公式　函数　相对引用　绝对引用　混合引用

【闯关考验】

单项选择题

1. 在 Excel 中，创建公式的操作步骤是（　　）。
（1）在编辑栏键入"＝"　　　　　（2）键入公式
（3）按【Enter】键　　　　　　　（4）选择需要建立公式的单元格
A.（4）（3）（1）（2）　　　　　B.（4）（1）（2）（3）
C.（4）（1）（3）（2）　　　　　D.（1）（2）（3）（4）

2. 在 Excel 中，单元格地址绝对引用的方法是（　　）。
A. 在单元格地址前加"＄"
B. 在单元格地址后加"＄"
C. 在构成单元格地址的字母和数字前分别加"＄"
D. 在构成单元格地址的字母和数字之间加"＄"

3. 在 Excel 的单元格中输入一个公式，首先应键入（　　）。
A. 等号"＝"　　B. 冒号"："　　C. 分号"；"　　D. 感叹号"！"

4. 在 Excel 中，利用填充柄功能可以自动快速输入（　　）。
A. 文本数据　　　　　　　　　　B. 数字数据
C. 公式和函数　　　　　　　　　D. 具有某种内在规律的数据

【课外修炼】

邵亮. Excel 在会计中的应用［M］. 北京：教育科学出版社，2013.

【微语录】

项目三

Excel 数据管理

知识结构图

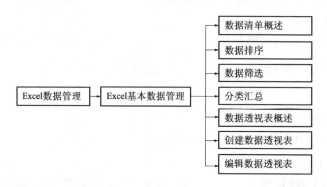

情境写实

【情境案例】

无论是在高考中还是在每个人的日常生活当中，每天或多或少都要使用到数学、化学、物理，那么学好这几门课程对我们来说就变得尤为重要（见图3-1）。

图3-1 示例

【分析与思考】

请思考：通过"数据清单"来实现这几门课程成绩的数据管理。每门课成绩最高的是哪位同学？总成绩最高的是哪位同学？

学习目标

【知识目标】

（1）认识 Excel 基本数据管理功能。

（2）认识 Excel 数据透视表功能。

【能力目标】

（1）掌握 Excel 处理数据和分析数据的功能，可以运用公式和函数自动处理数据，能对工作表的数据进行排序、筛选、分类汇总、统计和查询等操作。

（2）熟悉 Excel 数据透视表。

任务一　Excel 基本数据管理

Excel 在数据管理与分析方面提供了排序、筛选、分类汇总和数据透视表等工具，其功能非常强大。利用这些工具可以方便地对数据进行管理、分析，使数据管理分析更容易，使工作效率大大提高。

一、数据清单概述

（一）基本概念

在 Excel 中，排序、筛选与分类汇总数据记录的操作需要通过"数据清单"来进行，因此在操作前应先创建好"数据清单"。"数据清单"是工作表中包含相关数据的一系列数据行，如建立的"员工工资表"，这张电子报表就包含有这样的数据行，它可以像数据库一样接受浏览与编辑等操作。在 Excel 中可以很容易地将数据清单用作数据库，而在执行数据库操作时，如查询、排序或汇总数据时也会自动将数据清单视作数据库，并使用下列数据清单元素来组织数据。

（1）数据清单中的列是数据库中的字段。

（2）数据清单中的列标志是数据库中的字段名称。

（3）数据清单中的每一行对应数据库中的一个记录。

（二）数据清单与电子报表的区别

两者其实没有多大的区别，数据清单的第一行还有列标题，电子报表是包含数据清单在内的数据库，而且还有标题。如员工工资表中的"姓名"、"年龄"、"职务"和"工资额"，这些就可以作为数据清单中的列标题，使用鼠标选定如图 3-2 所示的单元格区域，一份数据清单就建立好了。

其实，若选定一个区域，Excel 也会在需要的时候自动建立一份数据清单，只是该数据清单将包含所有的单元格，自动找到的列标题也不一定正确。

在每张工作表上只能建立并使用一份数据清单。也应避免在一张工作表上建立多份数据清单，因为某些数据清单管理功能（如筛选）等一次也只能在一份数据清单中使用。

	A	B	C	D	E	F	G
1	工资信息表						
2	职工工号	姓名	所属部门	基本工资	津贴工资	加班工资	应发工资
3	10009	张小可	办公室	1000	700	100	1800
4	10003	王支山	人事科	1200	700	100	2000
5	10006	赵东	一车间	1400	1000	300	2700
6	10004	张华	一车间	1600	1000	300	2900
7	10005	刘小玉	二车间	1300	1000	300	2600
8	10002	董平	二车间	1300	1000	300	2600
9	10007	陈刚	保卫科	900	800	200	1900
10	10008	张国强	财务科	1000	700	100	1800
11	10001	吴德江	采购科	1500	700	100	2300
12	10010	李玉华	销售科	1500	700	100	2300
13							

图3-2 选定此区域建立数据清单

（三）遵循原则

一旦建立好了数据清单，还可以继续在它所包含的单元格中输入数据。无论何时输入数据，都应当注意遵循下列准则。

1. 将类型相同的数据项置于同一列中

在设计数据清单时，应使同一列中的各行具有相同类型的数据项。这一点在前面建立"员工工资表"时就体现了出来，这是初学者一眼就能看明白的。

2. 使数据清单独立于其他数据

在工作表中，数据清单与其他数据间至少要留出一个空行和一个空列，以便在执行排序、筛选或插入自动汇总等操作时，有利于Excel检测和选定数据清单。

3. 将关键数据置于清单的顶部和底部

这样可避免将关键数据放到数据清单的左右两侧，因为在Excel中筛选数据清单时，这些数据可能会被隐藏。

4. 注意显示行和列

在修改数据清单之前，应确保隐藏的行或列也能显示。因为，如果清单中的行和列没有显示，那么数据有可能会被删除。

5. 注意数据清单格式

如前所述，数据清单需要列标，如果没有，则应在清单的第一行中创建，因为Excel将使用列标创建报告，并查找和组织数据。列标可以使用与数据清单中数据不同的字体、对齐方式、格式、图案、边框或大小写类型等。在键入列标之前，应将单元格设置为文本格式。

6. 使用单元格边框，突出显示数据清单

如果将数据清单标志和其他数据分开，则可使用单元格边框（不是空格或短划线）。其操作步骤如下：

步骤一：右键单击选定的单元格，然后从快捷菜单中选择"设置单元格格式"命令，进入"设置单元格格式"对话框后单击"边框"选项卡，如图3-3所示。

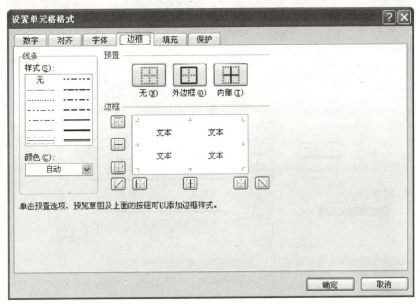

图3-3 进入"边框"选项卡

步骤二：单击"外边框"按钮后，从"线条"区域的"样式"列标窗中选择一种线型，如图3-4所示。

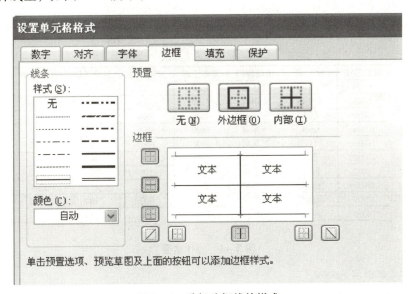

图3-4 选择边框线的样式

步骤三：从"颜色"下拉列标中选择边框线的颜色，然后在"预览窗"中单击要使用边框线的边线，如图 3-5 所示。

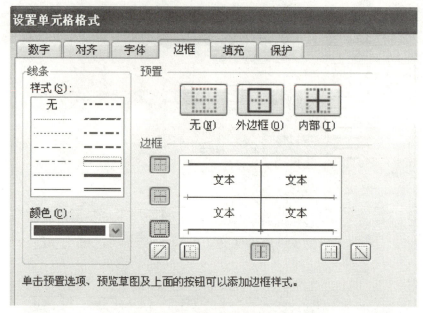

图 3-5　单击要使用边框线的边线

步骤四：单击每一条要使用边框线的边后，再单击"确定"按钮，然后在 Excel 的工作窗口中单击数据清单外的任意一处，就能在屏幕上看到所加入的边框线，如图 3-6 所示。

	A	B	C	D	E	F	G
1	工资信息表						
2	职工工号	姓名	所属部门	基本工资	津贴工资	加班工资	应发工资
3	10009	张小可	办公室	1000	700	100	1800
4	10003	王支山	人事科	1200	700	100	2000
5	10006	赵东	一车间	1400	1000	300	2700
6	10004	张华	一车间	1600	1000	300	2900
7	10005	刘小玉	二车间	1300	1000	300	2600
8	10002	董平	二车间	1300	1000	300	2600
9	10007	陈刚	保卫科	900	800	200	1900
10	10008	张国强	财务科	1000	700	100	1800
11	10001	吴德江	采购科	1500	700	100	2300
12	10010	李玉华	销售科	1500	700	100	2300
13							

图 3-6　操作结果

7. 避免空行和空列

避免在数据清单中随便放置空行和空列，这样将有利于 Excel 检测和选定数据清单。因为单元格开头和末尾的多余空格会影响排序与搜索，所以不要在单元格内文本前面或后面键入空格，可采用缩进单元格内文本的办法来代替键入空格，如图3-7所示。

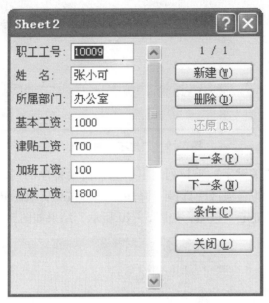

图3-7 进入数据记录单

二、数据排序

数据排序是统计工作中最常见的一项工作。所谓排序，是指按照某种规律改变工作表或者数据清单中数据的排列顺序。通过排序可以改变数据的变化规律，达到统计分析数据的目的。Excel 2007 为用户提供了三级排序，分别为主要关键字、次要关键字和第三关键字，每个关键字均可按"升序"或"降序"方式排序。

（一）按主要关键字排序

操作步骤如下：

（1）打开"工资信息表"选择任意数据的单元格，然后选择"数据"→"排序和筛选"命令。打开"排序"对话框，如图3-8和图3-9所示。

图3-8 选择"排序"命令

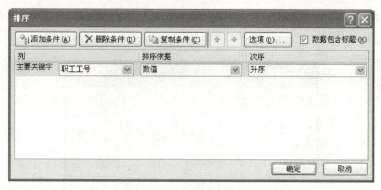

图3-9 "排序"对话框

(2) 在"主要关键字"下拉列表框中选择需要排序的列,再选择"基本工资"选项,在后面的选项区中选择"降序"单选按钮,表示排序值将从高到低进行排序。单击"确定"按钮,如图3-10所示,结果如图3-11所示。

图3-10 "主要关键字"排序对话框

	A	B	C	D	E	F	G
1	工资信息表						
2	职工工号	姓 名	所属部门	基本工资	津贴工资	加班工资	应发工资
3	10004	张华	人事科	1600	1000	300	2900
4	10001	吴德江	采购科	1500	700	100	2300
5	10010	李玉华	销售科	1500	700	100	2300
6	10006	赵东	人事科	1400	1000	300	2700
7	10002	董平	采购科	1300	1000	300	2600
8	10005	刘小玉	采购科	1300	1000	300	2600
9	10003	王支山	人事科	1200	700	100	2000
10	10008	张国强	财务科	1000	700	100	1800
11	10009	张小可	办公室	1000	700	100	1800
12	10007	陈刚	保卫科	900	800	200	1900

图3-11 排序结果

提示:如果表格中没有表头,则在"排序"对话框的"主要关键字"下拉列表框中显示"列A"、"列B"、"列C"等选项。只需选中某个列即可进行排序。

(二) 按多个条件排序

当按主要关键字进行排序时，有几个数据值是一样的，此时可以按其他条件排序，即按多个条件排序。

操作步骤如下：

(1) 打开"员工信息表"工作表，选择任意数据的单元格，选择"数据"→"排序和筛选"命令，打开"排序"对话框。

(2) 在"主要关键字"下拉列表框中选择"基本工资"选项，在后面的选项区域中选中"降序"单选按钮，表示首先以"基本工资"从高到低进行排序。

(3) 在"次要关键字"下拉列表框中选择"职工工号"选项，在后面的选项区域选中"降序"单选按钮，表示当"基本工资"相同时，以"职工工号"从高到低进行排序，单击"确定"按钮，如图 3-12 所示，结果如图 3-13 所示。

图 3-12　按多个条件排序

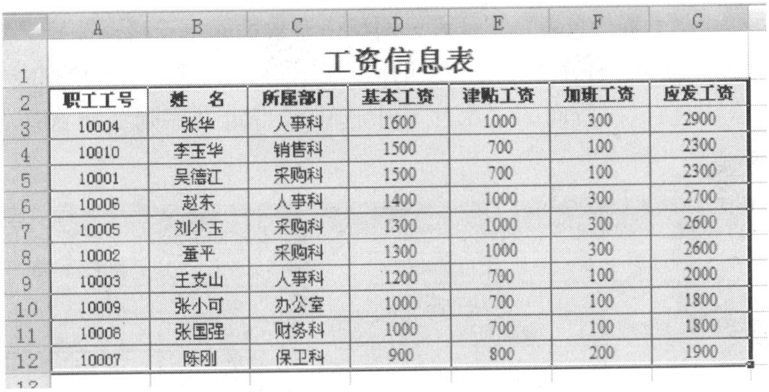

图 3-13　按多个条件排序的结果

提示：如果"主要关键字"和"次要关键字"数据都相同，则可以以"第三关键字"排序。

(三) 自定义排序

Excel 2007 除了可以按照升序和降序两种常用情况排序之外，还可以按自定

义顺序排序。如需要自定义排序时,需要先将这些数据定义为序列,然后进行自定义排序,操作步骤如下:

(1) 单击左上角带微软标记的圆圈,在最下方找到"Excel 选项",选择"常用"→"编辑命令"→"自定义排序"命令,单击"添加"按钮即可,如图 3-14 所示。

图 3-14 添加"自定义排序"选项

(2) 打开"工资信息表"工作表,选择任意数据的单元格,选择"数据"→"排序和筛选"命令,打开"排序"对话框。在"主要关键字"下拉列表框中选择"所属部门"选项,在后面的"次序"中选中"自定义序列"单选按钮,如图 3-15所示。

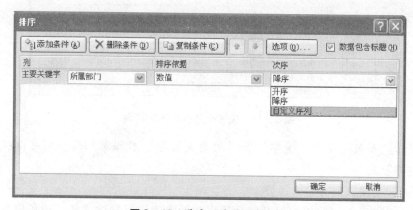

图 3-15 选中"自定义序列"

(3) 在"自定义序列"列表框中选择"新序列"选项,在"输入序列"文本框中按照顺序输入"采购科,保卫科,人事科,销售科",中间的标点符号用英文状态下的逗号隔开,如图 3-16 所示。

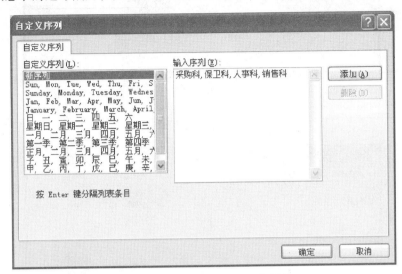

图 3-16 "自定义序列"选项卡

(4) 单击"添加"按钮,将输入的序列添加到"自定义序列"列表框中,单击"确定"按钮,如图 3-17 所示。

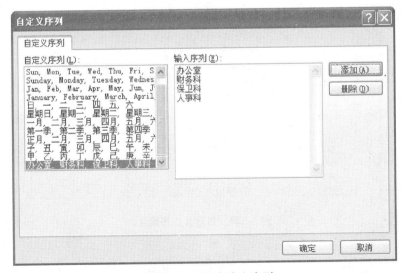

图 3-17 添加自定义序列

(5) 选择任意数据的单元格,选择"数据"→"排序和筛选"命令,打开"排序"对话框。在"主要关键字"下拉列表框中选择"所属部门"选项,在后面的"次序"中选中"自定义序列"单选按钮,如图 3-18 和图 3-19 所示。

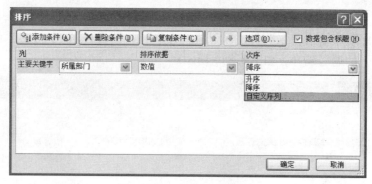

图 3-18 "排序"对话框

图 3-19 "次序"中选择"自定义序列"

(6) 单击"确定"按钮,结果如图 3-20 所示。

	A	B	C	D	E	F	G
1			工资信息表				
2	职工工号	姓名	所属部门	基本工资	津贴工资	加班工资	应发工资
3	10001	吴德江	采购科	1500	700	100	2300
4	10005	刘小玉	采购科	1300	1000	300	2600
5	10002	董平	采购科	1300	1000	300	2600
6	10007	陈刚	保卫科	900	800	200	1900
7	10004	张华	人事科	1600	1000	300	2900
8	10006	赵东	人事科	1400	1000	300	2700
9	10003	王支山	人事科	1200	700	100	2000
10	10010	李玉华	销售科	1500	700	100	2300
11	10009	张小可	销售科	1000	700	100	1800
12	10008	张国强	销售科	1000	700	100	1800

图 3-20 自定义排序结果

三、数据筛选

筛选是根据给定的条件从数据清单中找出并显示满足条件的记录,不满足条件的记录被隐藏。数据筛选包括自动筛选和高级筛选。与排序不同,筛选并不重排清单,只是暂时隐藏不必显示的行。

(一)自动筛选

自动筛选的操作步骤如下:

(1) 打开"工作信息表",选择任意数据的单元格。

(2) 选择"数据"→"排序和筛选"命令,打开"筛选"对话框,如图 3-21 所示。

图 3-21　自动筛选

(3) 此时标题各字段右侧出现一个向下的三角形按钮,单击"所属部门"右侧的三角形按钮,在弹出的下拉列表框中,选择"人事科"选项,如图 3-22 所示。

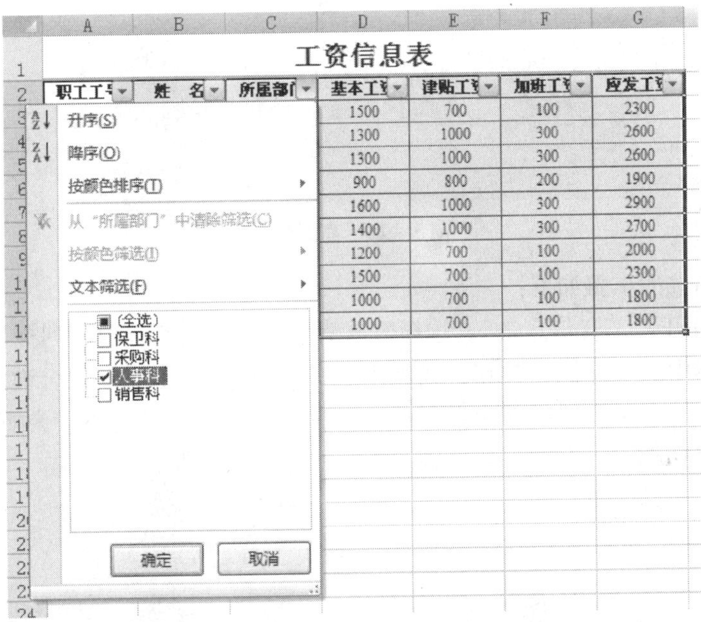

图 3-22　筛选"人事科"

(4) 筛选"人事科"的结果如图 3-23 所示。

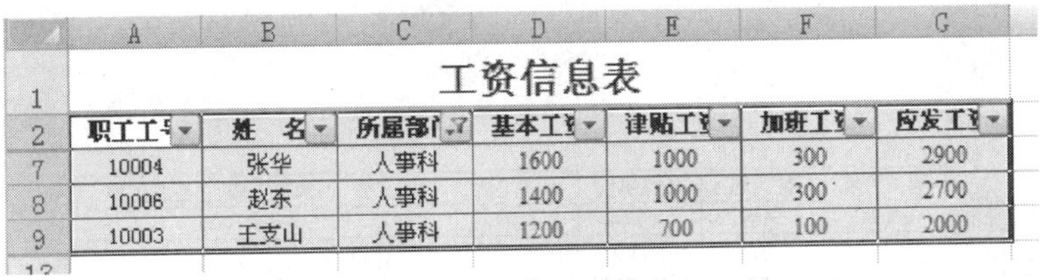

图 3-23　自动筛选结果

(5) 单击"数据"→"排序和筛选"命令中的"筛选"按钮，数据可恢复为筛选前的样式。

(二) 高级筛选

高级筛选能快速将满足多重条件的信息筛选并显示出来。

当数据管理过程遇到一些复杂的筛选条件时，使用前述"自动筛选"功能将不能满足要求，必须使用"高级筛选"来实现，即建立筛选条件区域，并在该区域中设置相应的筛选条件。使用高级筛选功能可以对某个列或者多个列应用多个筛选条件。为了使用此功能，在工作表的数据清单上方，至少应有三个能用作条件区域的空行，而且数据清单必须有列标。"条件区域"包含一组搜索条件的单元格区域，可以用它在高级筛选中筛选数据清单的数据，它包含一个条件标志行，同时至少有一行用来定义搜索条件。有了条件区域，就可以按下列操作步骤进行高级筛选，如图 3-24 所示。

图 3-24　高级筛选

高级筛选的步骤如下：

(1) 打开"工资信息表"，选择数据清单中含有要筛选值的列标，然后单击常用工具栏中的"复制"按钮，或者按下"【Ctrl】+【C】"组合键。接着选择条件区域第一个空行里的某个单元格，再单击常用工具栏中的"粘贴"按钮或者按下"【Ctrl】+【V】"组合键。具体如图 3-25 所示。

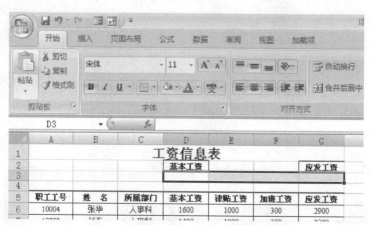

图 3-25　将选定的列表复制在条件区域中（一）

(2) 在条件区域中输入筛选条件，如图 3-26 所示。

	A	B	C	D	E	F	G
1				工资信息表			
2				基本工资			应发工资
3				>1200			>2200
4							
5	职工工号	姓名	所属部门	基本工资	津贴工资	加班工资	应发工资
6	10004	张华	人事科	1600	1000	300	2900
7	10006	赵东	人事科	1400	1000	300	2700

图 3-26　将选定的列表复制在条件区域中（二）

(3) 选择"数据"→"排序与筛选"→"高级"命令，进入如图 3-27 所示的"高级筛选"对话框。

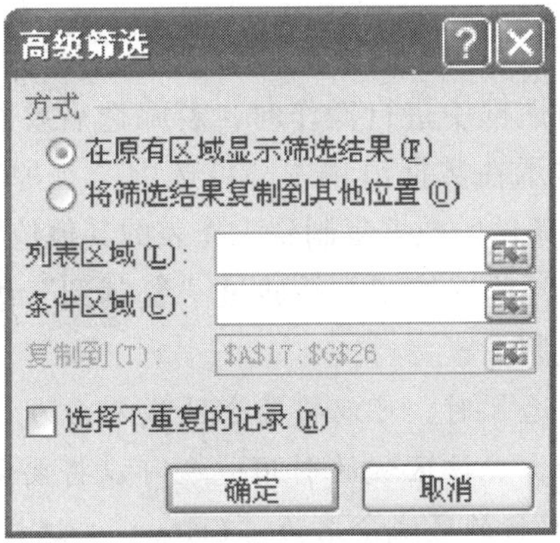

图 3-27　"高级筛选"对话框

(4) 单击"高级筛选"对话框中"列表区域"设置按钮后，选定列表区域的条件为"Sheet2！＄A＄5：＄G＄15"，单击此按钮返回"高级筛选"对话框；然后设置"条件区域"中的条件为"Sheet2！Criteria"，再单击此按钮返回"高级筛选"对话框，如图 3-28 所示。

图 3-28　"高级筛选"条件选择

(5) 单击"确定"按钮,结束操作。其操作结果如图 3-29 所示。

	A	B	C	D	E	F	G
1				工资信息表			
2				基本工资			应发工资
3				>1200			>2200
4							
5	职工工号	姓 名	所属部门	基本工资	津贴工资	加班工资	应发工资
6	10004	张华	人事科	1600	1000	300	2900
7	10006	赵东	人事科	1400	1000	300	2700
8	10005	刘小玉	采购科	1300	1000	300	2600
9	10002	董平	采购科	1300	1000	300	2600
10	10001	吴德江	采购科	1500	700	100	2300
11	10010	李玉华	销售科	1500	700	100	2300

图 3-29 高级筛选操作结果显示

在"高级筛选"对话框中进行操作时,若筛选后要隐藏不符合条件的数据行,并让筛选的结果显示在数据清单中,可选中"在原有区域显示筛选结果"单选按钮。若要将符合条件的数据复制到工作表的其他位置,则需要选中"将筛选结果复制到其他位置"单选按钮,并通过"复制到"编辑框指定粘贴区域是"左上角",从而设置复制位置。

提示:在"高级筛选"时,可以将某个区域命名为"Criteria",此时,"条件区域"框中就会自动出现该区域的引用;也可以将要筛选的数据区域命名为"Database",并将要粘贴行的区域命名为"Extract"。这样的话,中文 Excel 就会让这些区域自动出现在"数据区域"和"复制到"框中。

四、分类汇总

在日常工作中经常接触到 Excel 二维数据表格,我们经常需要通过表中某列数据字段(如所属部门)对数据进行分类汇总。

下面我们针对三种不同的分类汇总需求,为大家介绍不同的解决方案。这三种需求分别是既想分类汇总,又想分类打印;不想分类打印,只想随时查看各类数据的明细和统计情况;不想打乱正常流水式数据表格的数据顺序,而是想随时查看各类数据的统计结果(此处假定将统计结果保存在另一个工作表中)。

(一)需求一:既想分类汇总,又想分类打印

解决方案:直接利用 Excel 内置的"分类汇总"功能来实现。

(1) 选中所属部门列的任意一个单元格,选择"数据"→"排序与筛选"→"排序"命令,或者单击"排序"栏上的"升序"或"降序"按钮,对数据进行一下排序。

提示:使用"分类汇总"功能时,一定要按分类对象进行排序。

(2) 执行"数据"→"分级显示"→"分类汇总"命令,打开"分类汇总"对话框,如图 3-30 所示。

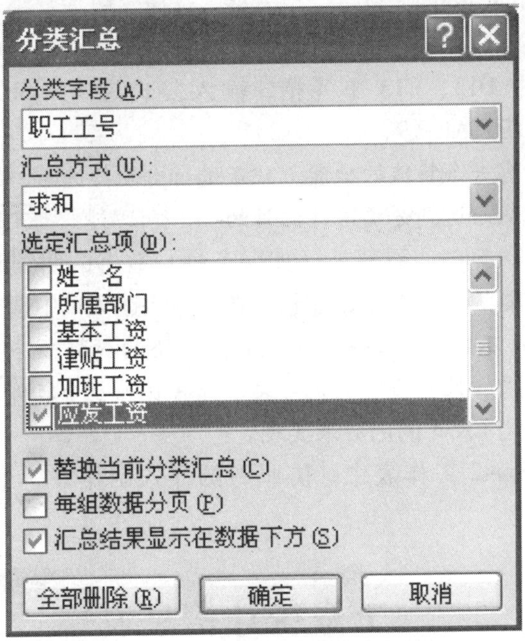

图 3-30 "分类汇总"对话框

（3）将"分类字段"设置为"所属部门"，"汇总方式"设置为"求和"，"选定汇总项"为"应发工资"和"实发工资"，再选中"汇总结果显示在数据下方"复选框，最后单击"确定"按钮。其操作结果如图 3-31 所示。

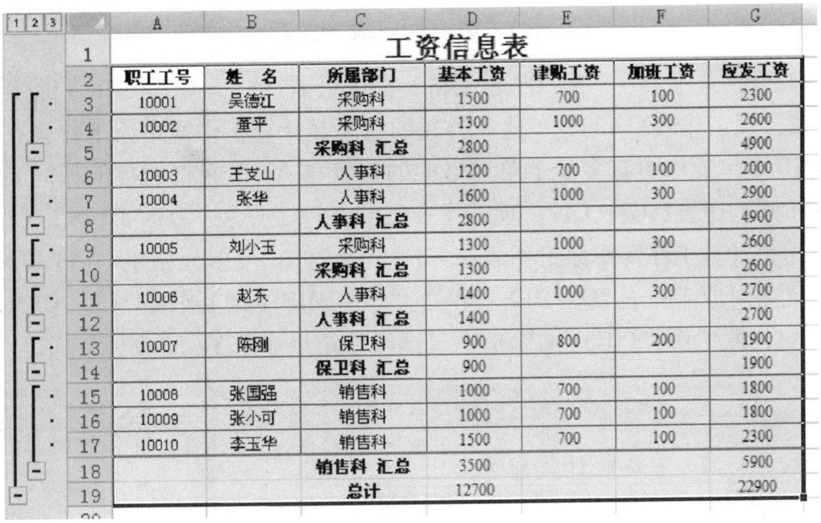

职工工号	姓名	所属部门	基本工资	津贴工资	加班工资	应发工资
		工资信息表				
10001	吴德江	采购科	1500	700	100	2300
10002	董平	采购科	1300	1000	300	2600
		采购科 汇总	2800			4900
10003	王支山	人事科	1200	700	100	2000
10004	张华	人事科	1600	1000	300	2900
		人事科 汇总	2800			4900
10005	刘小玉	采购科	1300	1000	300	2600
		采购科 汇总	1300			2600
10006	赵东	人事科	1400	1000	300	2700
		人事科 汇总	1400			2700
10007	陈刚	保卫科	900	800	200	1900
		保卫科 汇总	900			1900
10008	张国强	销售科	1000	700	100	1800
10009	张小可	销售科	1000	700	100	1800
10010	李玉华	销售科	1500	700	100	2300
		销售科 汇总	3500			5900
		总计	12700			22900

图 3-31 分类汇总结果显示

（二）需求二：不想分类打印，只想随时查看各类数据的明细和统计情况
解决方案：直接利用 Excel 自身的"自动筛选"功能来实现。

（1）选中所属部门列的任意一个单元格，选择“数据”→“排序与筛选”→“自动筛选”命令，进入“自动筛选”状态。

（2）分别选中 D13、G13 单元格，输入公式为“ = SUBTOTAL（9，D3：D12）”和“ = SUBTOTAL（9，G3：G12）”。

提示：此函数有一个特殊的功能，就是进行自动筛选后，被隐藏行的数据不会被统计到其中，从而达到分类统计的目的。

（3）当后续需要随时查看某类（如财务科）数据的明细和统计情况时，单击“所属部门”右侧的下拉按钮，在随后弹出的快捷菜单中选中即可。

（三）需求三：不想打乱正常流水式数据表格的数据顺序，而是想随时查看各类数据的统计结果（此处假定将统计结果保存在另一个工作表中）

解决方案：利用 Excel 的函数来实现。

（1）切换到 sheet2 工作表中，仿照图的样式制作好一个统计表格，如图 3－32所示。

	A	B	C	D
1	工资统计信息表			
2	所属部门	部门人数	基本工资合计	应发工资合计
3	采购科			
4	人事科			
5	保卫科			
6	销售科			

图 3－32 分类汇总统计表

（2）分别选中 B3、C3、D3 单元格，输入公式为“ = COUNTIF（原工作表！C3：C12，现工作表！A3）”（这一公式的意思是计算工作簿中原工作表在 C3 ~ C12 这 10 个单元格中有多少个单元格中的数值与 A3 单元格的数值相同）；“ = SUMIF（原工作表！C3：C12，现工作表！A3，原工作表！D3：D12）”（这一公式的意思是计算工作簿中原工作表在 C3 ~ C12 这 10 个单元格里与 A3 单元格相同的单元格对原工作表 D3 ~ D12 求和）；“ = SUMIF（原工作表！C3：C12，现工作表！A3，原工作表！G3：G12）”。具体操作结果如图 3－33 所示。

D3 =SUMIF(原工作表!C3:C12,现工作表!A3,原工作表!G3:G12)

	A	B	C	D	E	F	G	H
1	工资统计信息表							
2	所属部门	部门人数	基本工资合计	应发工资合计				
3	采购科	3	4100	7500				
4	人事科							
5	保卫科							
6	销售科							

图 3－33 分类汇总统计函数

SUMIF 是在 Excel 中一个求和的函数，具体用法如下：

用途：根据指定条件对若干单元格、区域和引用求和。

语法：SUMIF（range，criteria，sum_range）。

参数：range 为用于条件判断的单元格区域，criteria 是由数字、逻辑表达式等组成的判定条件，sum_range 为需要求和的单元格、区域和引用。

（3）使用填充柄功能填充其他单元格，结果如图 3-34 所示。

所属部门	部门人数	基本工资合计	应发工资合计
采购科	3	4100	7500
人事科	3	4200	7600
保卫科	1	900	1900
销售科	3	3500	5900

图 3-34 分类汇总统计结果

任务二　数据透视表

数据透视表是一种大量数据快速汇总和建立交互列表的交叉式表格，用于对多种来源的数据进行汇总。建立表格后，可以对其进行重排，以便从不同的透视角度观察数据。

一、数据透视表概述

数据透视表是一种交互式的表，可以进行某些计算，如求和与计数。

例如，可以水平或者垂直显示字段值，然后计算每一行或列的合计，也可以将字段值作为行号和列标，在每个行列交汇处计算出各自的数量，然后计算小计和总计。例如，如果要按季度来分析每个雇员的销售业绩，可以将雇员名称作为列标放在数据透视表的顶端，将季度名称作为行号放在表的左侧，然后对每一个雇员以季度计算销售数量，放在每个行和列的交汇处。之所以称为数据透视表，是因为可以动态地改变它们的版面布置，以便按照不同方式分析数据，也可以重新安排行号、列标和页字段。每一次改变版面布置时，数据透视表会立即按照新的布置重新计算数据。另外，如果原始数据发生更改，则可以更新数据透视表。

二、创建数据透视表

若要创建数据透视表，请按以下步骤完成：

（1）打开"工资信息表"，选择"插入"→"数据透视表"命令，单击"数据透视表"命令，如图 3-35 和图 3-36 所示。

图 3-35 选择"数据透视表"命令

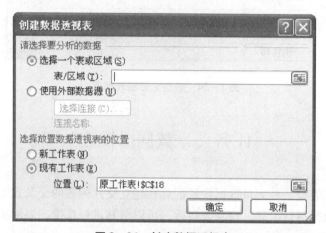

图 3-36 创建数据透视表

（2）在"创建数据透视表"中选择"选择一个表或区域"单选按钮，在"表/区域"中单击选择"原工作表！＄A＄2：＄G＄12"，选择放置数据透视表的位置为"新工作表"。操作如图 3-37 所示。

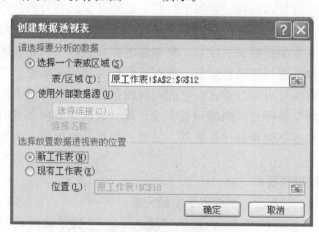

图 3-37 创建数据透视表的输入

(3) 单击"创建数据透视表"中的"确定"按钮，如图3－38所示。

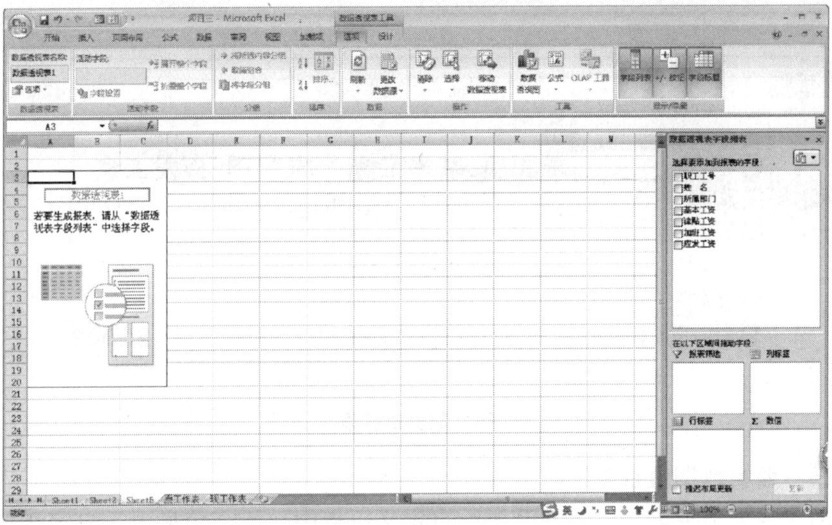

图3－38 创建的数据透视表格式

(4) 在"数据透视表字段列表"中将"基本工资"和"应发工资"按钮拖动到"数值"区域；将"所属部门"按钮拖动到"行标签"区域，如图3－39所示（其中"基本工资"和"应发工资"设置为"求和项"）。

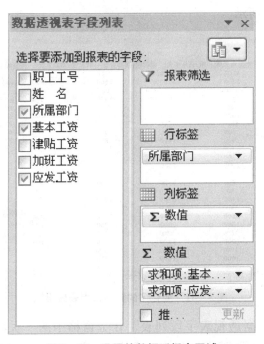

图3－39 设置的数据透视表区域

(5) 至此，数据透视表基本效果图就建立起来了，如图3－40所示。

	A	B	C
1			
2			
3		值	
4	行标签	求和项:基本工资	求和项:应发工资
5	采购科	4100	7500
6	保卫科	900	1900
7	人事科	4200	7600
8	销售科	3500	5900
9	总计	12700	22900

图3-40 数据透视表效果图

三、编辑数据透视表

创建数据透视表后，可对其进行自定义以集中在所需信息上。自定义的方面包括更改布局、更改格式或深化以显示更详细的数据。

还是以"员工信息表"为例进行进一步的举例分析。

（1）在打开的"数据透视表字段列标"任务窗格中，将列表中的字段全部选中，完成数据透视表的布局设计，可以看到工作表中的数据透视表会发生相应变化，如图3-41所示。

	A	B	C	D	E
3		值			
4	行标签	求和项:基本工资	求和项:应发工资	求和项:津贴工资	求和项:加班工资
5	⊟采购科	4100	7500	2700	700
6	⊟董平	1300	2600	1000	300
7	10002	1300	2600	1000	300
8	⊟刘小玉	1300	2600	1000	300
9	10005	1300	2600	1000	300
10	⊟吴德江	1500	2300	700	100
11	10001	1500	2300	700	100
12	⊟保卫科	900	1900	800	200
13	⊟陈刚	900	1900	800	200
14	10007	900	1900	800	200
15	⊟人事科	4200	7600	2700	700
16	⊟王支山	1200	2000	700	100
17	10003	1200	2000	700	100
18	⊟张华	1600	2900	1000	300
19	10004	1600	2900	1000	300
20	⊟赵东	1400	2700	1000	300
21	10006	1400	2700	1000	300
22	⊟销售科	3500	5900	2100	300
23	⊟李玉华	1500	2300	700	100
24	10010	1500	2300	700	100
25	⊟张国强	1000	1800	700	100
26	10008	1000	1800	700	100
27	⊟张小可	1000	1800	700	100
28	10009	1000	1800	700	100
29	总计	12700	22900	8300	1900

图3-41 变化了的数据透视表效果图

（2）单击"数据透视表字段列表"任务窗格中的"关闭"按钮，或者在"选项"选项卡"显示/隐藏"组中单击按钮，关闭"数据透视表字段列表"任务窗口。

(3) 选择 A3 单元格，单击鼠标右键，在弹出的快捷菜单中选择"数据透视表选项"命令，如图 3-42 所示。

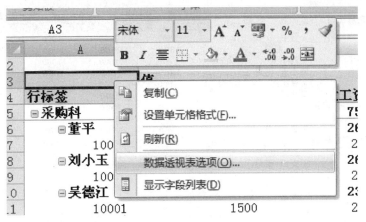

图 3-42 选择"数据透视表选项"

(4) 打开"数据透视表选项"对话框，选择"显示"选项卡，勾选"显示"区域中的"经典数据透视表布局（启用网格中的字段拖放）"复选框，单击"确定"按钮，如图 3-43 所示。

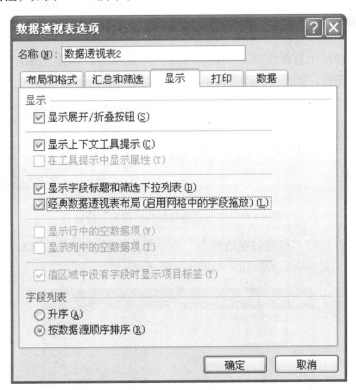

图 3-43 "显示"选项卡

(5) 此时显示数据透视表的经典布局，如图 3-44 所示。

	A	B	C	D	E	F	G
3				值			
4	所属部门	姓 名	职工工号	求和项:基本工资	求和项:应发工资	求和项:津贴工资	求和项:加班工资
5	⊟采购科	⊟董平	10002	1300	2600	1000	300
6		董平 汇总		1300	2600	1000	300
7		⊟刘小玉	10005	1300	2600	1000	300
8		刘小玉 汇总		1300	2600	1000	300
9		⊟吴德江	10001	1500	2300	700	100
10		吴德江 汇总		1500	2300	700	100
11	采购科 汇总			4100	7500	2700	700
12	⊟保卫科	⊟陈刚	10007	900	1900	800	200
13		陈刚 汇总		900	1900	800	200
14	保卫科 汇总			900	1900	800	200
15	⊟人事科	⊟王支山	10003	1200	2000	700	100
16		王支山 汇总		1200	2000	700	100
17		⊟张华	10004	1600	2900	1000	300
18		张华 汇总		1600	2900	1000	300
19		⊟赵东	10006	1400	2700	1000	300
20		赵东 汇总		1400	2700	1000	300
21	人事科 汇总			4200	7600	2700	700
22	⊟销售科	⊟李玉华	10010	1500	2300	700	100
23		李玉华 汇总		1500	2300	700	100
24		⊟张国强	10008	1000	1800	700	100
25		张国强 汇总		1000	1800	700	100
26		⊟张小可	10009	1000	1800	700	100
27		张小可 汇总		1000	1800	700	100
28	销售科 汇总			3500	5900	2100	300
29	总计			12700	22900	8300	1900

图 3-44 "数据透视表"选项中的"显示"

(6) 选择整个数据透视表，单击"选项"选项卡"操作"组中的"移动数据透视表"按钮，如图 3-45 所示。

图 3-45 单击"移动数据透视表"按钮

(7) 在打开的"移动数据透视表"对话框中选择"现有工作表"单选按钮，单击"位置"文本框后的按钮，如图 3-46 所示。

图 3-46 "移动数据透视表"对话框

(8) 选择原工作表 H2 单元格，单击按钮，如图 3-47 所示。

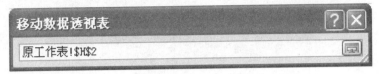

图 3-47 选择"移动数据透视表"的位置

(9) 此时返回到"移动数据透视表"对话框，单击"确定"按钮，如图 3-48 所示。

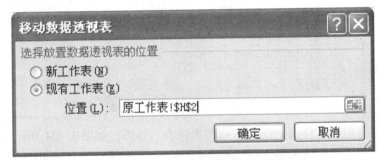

图 3-48 返回"移动数据透视表"的位置

(10) 将数据透视表移动到原工作表中，如图 3-49 所示。

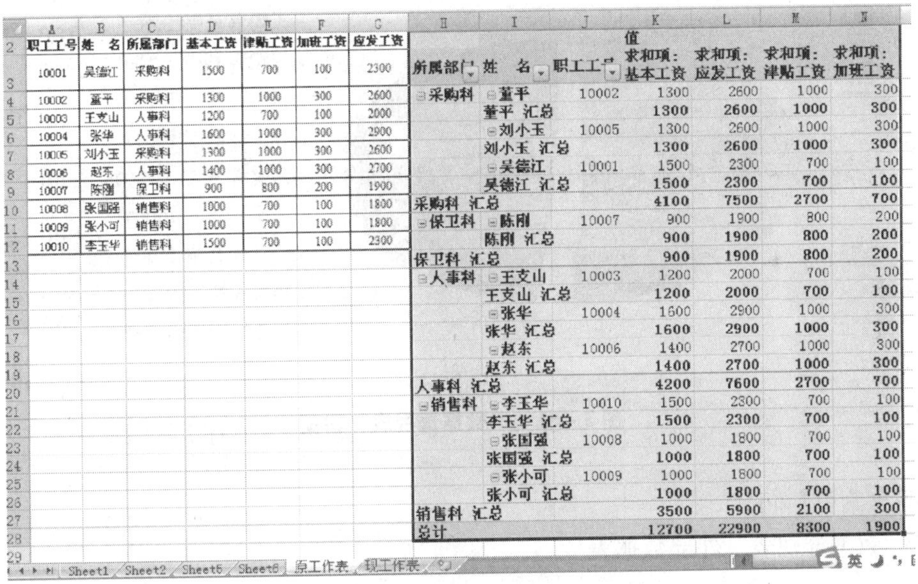

图 3-49 移动后的"数据透视表"

(11) 选择整个数据透视表，在打开的"插入图表"对话框中选择要插入的图表类型，这里选择"饼图"选项下的"三维饼图"，单击"确定"按钮，如图 3-50 所示。

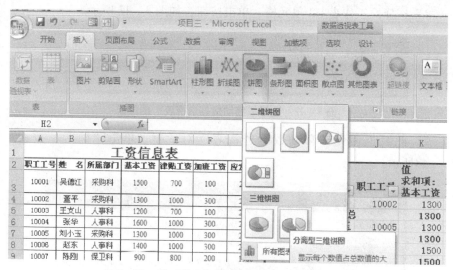

图 3-50 给"数据透视表"插入"饼图"操作

(12) 此时在工作表中插入"数据透视表"饼图,如图 3-51 所示。

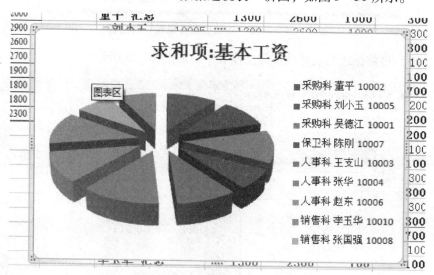

图 3-51 "数据透视表"饼图

【概念索引】

数据透视表 外部数据表

【闯关考验】

在 Excel 中建立一个名为"职员登记表"的工作簿。在 sheet1 工作表中建立如图 3-52 所示的数据库。

	A	B	C	D	E	F
1	部门	姓名	性别	年龄	工龄	工资
2	开发部	张三	男	30	5	2000
3	测试部	李四	男	32	4	1600
4	文档部	王五	女	24	2	1200
5	市场部	赵六	男	26	4	1800
6	市场部	王麻子	女	25	2	1900
7	开发部	董事	女	26	2	1400
8	文档部	晶晶	男	24	4	1200
9	测试部	郝汉	女	22	5	1800

图 3-52 数据库

要求：

(1) 按照年龄由小到大进行排序。

(2) 统计各部门职工人数。

(3) 统计各部门职工工资总额。

(4) 按照不同部门建立数据透视表，计算各部门职工的平均年龄和平均工龄。

【课外修炼】

[1] 孙成玉. Excel 数据处理全能手册 [M]. 北京：中国铁道出版社，2009.

[2] 李泽江. Excel 在信息管理中的应用 [M]. 北京：中国水利水电出版社，2008.

【微语录】

项目四
Excel 图表

知识结构图

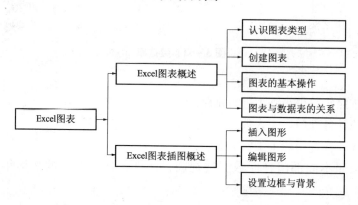

情境写实

【情境案例】

随着政府对体育事业的推动,越来越多的中国人参与到群众体育之中,人民体质越来越好,运动员在训练中也采用了科学的方法。自第 23 届洛杉矶奥运会中国实现金牌零的突破之后,中国运动健儿在奥运赛场上摘金夺银,为祖国赢得荣誉。我们通过 Excel 表格列出自 1984 年之后中国健儿在奥运会上的奖牌榜,详见表 4-1。

表 4-1 奥运奖牌情况

	A	B	C	D	E
1	年份	金牌	银牌	铜牌	总数
2	1984	15	8	9	32
3	1988	5	11	12	28
4	1992	16	22	16	54
5	1996	16	22	12	50
6	2000	28	16	15	59
7	2004	32	17	14	63
8	2008	51	21	28	100
9	2012	38	27	23	88
10	总计	201	144	129	474

【分析与思考】

请思考:能不能用图文的方法使数据表现得更加清晰和易于理解。

情境分析：图表是数据的一种可视表示形式。合理使用图表能够帮助我们分析数据间的内部关系和发展规律。使用图表还可以使读者能够对工作表中的数据有个更加直观的了解。

学习目标

【知识目标】

（1）认识 Excel 图表。

（2）认识 Excel 的图片管理功能。

【能力目标】

（1）熟悉图表使用的基本方法。

（2）掌握使用柱形图、折线图、饼图、组合图表数据的方法。

（3）了解在 Excel 中使用图片的方法。

图表具有较好的视觉效果，可以将工作表中枯燥的数据转化为简捷、直观的图表形式，更方便观察数据的差异和趋势。设计完美的图表与具有大量数据的工作表相比，能够更快捷、更有效的传递信息。

Excel 能够很容易地将工作表中的数据转化为图表显示，当编辑和更新工作表中的数据时，图表随着数据的改变而自动修改。

任务一　Excel 图表概述

一、认识图表类型

数据图表就是将单元格中的数据以各种统计图表的形式显示，使得数据更直观，更容易被人们快速接受。Excel 2007 提供有 11 大类准图表类型，每一种类型又有若干个子类型。73 种子图表类型表达的意义各不相同，每种类型主要是在颜色和外观上有所区别，如图 4-1 所示。

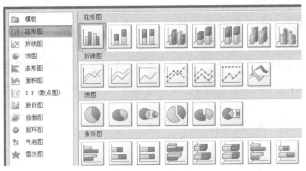

图 4-1　图表类型

Excel 提供的标准图表类型的丰富和专业,充分体现了其分析数据和表现功能的强大,各类型标准图表的功能如表 4-2 所示。

表 4-2 图表的功能

图表类型	图表的功能
柱形图	在 Excel 中,柱形图是默认图表类型,用得较多的一种,包括圆柱图、圆锥图、棱锥图
折线图	在折线图中,对于每一个 X 值,都有一个 Y 值与其对应,像一个数学函数一样;折线图常用于表示一段时期内的变化
饼图	饼图的绘制局限于一个单一的数据系列,并且不能显示更复杂的数据系列,饼图非常生动,容易理解
条形图	条形图使用水平条的长度表示它所代表的值的大小
面积图	面积图表现了数据在一段时间内或者类型中的相对关系;一个值所占的面积越大,那么它在整体关系中所占的比重就越大
XY 散点图	XY 散点图通过把数据描述成一系列的 XY 坐标值来对比一系列数据;散点图的一个应用是表示一个实验中的多个实验值
股价图	股价图常用于绘制股票的价值
曲面图	曲面图可以用三维空间的连续曲线表示数据的走向
圆环图	圆环图大体上和饼状图相似,只是不局限于单一的数据系列;每一个系列使用圆环的一个环表示数据,而不是饼状图的片
气泡图	气泡图对 3 个系列的数据进行比较,它与 XY 图标很相似,X 轴和 Y 轴共同表示两个值,泡的大小由第三值确定
雷达图	雷达图表示由一个中心点向外辐射的数据;中心是零,各种轴线由中心扩展出来

每种类型的图表系统都有很多样式供选择。

1. 柱形图

柱形图用于反映一段时间内数据的变化或者不同项目数据之间的对比,是 Excel 默认的图表类型。其子图表类型包括二维柱形图、二维堆积柱形图、三维柱形图、三维堆积柱形图、圆柱图、圆柱堆积图、圆锥图、棱锥图等,如图 4-2 所示。

2. 折线图

如果需要用图表显示相同时间间隔的数据趋势,可以使用折线图实现。其子图表类型包括折线图、堆积折线图、百分比堆积折线图、数据点折线图、堆积数据点折线图、百分比堆积数据点折线图、三维折线图等，如图4-3所示。

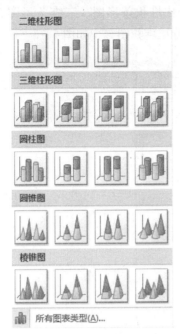

图4-2 柱形图

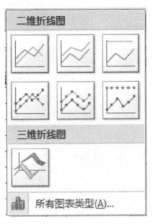

图4-3 折线图

3. 饼图

饼图主要是用来显示数据系列的项目在项目总和中所占的比例，只显示一个数据系列。其子图表类型包括饼图、三维饼图、复合饼图、分离型饼图、分离型三维饼图、复合条饼图等，如图4-4所示。

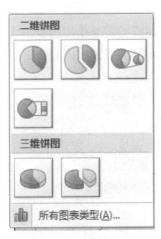

图4-4 饼图

4. 条形图

条形图与柱形图类似，条形图也是用于显示不同项目间数据的对比。与柱形图不同的是：条形图的分类轴在纵轴上，而柱形图的分类轴是在横轴上。其子图表类型包括簇状条形图、堆积条形图、百分比堆积条形图、三维条形图、圆柱图、圆锥图、棱锥图的簇状图、堆积图、百分比堆积图等，如图4-5所示。

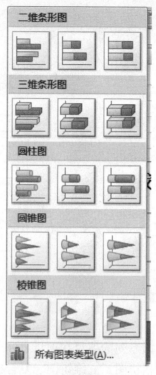

图4-5　条形图

5. 面积图

面积图显示数据根据时间或类别变化的趋势，其子图表类型包括面积图、堆积面积图、百分比堆积面积图、三维面积图、三维堆积面积图、三维百分比堆积面积图，如图4-6所示。

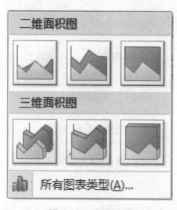

图4-6　面积图

6. XY 散点图

XY 散点图显示若干数据序列中各个数值之间的关系或者将两组数据绘制成 XY 坐标的一个系列，通常用于科学数据。其子图表类型包括散点图、平滑线散点图、无数据点平滑线散点图、折线散点图、无数据点折线散点图，如图 4-7 所示。

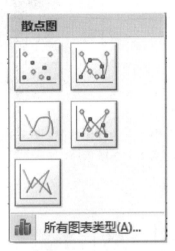

图 4-7 散点图

7. 股价图

股价图通常用于显示股票价格及其变化的情况，也可以用于科学数据。其子图表类型包括盘高—盘低—收盘图、开盘—盘高—盘低—收盘图、成交量—盘高—盘低—收盘图、成交量—开盘—盘高—盘低—收盘图，如图 4-8 所示。

8. 曲面图

曲面图在连续曲面上跨两维显示数据的变化趋势。其子图表类型包括三维曲面图、三维曲面图（框架图）、曲面图（俯视）、前曲面图（俯视框架图），如图 4-9 所示。

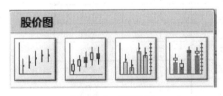

图 4-8 股价图

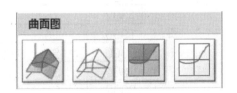

图 4-9 曲面图

9. 圆环图

圆环图与饼图一样，也显示部分和整体之间的关系，但是圆环图可包含多个数据系列。其子图表类型包括圆环图、分离型圆环图，如图 4-10 所示。

10. 气泡图

气泡图是一种 XY 散点图，以 3 个数字为一组对数据进行比较。气泡的大小表示第 3 个变量的值。其子图表类型包括气泡图、三维气泡图，如图 4-11 所示。

图 4-10 圆环图

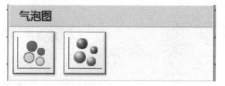

图 4-11 气泡图

11. 雷达图

雷达图显示数值相对于中心点的变化情况。其子图表类型包括雷达图、数据点雷达图、填充雷达图，如图 4-12 所示。

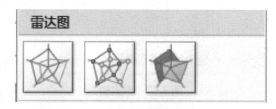

图 4-12 雷达图

二、创建图表

(一) 图表的基本构成

图 4-13 所示的工作表为我国奥运奖牌情况图，由此数据表生成的柱形图如图 4-14 所示。

	A	B	C	D	E
1	年份	金牌	银牌	铜牌	总数
2	1984	15	8	9	32
3	1988	5	11	12	28
4	1992	16	22	16	54
5	1996	16	22	12	50
6	2000	28	16	15	59
7	2004	32	17	14	63
8	2008	51	21	28	100
9	2012	38	27	23	88
10	总计	201	144	129	474

图 4-13 我国奥运奖牌情况

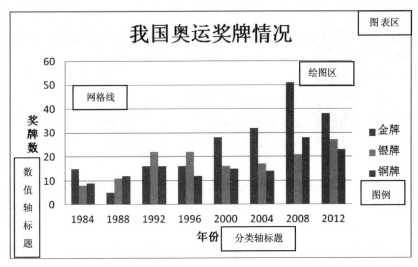

图 4-14 我国奥运奖牌情况图

图表的基本构成有以下几项。

1. 图表标题

图表标题是显示于绘图区上方的文本框,图表标题只有一个,在 Excel 中,默认的标题是无边框的黑色文本。

对于标题,可以设置如下属性:

(1) 图案,标题边框的样式和内部区域的填充。

(2) 字体,标题文本的格式。

(3) 对齐,设置文本对齐方式和文本方向。

2. 坐标轴

它是指图表坐标轴的名称。在建立图表时,用 X 轴表示水平轴,用 Y 轴表示垂直轴。X 轴常用来表示时间或种类,因此 X 轴也称为时间轴和分类轴。坐标轴——Excel 根据位置的不同提供的 4 个坐标轴,其中 Excel 默认显示绘图区左边的主 Y 轴和下边的主 X 轴。另外,两个次要坐标轴可以通过设置显示,可以设置坐标轴的以下显示格式:

(1) 图案,设置坐标轴线的样式和刻度线、刻度线标签的显示位置。

(2) 字体,设置刻度线的字体。

(3) 数字,刻度线标签的数字格式。

(4) 对齐,设置刻度线的文字方向。

(5) 刻度,坐标轴按照数据的不同,可以分为数值轴、分类轴、时间轴、系列轴 4 种,刻度选项各不相同。

3. 网格线

水平和垂直坐标轴都分主次网格线,以使数据更直观或更具有对比性。

4. 图例

图例是由图例项和图例项标示组成，默认显示在绘图区的右侧，标识各数据系列的颜色。

可以设置图例的以下格式：

（1）图案，图例边框的样式和内部区域的填充。

（2）字体，图例中文本的格式。

（3）位置，设置图例在图表中的位置。

5. 绘图区

绘图区就是图表所在的区域，也就是以坐标轴为边的上方形区域，对于绘图区可以设置其图案属性。

6. 图表区域

图表区域是整个图表所有的图表项所在的背景区。可以设置以下项目改变图表的格式：

（1）图案，图表边框的样式和内部区域的填充。

（2）字体，图表内文本的格式。

（3）属性，设置图表的大小和位置是否随着单元格变化而变化，选择是否打印或锁定图表。

7. 数据表

数据表用于显示图表中所有数据系列的数据，图标显示在绘图区的下方，一般设置了显示数据表的图表则不再需要使用图例。它可以通过以下方式设置：

（1）图案，设置数据表格线的样式。

（2）字体，设置数据表中的字体。

8. 三维背景

在三维背景图表中，可以设置图表的三维背景。三维背景由基底和背景墙组成，用户可以通过设置三维图格式调整三维图表的效果。

（二）创建图表

Excel 可以生成两种形式的图标：嵌入式图表和图表工作表。

嵌入式图表是把图表直接插入数据所在的工作表中，主要用于需要用图表来说明工作表的数据关系的场合，可以充分地发挥图表的直观表达力。

图表工作表是为创建图表而新建的工作表，整个工作表中只有一张图表，主要用于只需要图表的场合。有时所建立的工作表只是为了生成一张图表，因而在最后输出文档时只有一张单独的图表即可。

创建嵌入式图表的步骤如下：

（1）打开中国奥运奖牌情况表工作表，选择单元格 B1 ~ D9，如图 4 – 15 所示。

	A	B	C	D	E
1	年份	金牌	银牌	铜牌	总数
2	1984	15	8	9	32
3	1988	5	11	12	28
4	1992	16	22	16	54
5	1996	16	22	12	50
6	2000	28	16	15	59
7	2004	32	17	14	63
8	2008	51	21	28	100
9	2012	38	27	23	88
10	总计	201	144	129	474

图 4-15 选择单元格区域

（2）选择"插入"→"图表"→"柱形图"命令，弹出"柱形图"选项区，选择"三维柱形图"，如图 4-16 所示。

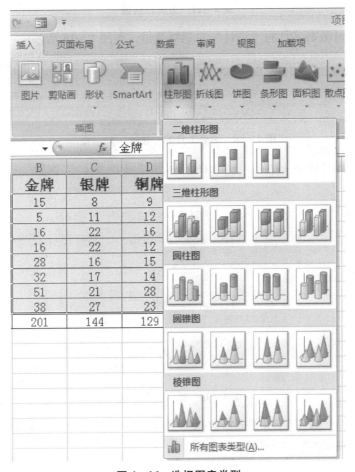

图 4-16 选择图表类型

（3）双击所选择的柱形图，生成数据对应的柱状图，如图4-17所示。

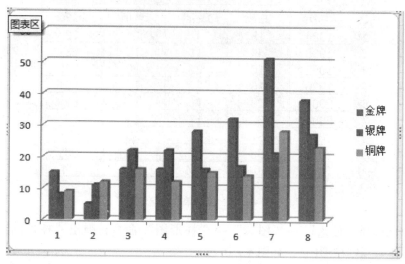

图4-17　生成柱状图

（4）这时图表工具的"设计"对话框弹出，如图4-18所示。

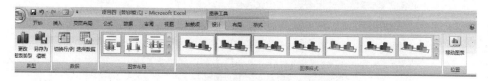

图4-18　图表工具的"设计"对话框

（5）选择"图表布局"，输入图表标题"我国奥运奖牌数"，如图4-19所示。

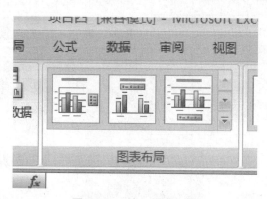

图4-19　输入图表标题

（6）选择"数据"→"选择数据"命令，编辑"图例项（系列）"和"水平（分类）轴标签"，如图4-20所示。

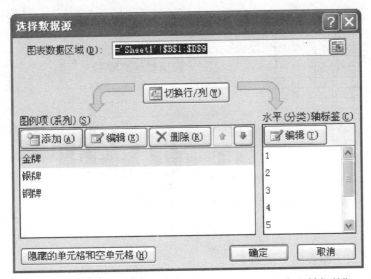

图 4-20　编辑"图例项（系列）"和"水平（分类）轴标签"

（7）选择"图表工具"的"布局"→"标签"，单击"坐标轴标题"，编辑主要横坐标轴标题和主要纵坐标轴标题，如图 4-21 所示。

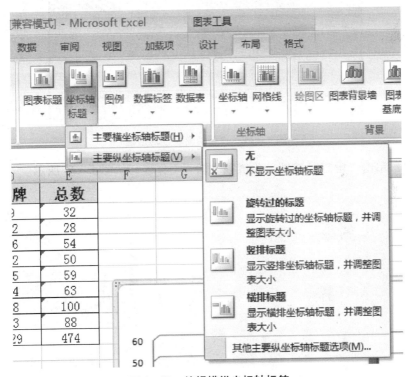

图 4-21　编辑横纵坐标轴标签

（8）这样一张完整的嵌入式工作表创建完成，如图 4-22 所示。

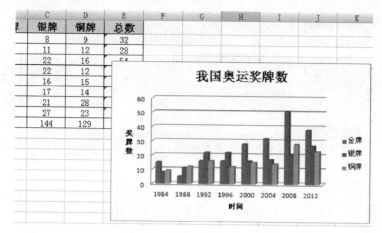

图 4-22 嵌入式图表效果

创建图表工作表的步骤如下：

（1）创建图表工作表时只需要在"图表工具"→"设计"→"位置"命令中选择"移动图表"对话框中的"新工作表"，即可生成一个独立的图表工作表，如图 4-23 所示。

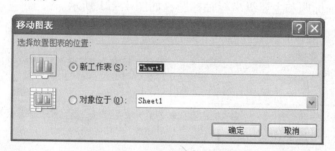

图 4-23 "移动图表"对话框

（2）单击"确定"按钮，生成独立图表工作表，如图 4-24 所示。

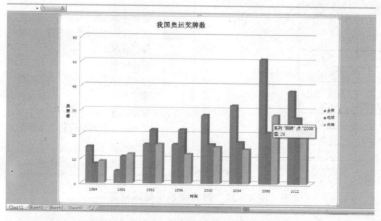

图 4-24 生产的独立图表工作表效果

三、图表的基本操作

(一) 修改默认图表类型

Excel 系统的默认图表类型是柱形图,如果工作中要经常使用另一种图表,可以重新设置默认图表的类型。

设置默认图标类型的方法:选择"插入"→"图表"→"其他图表"命令,单选"所有图表类型",即可打开"更改图表类型"对话框,在这里选择要默认的图表类型,比如"圆柱形",单击设置为默认图标,即可完成默认图表类型的设置,如图 4-25 所示。

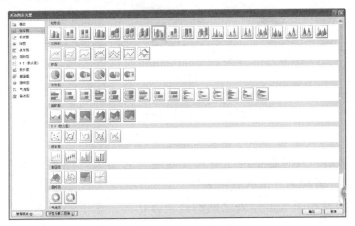

图 4-25 设置默认图表类型

(二) 改变图表类型

创建图表后,可以方便地改变图表的类型。其操作步骤如下:

(1) 选中图表,单击"插入"→"图表",在弹出的"图表类型"中选择要更改的"折线图"选项,如图 4-26 所示。

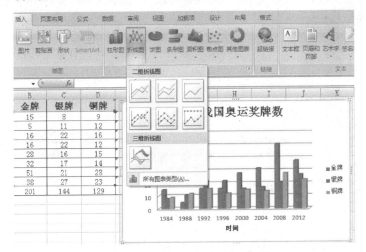

图 4-26 选择"折线图"选项

(2) 单击折线图按钮后，得到我国奥运奖牌数的折线图，如图 4－27 所示。

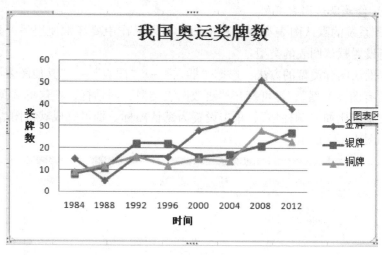

图 4－27 "折线图"效果

(三) "嵌入式图表"和"图表工作表"之间的转换

创建图表后，有时需要将"嵌入式图表"转换为"图表工作表"，或者将"图表工作表"转换为"嵌入式图表"。

嵌入式图表和图表工作表之间的转换方法为：选中"嵌入式图表"，选择"图标工具"的"设计"→"位置"命令，单击"移动图表"，出现"移动图表"对话框。在弹出的"移动图表"对话框中选择"新工作表"单选按钮，如图 4－28 所示，单击"确定"按钮即可完成嵌入式图表和图表工作表之间的转换。

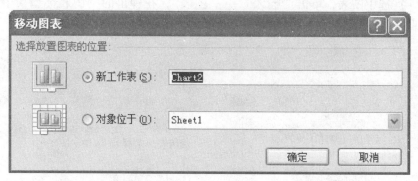

图 4－28 "嵌入式图表"和"图表工作表"之间的转换

四、图表与数据表的关系

(一) 修改数据对图标的影响

当图表所表示的源数据被修改时，将会自动体现在图表中。如将 1984 年金牌数修改为 35 块时，图表自动更新，效果如图 4－29 所示。

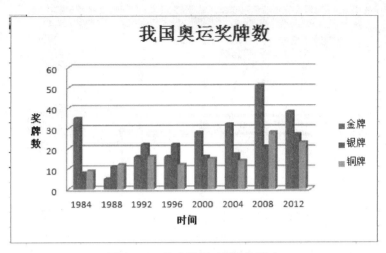

图4-29 修改数据对图表的影响

(二)改变数据区域对图表的影响

操作步骤如下:

(1)选中图表,单击鼠标右键,在弹出的快捷菜单中选择"选择数据"命令,如图4-30所示。

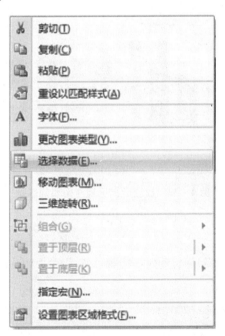

图4-30 在快捷菜单中选择"选择数据"命令

(2)在弹出的"选择数据源"对话框中修改数据区域为:=Sheet1!$C$1:$D$9,如图4-31所示。

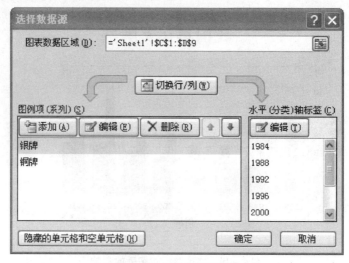

图 4-31 修改数据区域

（3）改变源数据后，图表将随之自动修改，效果如图 4-32 所示。

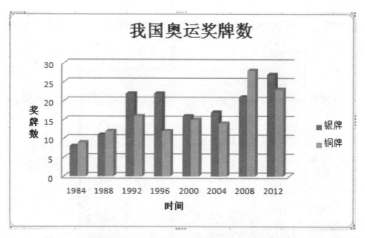

图 4-32 改变数据区域对图表的影响

（三）删除数据对图表的影响

操作步骤如下：

（1）在数据表中删除一个系列：银牌，将弹出"Microsoft Office Excel"提示框，如图 4-33 所示。

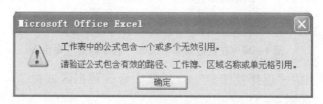

图 4-33 "Microsoft Office Excel"提示框

（2）单击"确定"按钮，在图表中将删除"银牌"系列的数据，如图4-34所示。

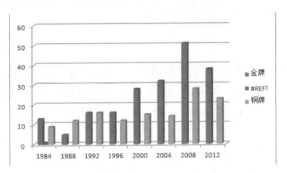

图4-34 删除数据系列在图表中的效果

（3）在图表区域中单击鼠标右键，在快捷菜单中选择"选择数据"命令；在弹出的"选择数据源"对话框中单击"图例项（系列）"标签；选择"图例项（系列）"中的"#REF！"项，如图4-35所示。

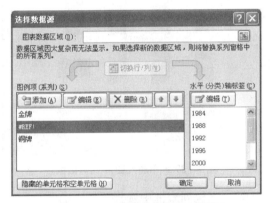

图4-35 "选择数据源"对话框

（4）单击"删除"按钮，再单击"确定"按钮，即可在图表中删除该系列，如图4-36所示。

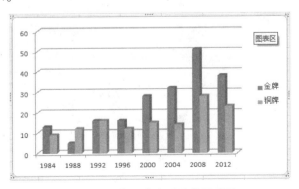

图4-36 在图表中删除数据系列

任务二 Excel 插图概述

一、插入图形

Excel 2007 在常规操作中改进最大的方面之一，就是加强了图片的编辑功能，与早期的 Excel 相比，2007 版对图片的处理可以媲美一般的图片处理软件了，再加上它与 Excel 融合得如此完美，实在可以算是新版本的一大亮点。

（一）插入图形

Excel 2007 中提供了插入图片文件的功能，利用该功能可以插入数量多、质量好的图片。插入图片文件的具体操作步骤如下：

（1）在"插入"选项卡中的"插图"选项区中单击"图片"按钮，弹出"插入图片"对话框，如图 4-37 所示。

图 4-37 "插入图片"对话框

（2）在"查找范围"下拉列表框中选择要插入的图片所在的盘符和目录。

（3）找到需要插入的图片，单击"插入"按钮，即可将选中的图片文件插入到工作表中，如图 4-38 所示。

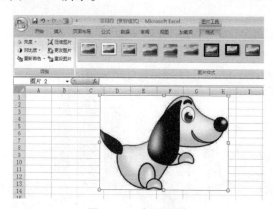

图 4-38 插入图片

（二）插入剪贴画

Excel 2007 提供了"剪贴画"任务窗格，利用该任务窗格可以在工作表中插入各种剪贴画，其具体操作步骤如下：

（1）在"插入"选项卡中的"插图"选项区中单击"剪贴画"按钮，打开"剪贴画"任务窗口，如图 4-39 所示。

（2）在"搜索文字"文本框中输入搜索条件，或直接单击"搜索"按钮，即可将搜索到的剪贴画显示在列表框中，如图 4-40 所示。

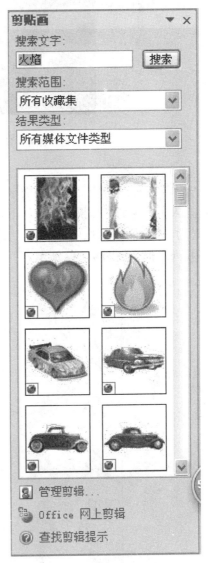

图 4-39　"剪贴画"任务窗口　　　图 4-40　搜索到的剪贴画

（3）在该列表框中选择要插入的剪贴画，单击鼠标即可将其插入到工作表中，如图 4-41 所示。

图 4-41 插入的剪贴画

（三）插入艺术字

艺术字是一组自定义样式的文字，它能美化工作表，增强视觉效果。在工作表中插入艺术字的具体操作步骤如下：

（1）在"插入"选项卡中的"文本"选项区中单击"艺术字"按钮，弹出其下拉列表框，如图 4-42 所示。

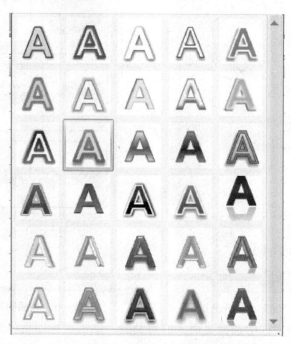

图 4-42 "艺术字"下拉列表框

（2）在该列表框中选择一种样式，即可在工作表中显示如图4-43所示的文本框。用户在该文本框中输入艺术字的内容即可，如图4-44所示。

图4-43　输入艺术字文本框

图4-44　创建的艺术字

（四）插入形状

Excel 2007中的形状是指一组综合在一起的线条、矩形、基本形状、箭头总汇、公式形状、流程图、星与旗帜以及标识。这些形状的插入方法基本相同，下面就以基本形状为例，介绍形状的插入方法。

（1）在"插入"选项卡中的"插图"选项区中单击"形状"按钮，弹出其下拉列表框，如图4-45所示。

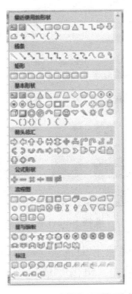

图4-45　"形状"下拉列表框

（2）在"基本形状"区域中选择一种图形样式，单击鼠标即可将其插入到工作表中，如图4-46所示。

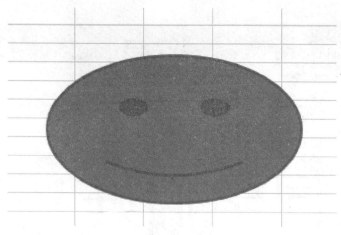

图4-46 插入的笑脸

（五）插入SmartArt图形

SmartArt图形是信息和观点的视觉表示形式。可以从多种布局中创建不同的SmartArt图形，从而快速、轻松、有效地传达信息。在Excel 2007中创建SmartArt图形的具体操作步骤如下：

（1）在"插入"选项卡中的"插图"选项区中单击"SmartArt"按钮，弹出"选择SmartArt图形"对话框，如图4-47所示。

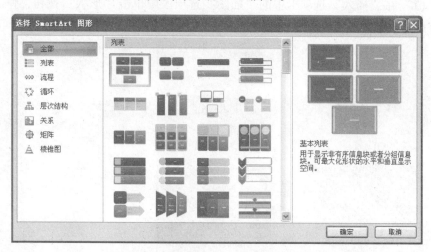

图4-47 "选择SmartArt图形"对话框

（2）在对话框最左侧的选项卡中选择SmartArt图形的名称，并在"列表"列表框中选择要插入图形的样式，单击"确定"按钮，即可在工作表中插入一个SmartArt图形，如图4-48所示。

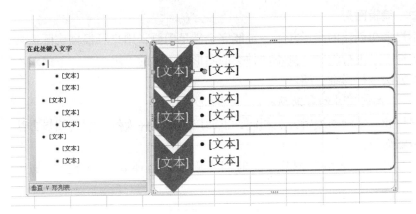

图 4-48 插入 SmartArt 图形

(3) 单击 SmartArt 图形中的一个形状，然后输入文本，或单击"文本"窗格中的"［文本］"，然后输入或粘贴文字，如图 4-49 所示。

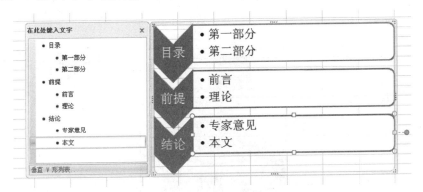

图 4-49 输入文本

至此，该 SmartArt 图形创建完成，如图 4-50 所示。

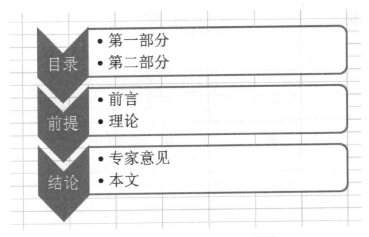

图 4-50 创建好的 SmartArt 图形

二、编辑图形

用户最初创建的图形并不一定能完全满足需要,用户可根据实际需要,对创建的各种图形进行编辑,且不同种类的图形有不同的编辑方法。下面对不同图形的编辑方法进行详细介绍。

(一)编辑图片和剪贴画

图片和剪贴画的编辑方法相同,下面以图片文件为例介绍其编辑方法,具体操作步骤如下:

(1)选中要编辑的图片,此时图片周围将出现 8 个控制点,如图 4-51 所示。

图 4-51 选中图片

(2)当图片被选中时,同时将会出现"图片工具"上下文工具,如图 4-52 所示。

图 4-52 "图片工具"上下文工具

(3)在"调整"选项区中可对图片的亮度、对比度、大小等进行调整。例如,单击"重新着色"按钮,弹出其下拉列表框,如图 4-53 所示,用户可在该列表框中选择一种系统预置的色彩样式为图片着色。图 4-54 所示为重新着色后的图片。

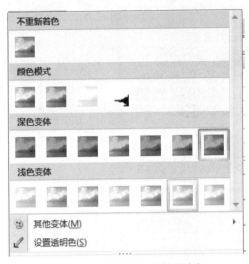

图 4-53 重新着色下拉列表框　　　　图 4-54 重新着色后的图片

（4）在"图片样式"选项区中可为图片添加各种不同样式的边框。图 4-55 所示为选择"金属框架"后的图片效果。

图 4-55 添加"金属框架"后的图片

（5）单击"图片形状"按钮，弹出图片形状下拉列表框，如图 4-56 所示。

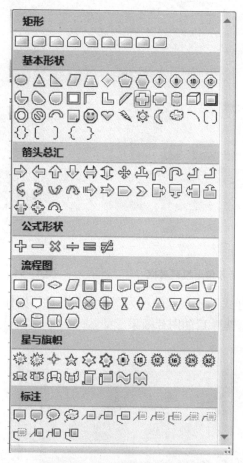

图 4-56　图片形状下拉列表框

（6）在该列表框中选择一种形状，可将当前选中的图片更改为该形状。图 4-57 所示为选择"太阳形"形状时的效果。

图 4-57　更改图片的形状

(7) 单击"图片边框"按钮，弹出图片边框下拉列表框，如图4-58所示。

(8) 在该列表框中选择一种颜色，可改变图片轮廓的颜色，如图4-59所示。

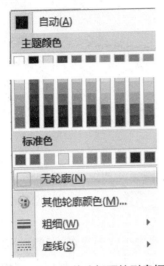

图4-58　图片边框下拉列表框

图4-59　更改图片轮廓颜色

(9) 单击"图片效果"按钮，弹出图片效果下拉列表框，如图4-60所示。

(10) 用户可在该列表框中选择一种效果来为图片设置特殊效果，如图4-61所示。

图4-60　图片效果下拉列表框

图4-61　为图片设置的特殊效果

（11）在"排列"选项区中可设置图片的叠放顺序、旋转角度、对齐方式等。例如，单击"旋转"按钮，从弹出的下拉菜单中选择"向右旋转90°"命令，可设置图片向右旋转90°，如图4-62所示。

图4-62　向右旋转90°图片

（12）在"大小"选项卡中可设置图片的大小。用户可直接在"宽度"和"高度"文本框中输入数值设置图片的大小，也可以单击"裁剪"按钮，拖动鼠标进行裁剪。

①选中需要裁剪的图片，单击"裁剪"按钮，图片周围将出现裁剪框。

②当用户将鼠标置于裁剪框中的任意一个裁剪点处时，鼠标指针将变成┌形状，单击并拖动鼠标到合适的位置。释放鼠标左键后，即可裁剪图片。

（二）编辑形状

在工作表中插入形状后，可按照以下操作步骤对其进行编辑：

（1）在工作表中选中插入的形状，即可出现"绘图工具"上下文工具，如图4-63所示。

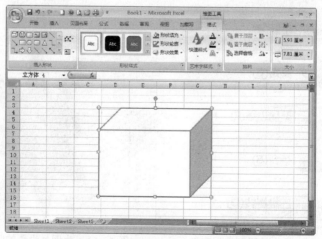

图4-63　"绘图工具"上下文工具

（2）在"插入形状"选项区中的"形状"列表框中选择一种形状，在工作表中单击并拖动鼠标，即可绘制该形状。

（3）在"插入形状"选项区中单击"编辑形状"按钮，弹出其下拉菜单，如图 4-64 所示。

图 4-64　编辑形状下拉菜单

（4）选择"更改形状"命令，弹出其下拉菜单，用户可在该菜单中选择相应的形状来替换当前选中对象的形状，图 4-65 所示为更改后的形状。

图 4-65　更改后的形状

（5）在编辑形状下拉菜单中选择"转换为任意多边形"命令，可将形状转换为任意多边形，且执行该命令后，编辑形状下拉菜单中的"编辑顶点"命令由灰色变为可用状态，选择该命令，可对多边形的顶点进行编辑。图 4-66 所示为对顶点重新编辑后的形状。

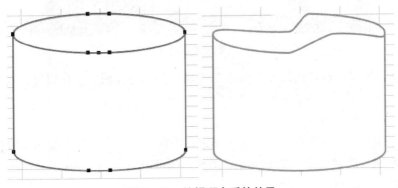

图 4-66　编辑顶点后的效果

(6) 单击按钮，可在绘制的形状上添加文本框，用户可在该文本框中直接输入文字。

(7) 在"形状样式"选项卡中可以设置形状的边框色、填充色以及特殊效果。用户既可以直接在左侧的样式列表区中选择系统预设的样式，也可以通过单击"形状填充"、"形状轮廓"、"形状效果"按钮重新进行设置。图 4-67 所示为用户为形状重新设置样式后的效果。

图 4-67 自定义样式效果

(8) 在"艺术字样式"选项区中可以对艺术字的样式进行设置。用户既可以直接在左侧的样式列表框中选择系统预设的样式，也可以通过单击"文本填充"按钮、"文本轮廓"按钮、"文本效果"按钮自定义艺术字的样式。图 4-68 所示为更改效果后的艺术字。

图 4-68 更改效果后的艺术字

(9) "排列"选项区以及"大小"选项区的功能前面已经介绍过，在此不再重复。

(三) 编辑 SmartArt 图形

如果用户要对创建的 SmartArt 图形进行编辑，可以按照以下操作步骤进行：

(1) 选中要进行编辑的 SmartArt 图形，即可出现"SmartArt 工具"上下文工具，如图 4-69 所示。

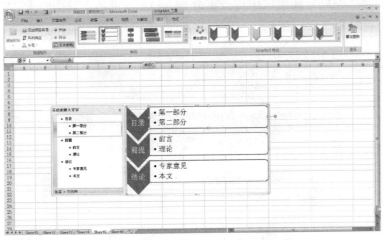

图 4-69 "SmartArt 工具"上下文工具

（2）在"创建图形"选项区中可以在现有的 SmartArt 图形上添加图形。单击"添加形状"按钮，在弹出的下拉菜单中选择相应的命令，即可添加一个新的图形，如图 4-70 所示。

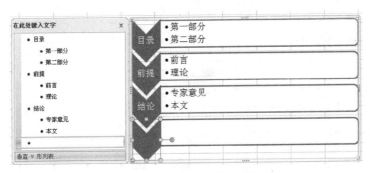

图 4-70 新添加的图形

（3）单击"从右向左"按钮，可更改 SmartArt 图形的方向。图 4-71 所示为更改方向后的效果。

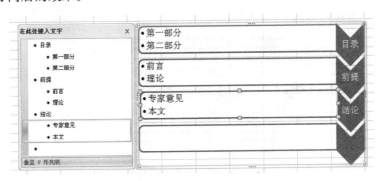

图 4-71 更改方向后的效果

(4)在"布局"选项区中可以更改 SmartArt 图形的布局。图 4-72 所示为更改布局后的 SmartArt 图形。

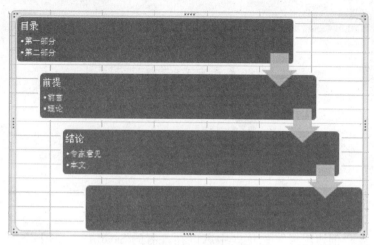

图 4-72　更改布局后的 SmartArt 图形

(5)在"SmartArt 样式"选项区中可以更改 SmartArt 图形的样式及颜色。单击"更改颜色"按钮,弹出其下拉列表框,如图 4-73 所示。

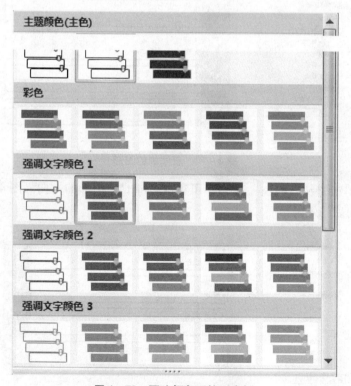

图 4-73　更改颜色下拉列表框

(6) 在该列表框中选择要使用的样式,即可将当前选中图形的颜色更换,如图 4-74 所示。

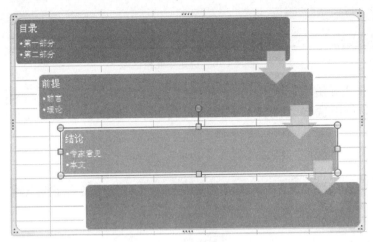

图 4-74　更改图形的颜色

(7) 在"SmartArt 样式"选项区中可以设置 SmartArt 图形的样式,图 4-75 所示为更改样式后的 SmartArt 图形。

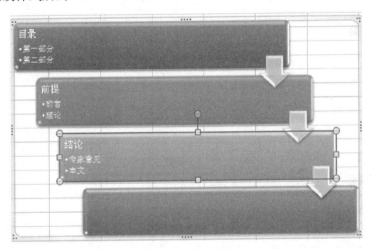

图 4-75　更改样式

三、设置边框与背景

用户可以给工作表设置背景图案,让工作表具有像 Windows 墙纸一样的效果。虽然这样增加了工作表在屏幕上的显示效果,但背景图案不能随工作表打印出来。

(一) 设置单元格的边框

边框是用来区分单元格的网格线,默认条件下是具有阴影效果的灰色细线。如果用户不为创建的表格添加边框,则打印出来的表格将只有文本而没边框,因此，用户需要为表格手动添加边框。其具体操作步骤如下：

（1）选定需要设置边框的单元格或单元格区域，如图4-76所示。

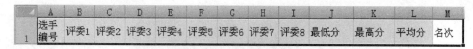

图4-76 选定单元格区域

（2）在"开始"选项卡中的"单元格"选项区中单击"格式"按钮，在弹出的下拉菜单中选择"设置单元格格式"命令，弹出"设置单元格格式"对话框。

（3）单击"边框"标签，打开"边框"选项卡，如图4-77所示。

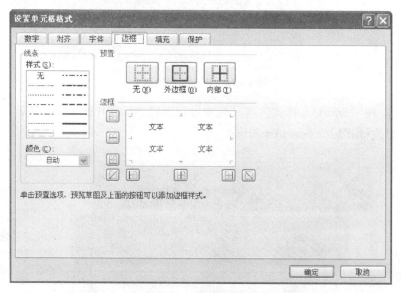

图4-77 "边框"选项卡

（4）在"预置"选项区中选择相应的选项，设置单元格或单元格区域的内边框和外边框。

（5）在"边框"选项区中选择相应的单元格应用边框，也可以在"边框"选区的预览框内需要添加边框处单击鼠标。

（6）在"线条"选项区中选择一种线型。

（7）在"颜色"下拉列表中选择一种边框颜色。

（8）设置完毕后，单击"确定"按钮，效果如图4-78所示。

图4-78 为工作表添加边框

（二）设置表格的底纹和图案

在默认情况下，单元格既没有颜色也没有图案，用户可以根据自己的喜好为单元格添加底纹。其具体操作步骤如下：

（1）选定要填充底纹或者图案的单元格或单元格区域。

（2）在"开始"选项卡中的"单元格"选项区中单击"格式"按钮，在弹出的下拉菜单中选择"设置单元格格式"命令，弹出"设置单元格格式"对话框。

（3）单击"填充"标签，打开"填充"选项卡，如图4-79所示。

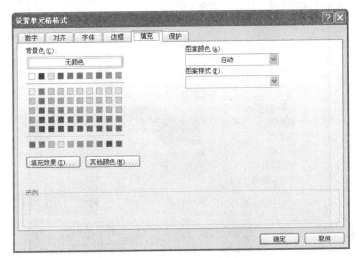

图4-79　"填充"选项卡

（4）在"背景色"列表框中的"颜色"栏中，默认的选项为"无颜色"，用户可以单击相应按钮以选择需要的颜色，也可以在"图案颜色"下拉列表中选择一种颜色，如图4-80所示。

（5）如果要添加底纹图案，可以在"图案样式"下拉列表中选取，如图4-81所示。

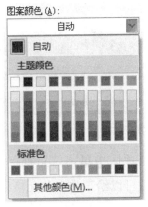

图4-80　"图案颜色"下拉列表

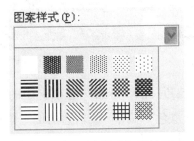

图4-81　"图案样式"下拉列表

（6）在"填充"选项卡中单击"填充效果"按钮，弹出"填充效果"对话框，如图 4-82 所示。

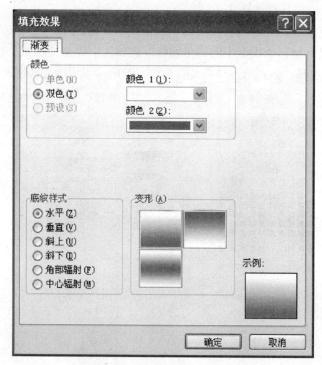

图 4-82 "填充效果"对话框

①在"颜色"选区中可以设置填充色为"单色"、"双色"或"预设"。

②单击"颜色1"和"颜色2"倒三角形按钮，可以选取不同的颜色。

③在"底纹样式"选区中选择不同的底纹样式，在"变形"和"示例"栏中可以查看效果。

（7）设置完成后，单击"确定"按钮，效果如图 4-83 所示。

图 4-83 设置不同的填充效果

技巧：在"开始"选项卡中的"字体"选项区中单击"边框"按钮 、"填充颜色"按钮 右边的倒三角形按钮，也可以给工作表单元格设置边框和底纹效果。

(三)隐藏网格线

为了某些特殊需要,有时要隐藏表格中的网格线。隐藏网格线有以下两种方法:

(1)在"视图"选项卡中的"显示/隐藏"选项区中取消"网格线"复选框的选中,即可取消网格线。

(2)在"页面布局"选项卡中的"工作表选项"选项区中取消网格线的"查看"复选框,也可取消网格线,如图4-84所示。

图4-84 隐藏网格线

(四)添加背景图案

Excel 2007工作表默认的背景图案是白色,如果用户想增强屏幕的显示效果,可以为工作表添加背景图案。可以通过对整张工作表单元格进行填充颜色和图案的方法设置背景图案,但是这种背景图案比较单调,不够美观。Excel 2007允许使用图片等多样化图案作工作表的背景,添加的图片将平铺在工作表中,如同Windows墙纸一样。为工作表添加背景图案的具体操作步骤如下:

(1)激活要添加背景图案的工作表。

(2)在"页面布局"选项卡中的"页面设置"选项区中单击"背景"按钮,弹出"工作表背景"对话框,如图4-85所示。

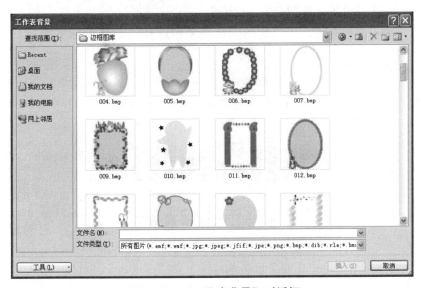

图4-85 "工作表背景"对话框

（3）在该对话框中选择要作为背景图案的图片，单击"插入"按钮，即可将选中的图片作为背景插入到工作表中。图4-86所示为在工作表中使用背景图案后的效果。

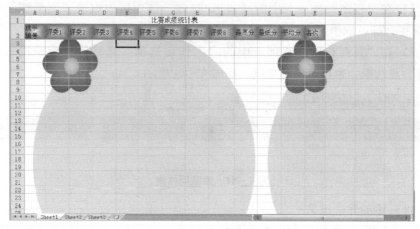

图4-86　添加背景图案后的效果

如果用户要删除工作表的背景图案，则在"页面布局"选项卡中的"页面设置"选项区中单击"删除背景"按钮。

（五）设置工作表标签颜色

默认情况下，Excel 2007中工作表标签的颜色为白色，用户可根据需要，重新设置工作表标签的颜色，以突出显示某个工作表。设置工作表标签颜色的具体操作步骤如下：

（1）选中要设置标签颜色的工作表。

（2）单击鼠标右键，从弹出的快捷菜单中选择"工作表标签颜色"命令，弹出其下拉列表框，如图4-87所示。

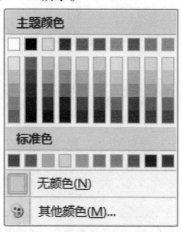

图4-87　颜色列表框

（3）在该列表框中选择一种颜色，即可更改当前工作表标签的颜色，如图 4－88所示。

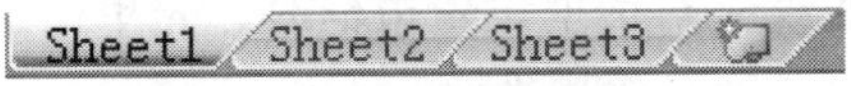

图 4－88　更改颜色后的标签

练习：通过这次任务的学习，请完成如图 4－89 所示效果图的设计。

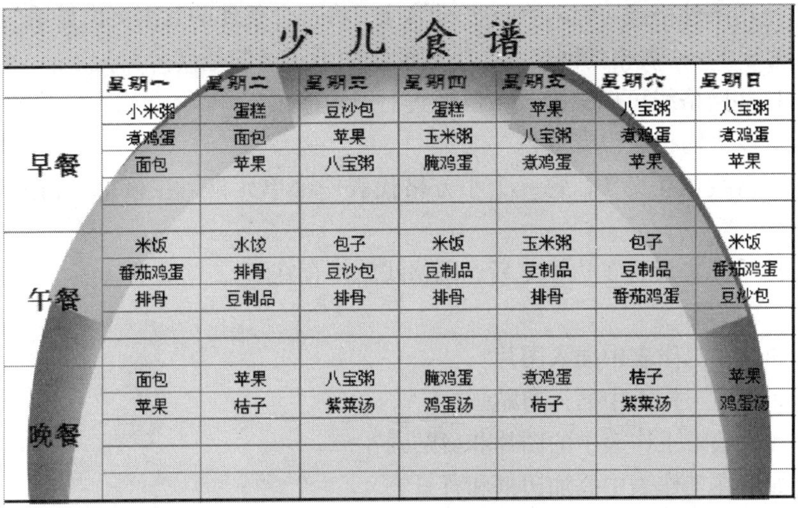

少儿食谱							
	星期一	星期二	星期三	星期四	星期五	星期六	星期日
早餐	小米粥	蛋糕	豆沙包	蛋糕	苹果	八宝粥	八宝粥
	煮鸡蛋	面包	苹果	玉米粥	八宝粥	煮鸡蛋	煮鸡蛋
	面包	苹果	八宝粥	腌鸡蛋	煮鸡蛋	苹果	苹果
午餐	米饭	水饺	包子	米饭	玉米粥	包子	米饭
	番茄鸡蛋	排骨	豆沙包	豆制品	豆制品	豆制品	番茄鸡蛋
	排骨	豆制品	排骨	排骨	排骨	番茄鸡蛋	豆沙包
晚餐	面包	苹果	八宝粥	腌鸡蛋	煮鸡蛋	桔子	苹果
	苹果	桔子	紫菜汤	鸡蛋汤	桔子	紫菜汤	鸡蛋汤

图 4－89　制作少儿食谱

【概念索引】

图表、图形

【闯关考验】

一、填空题

1. 在 Excel 2007 中，可以插入________、________、________、________和艺术字等图形。

2. Excel 2007 中的形状是________、________、________、________、________、________、________以及标识。

3. ________图形是 Excel 2007 中新增的图形。

二、选择题

1. 如果用户要往工作表中插入图片，可在（　　）选项卡中进行相关操作。

A. 开始　　B. 页面布局　　C. 插入　　D. 视图

2. 插入到工作表中的图形处于（　　）状态。

A. 嵌入　　B. 移动　　C. 浮动　　D. 全错

3. 默认情况下，Excel 2007 中工作表标签的颜色为（　　）。

A. 白色　　B. 红色　　C. 黑色　　D. 蓝色

4. 关于表格格式设置，下列说法中不正确的是（　　）。

A. 使用自动套用格式功能可以很快地制作出精美的表格

B. 使用"边框和底纹"对话框设置边框时，先单击选择边框线，然后再设置"线型"、"颜色"、"宽度"等属性

C. 可以为工作表添加图片背景，如果为表格设置了底纹，则看不到图片背景

D. 使用条件格式可以对数据进行筛选，将符合条件的数据突出显示

5. 关于 Excel 表格的网格线，下列说法中不正确的是（　　）。

A. 这些网格线可以被隐藏，但事实上仍然存在

B. 可以为网格线设置颜色

C. 网格线相互交叉，每一个小方格代表一个单元格，在该单元格中可以输入数据

D. 给单元格设置了边框之后，网格线就不存在了

三、简答题

1. 如何在工作表中插入图片？

2. 如何在工作表中插入剪贴画？

3. 如何编辑工作表中的图片和剪贴画？

4. 如何在工作表中添加边框和背景？

四、上机操作题

1. 在工作表中插入图片和剪贴画。

2. 在工作表中插入 SmartArt 图形。

3. 编辑工作表中插入的图形。

4. 打开一个工作表，对该工作表格式化以及给工作表添加边框和底纹，自动套用格式来美化该工作表。

【课外修炼】

[1] 孙成玉. Excel 数据处理全能手册 [M]. 北京：中国铁道出版社，2009.

[2] 李泽江. Excel 在信息管理中的应用 [M]. 北京：中国水利水电出版社，2008.

【微语录】

项目五

Excel 在工资管理中的应用

知识结构图

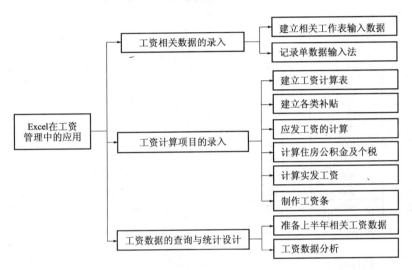

情境写实

【情境案例】

北京天都公司为进一步规范企业行为，建立科学、规范、公平、合理的工资体系，制定工资改革方案。首先确定企业不同人员的工资标准，根据员工的工作劳动强度、技术难度、岗位职责确定工资标准，打算用 Excel 代替手工操作确实提高了工作效率，减少了重复性工作，把财务人员从繁重的日常核算工作中解脱出来，尝试用 Excel 设计工资核算系统。

1. 工资标准

（1）根据员工的工作劳动强度、技术难度、岗位职责等确定工资标准。

（2）职务等级分为 A、B、C、D、E 五级，如表 5-1 所示。

（3）该企业不为员工代缴社会保障，采用发放社保津贴的方式发给员工，员工自行到社保管理部门缴纳。

2. 工资构成

工资 = 基本工资 + 绩效工资 + 社保津贴 + 工龄工资 + 电话津贴 + 卫生津贴 + 全勤奖金

(1) 基本工资。

基本工资是企业为保证维持员工的基本生活需要给予员工的基本生活费用。根据级别发放，如表5-1所示。

(2) 绩效工资。

绩效工资是按企业产能（销售量）确定一个基数，与绩效工资基数挂钩，每月按产能情况发放相应比例。

对于相同岗位，员工同工同酬，执行相同的标准。

对于工作性质与企业产能联系不大的岗位，不设立绩效工资，如杂工、保洁员等岗位，如表5-1所示。

表5-1　北京天都有限公司工资标准

职别	基本工资	绩效工资	社保津贴	合计	对象
A1	2000	4400	600	7000	总经理
A2	1500	3400	600	5500	副总经理
B1	1200	2600	400	4200	部门经理
B2	1000	1600	400	3000	部门副经理
C1	900	1400	300	2600	基层主管
C2	800	900	300	2000	组长或高级职称
D1	800	700	300	1800	一般职员中具有中级职称
D2	800	500	200	1500	一般职员
E	800		200	1000	勤杂工或保洁工

(3) 工龄津贴。

工龄津贴是企业为稳定员工队伍，鼓励员工长期留任而设立的奖励性工资。在册的员工每满一年均可享受到100元/月（中途离职再进入本企业的，其离职前的工龄不再计算，病假、事假超过一个月，超过的部分不计算企业工龄）。

(4) 其他津贴。

对公司中的高管人员、采购销售人员提供电话费补贴：100元/月。

全勤津贴：对当月全勤员工，奖励100元/月。

卫生津贴：男性职工20元/月，女性职工30元/月。

【分析与思考】

职工工资管理是整个企业财务管理中不可或缺的组成部分。传统的工资核算、记录和发放是依靠手工操作来完成的，计算比较复杂，业务量大，常常需要花费大量的人力和时间。通过Excel来编制和管理职工的工资，可以简化每个月都要重复进行的统计工作，确保工资核算的准确性，提高工资管理的效率。

做好工资管理工作，正确计算职工工资，如实地反映和监督工资资金的使用情况以及职工工资的结算情况，是加强工资资金管理、降低工资费用的一个重要手段。工资管理的主要任务是通过工资基金计划反映工资的使用情况，监督企业严格执行国家颁发的有关工资政策和制度；正确计算每个职工应得的工资，反映和监督企业与职工的工资结算情况，贯彻按劳分配的原则；按照工资的用途，合理地分配工资费用，以便于正确计算产品的成本。

利用 Excel 进行工资管理的基本工作流程一般为：输入工资数据→设置工资项目→对工资数据进行查询与统计分析→编制工资费用分配表→输入工资核算会计分录。

学习目标

【知识目标】

（1）掌握工资核算系统的业务处理流程。

（2）掌握工资的计算方法。

【能力目标】

（1）学会使用 Excel 设计工资核算系统。

（2）熟悉常用的统计公式和数据分析方法。

（3）能根据税率快速计算个人所得税。

（4）学会 IF、VLOOKUP 函数使用。

（5）学会运用筛选及数据分析工具进行工资数据的汇总和查询。

任务一 工资相关数据的输入

一、建立相关工作表并输入数据

工资管理相关的原始数据一般情况包括人事信息、考勤信息、生产绩效信息及工资计算等方面的内容。它可以根据需要建立若干个表格分别存储。为简化起见，这里主要介绍人事信息和工资计算的处理。某企业由行政部、采购部、销售部、一车间、二车间和后勤部 6 个部门组成，期初有 30 名员工，建立"人员工资信息表"工作簿，包括"工资标准"表、"人事信息"表、"工资计算"表、"扣税速查"表。

1. 建立"人事信息"表

"人事信息"表包括"工号"、"姓名"、"部门"、"性别"、"职务"、"职称"、"参加工作日期"、"工龄"、"职别"、"基本工资"、"绩效工资"、"社保津贴"、"合计"等栏目，如图 5-1 所示。

A	B	C	D	E	F	G	H	I	J	K	L
职工基本信息											
工号	姓名	部门	性别	职务	职称	参加工作日期	工龄	职别	基本工资	绩效工资	社保津贴

图 5-1 "人事信息"表的结构

"人事信息"表中 A：G 列为基本数据，必须手工输入，其他各列为公式生成。

2. 基本数据的快速输入。

除"姓名"列以外的其他各列,输入数据均有技巧和规范。

(1) 对"工号"列,在输入之时,应注意工号的形式,如"001"这样类似数字的工号,就应设置为文本格式,需在工号前加"'",可以使用"序列填充"进行快速输入,即输入"'001"后,将鼠标放于该单元格的右下角,等鼠标光标变黑后,向下拖动进行填充到所需的工号即可。也可以提前将所需区域提前预设文本格式,方法是先选择该列,再按"【Ctrl】+【1】"组合键,在"设置单元格格式"对话框的"数字"选项卡中选择"文本"选项,如图 5-2 所示,单击"确定"按钮。

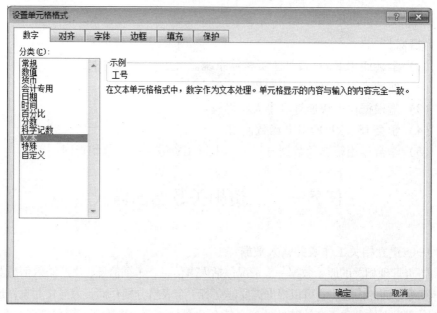

图 5-2 选择"工号"列设置文本格式

(2) 对"性别"列,可以用两种方法输入:一种是用快速填充方法对性别进行填充,(如不连续输入可能较慢);另一种方法是可以输入数字 1 (代表男性)、2 (代表女性),待全部输入完毕后,选择该列,利用查找和替换的方法以加快输入速度。

(3) 对"部门"、"职务"、"职称"列均可以用数据有效性的方法选择输入。选择待输入数据的单元格区域,选择"数据"→"数据有效性"命令,出现"数据有效性"对话框,选择"有效性条件"中"允许"中的"序列"选项,在"来源"文本框中输入"行政部、采购部、销售部、一车间、二车间和后勤部"(部门间要用半角逗号分开),如图 5-3 所示。

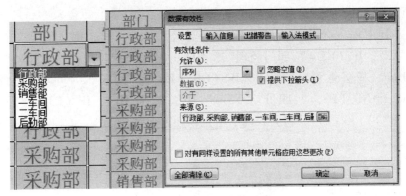

图5-3 数据有效性设置

采用同样的方法对"职务"、"职称"进行数据有效性的数据列设置。"职务"包括总经理、副总经理、部门经理、部门副经理、基层主管、组长、一般职员、勤杂工或保洁工;"职称"包括高级、中级。操作同上。

(4)"参加工作日期"列,输入参加工作当年的日期,设置方法如图5-4所示。

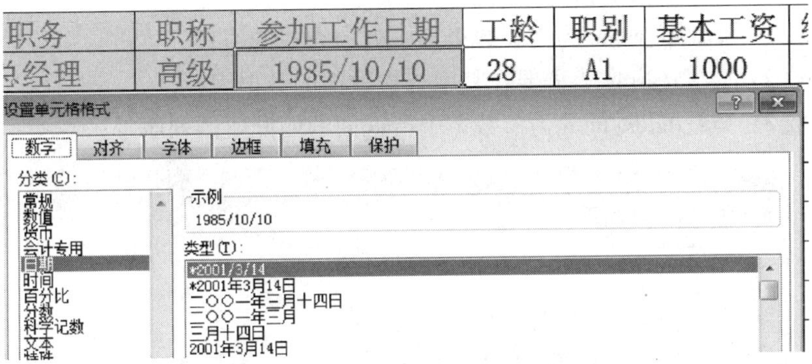

图5-4 "参加工作日期"格式设置

(5)"工龄"列用公式计算完成。

在H3中输入公式"=IF(A3="",0,INT((NOW()-G3)/365))",如图5-5所示。

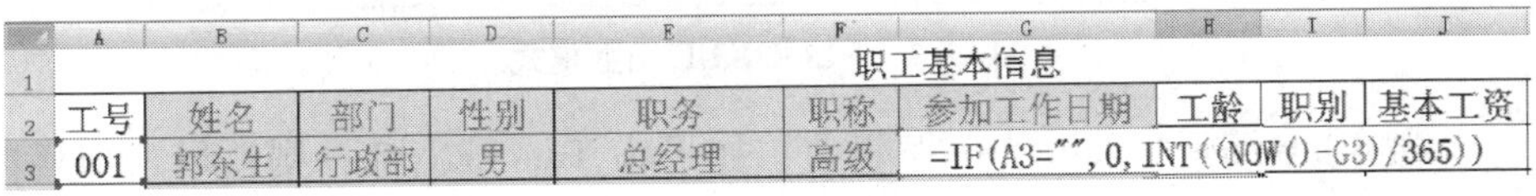

图5-5 输入公式计算动态工龄的公式

该公式的作用是:如果A3中无序号,则工龄为0,否则计算当前时间的序列号,参加工作时间对应的序列号后再除以365天,并取整数显示,该公式能随着系统当前日期自动更新。

(6)"职别"列用公式 IF 函数来完成。

在 I 列中输入公式"= IF(E3 =" 总经理"," A1", IF(E3 =" 副总经理"," A2", IF(E3 =" 部门经理"," B1", IF(E3 =" 部门副经理"," B2", IF(E3 =" 基层主管"," C1", IF(OR(E3 =" 组长", F3 =" 高级")," C2", IF(AND(E3 =" 职员", F3 =" 中级")," D1", IF(E3 =" 职员"," D2"," E"))))))))",将公式向下填充,如图 5 – 6 所示。

图 5 – 6 输入计算职别的公式

公式中使用 IF、AND、OR 三个函数。

(7)"基本工资"、"绩效工资"、"社保津贴"、"合计"等列用查找引用类函数完成。

这里我们用 VLOOKUP 函数将"工资标准"表中的对应职别分别添入到 J：M 列中。VLOOKUP 函数的格式如图 5 – 7 所示。

参数 1：lookup_value 为需要数组第一列中查找的值；

参数 2：Table_array 为需要在其中查找数据的数据表；

参数 3：Col_index_num 为参数 2 中待返回的匹配值的列序号；

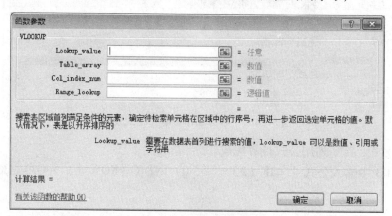

图 5 – 7 VLOOKUP 函数格式

参数 4：Range_lookup 为一逻辑值，如果为 True 或省略，则返回近似匹配值，也就是说如果找不到精确匹配值，则返回小于参数 1 的最大数值匹配值；如果为 False 或者输入 0，则返回精确匹配值（如果找不到，则返回错误值#N/A）。

J3 = IF(I3 = 0,"", VLOOKUP(I3, 工资标准！$A：$F, 2, 0))

K3 = IF(I3 = 0,"", VLOOKUP(I3, 工资标准！$A：$F, 3, 0))

L3 = IF(I3 = 0,"", VLOOKUP(I3, 工资标准！$A：$F, 4, 0))

M3 = IF（I3 = 0,""，VLOOKUP（I3，工资标准！＄A：＄F，5，0））

上述公式中都对 I3 进行判断，若职别为 0，则不显示，否则再执行公式的主体部分。公式的主体为 VLOOKUP 函数，公式的作用是：根据参数 1（I3 中的值），到参数 2（"工资标准"表 A：F 列）找参数 3（分别为第 2、第 3、第 4、第 5 列）的信息，参数 4 为"0"，表示精确查找，如图 5－8 所示。

	A	B	C	D	E	F
1			某企业工资标准			
2	职别	基本工资	绩效工资	社保津贴	合计	对象
3	A1	2000	4400	600	7000	总经理
4	A2	1500	3400	600	5500	副总经理
5	B1	1200	2600	400	4200	部门经理
6	B2	1000	1600	400	3000	部门副经理
7	C1	900	1400	300	2600	基层主管
8	C2	800	900	300	2000	组长或高级职员
9	D1	800	700	300	1800	一般职员中具有中级职称
10	D2	800	500	200	1500	一般职员
11	E	800		200	1000	勤杂工或保洁工

作日期	工龄	职别	基本工资	绩效工资	社保津贴	合计
		=IF(I3=0,""，VLOOKUP(I3,工资标准!$A:$F,2,0))				7000
10/11	25		VLOOKUP(lookup_value, table_array, col_index_num, [range_lookup])			5500
10/13	22	A2	1500	3400	600	5500
10/14	19	B1	1200	2600	400	4200
10/15	16	B2	1000	1600	400	3000

图 5－8　引用"工资标准"表中数值到"人事信息"表

输入完公式后，选择 J3：M3，利用序列填充将公式向下填充，完成全部人员公式。

"人事信息"A：M 列的基本人事信息输入完毕。

二、记录单数据输入法

下面使用记录单创建一张"工资表"为例，从而介绍怎样使用记录单输入数据的具体操作方法。

（1）在工作表中输入数据字段，选中输入的数据字段，如图 5－9 所示，单击"快速访问栏"的"记录单"命令。

	A	B	C	D	E	F
1						
2						
3	职别	基本工资	绩效工资	社保津贴	合计	对象
4						
5						
6						
7						

图 5－9　输入字段并选中字段

(2) 在弹出的提示对话框中，单击"确定"按钮，如图 5 – 10 所示。

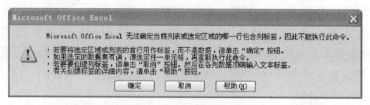

图 5 – 10　单击"确定"按钮

(3) 在弹出的对话框中，根据数据字段逐一输入对应内容，如图 5 – 11 所示，输入完成后，单击"新建"按钮继续输入下一条记录，全部输入完成后，单击"关闭"按钮。

图 5 – 11　录入记录

任务二　工资计算项目的设置

一、建立工资计算表

在"人员工资信息"表中新建工作表，名称为"工资计算"表。

(1)"工资计算"表的结构。

"工资计算"表包括"工号"、"姓名"、"所属部门"、"基本工资"、"绩效工资"、"社保津贴"、"工龄工资"、"卫生费"、"电话补贴"、"全勤奖励"、"事假天数"、"病假天数"、"其他"、"应发工资"、"应纳税范围"、"应纳个税"、"实发工资"等栏目；表头部分有"制定时间"、"工作日"、"公司人数"、"工资总额"等，如图 5 – 12 所示。

图 5 – 12　"工资计算"表结构

(2) 表头的设计。

制定时间：C1 单元格输入公式"= TODAY（）"。该函数返回的是系统当前日期，可随系统自动更新。

输入（本月）工作日：I1 单元格为常规格式，手工输入天数。

显示（本月）公司人数：E1 单元格为常规格式，输入公式"= COUNTA（A3：A32）"。该公式返回的是从 A3 到 A32 单元格中非空的个数，以统计人数。

显示（本月工资）总额：G1 单元格设置为货币格式，小数 1 位格式，输入公式"= SUM（Q3：Q32）"。

根据实际情况对字段较长的字段进行适当行高和列宽的调整，以保证数据正常显示和美观性。

(3) 基本数据引入。

"工号"、"姓名"、"所属部门"、"基本工资"、"绩效工资"和"社保津贴"6 列信息直接引用"人事信息"表的相关列，如图 5 – 13 所示。

	A	B	C	D	E	F
1	制定时间：			公司人数：	=COUNT(A:A)	工资总额：
2	工号	姓名	所属部门	基本工资	绩效工资	社保津贴
3	001	=人事信息!B3	=人事信息!C3	=人事信息!J3	=人事信息!K3	=人事信息!L3
4	002	=人事信息!B4	=人事信息!C4	=人事信息!J4	=人事信息!K4	=人事信息!L4
5	003	=人事信息!B5	=人事信息!C5	=人事信息!J5	=人事信息!K5	=人事信息!L5
6	004	=人事信息!B6	=人事信息!C6	=人事信息!J6	=人事信息!K6	=人事信息!L6
7	005	=人事信息!B7	=人事信息!C7	=人事信息!J7	=人事信息!K7	=人事信息!L7
8	006	=人事信息!B8	=人事信息!C8	=人事信息!J8	=人事信息!K8	=人事信息!L8
9	007	=人事信息!B9	=人事信息!C9	=人事信息!J9	=人事信息!K9	=人事信息!L9
10	008	=人事信息!B10	=人事信息!C10	=人事信息!J10	=人事信息!K10	=人事信息!L10

图 5 – 13 从"人事信息"表中将相关信息引用到"工资计算"表

其具体操作如下：

B3 = 人事信息！A3，确定后向右填充至 D 列。

E3 = 人事信息！J3，确定后向右填充至 F 列。

在"工资计算"表的名称框中输入"B3：F32"，确定后，按"【Ctrl】+【D】"组合键即向下填充至 30 个工号（注：由于期初本公司只有 30 名职工，所以我们只填充了 30 行，具体可根据实际情况进行填充）；也可以用鼠标选定 B3：F3 列，将鼠标光标指到 F3 单元格的右下角变成填充标志后，向下填充到实际需要的行数即可。

二、计算各类补贴（补贴标准详见情境案例介绍）

(1) 工龄工资和卫生费。

在 G3 中输入工龄工资公式"= 人事信息！H3 * 50"，并向下填充至 30 行；该公式根据"人事信息"表中的 G3（即工龄数）进行乘以每年 50 元。

在 H3 中输入卫生费计算公式"= IF（A3 = 0,""，IF（人事信息！D3 = "男"，20，30））"，并向下填充至 30 行；该公式作用是：如果 A3 中没有工号（即无此人），则不显示卫生费，否则根据"人事信息"表中的 D3（即"性别"）

进行判断，男职工补贴 20 元/月，女职工补贴 30 元/月。

以上公式输入的界面如图 5-14 所示。

	A	B	C	D	H		工号	工龄工资	卫生费
1					职工基	2			
2	工号	姓名	部门	性别	工龄	3	001	=人事信息!H3*50	=IF(B3=0,"",IF(人事信息!D3="男",20,30))
3	001	郭东生	行政部	男	28	4	002	=人事信息!H4*50	=IF(B4=0,"",IF(人事信息!D4="男",20,30))
4	002	李丽	行政部	女	25	5	003	=人事信息!H5*50	=IF(B5=0,"",IF(人事信息!D5="男",20,30))
5	003	张小	行政部	女	22	6	004	=人事信息!H6*50	=IF(B6=0,"",IF(人事信息!D6="男",20,30))
6	004	王月	采购部	女	19	7	005	=人事信息!H7*50	=IF(B7=0,"",IF(人事信息!D7="男",20,30))
7	005	赵三	采购部	女	16	8	006	=人事信息!H8*50	=IF(B8=0,"",IF(人事信息!D8="男",20,30))

图 5-14　工龄工资和卫生费补贴的计算公式

（2）电话补贴。

在 I3 中输入电话补贴公式" = IF（OR（人事信息！I3 = " A1"，人事信息！I3 = " A2"，人事信息！C3 = " 销售部"，人事信息！C3 = " 采购部"），100，0）"，该公式根据"人事信息"表中 I3（即职别）和 C3（所属部门）进行判断，职别为 A1 或 A2（高管人员），或部门为销售部（或采购部），补贴 100 元。

公式输入如图 5-15 所示。

	A	B	C	I	电话补贴
1				职工基	
2	工号	姓名	部门	职别	
3	001	郭东生	行政部	A1	=IF(OR(人事信息!I3="A1",人事信息!I3="A2",人事信息!C3="销售部",人事信息!C3="采购部"),100,0)
4	002	李丽	行政部	A2	=IF(OR(人事信息!I4="A1",人事信息!I4="A2",人事信息!C4="销售部",人事信息!C4="采购部"),100,0)
5	003	张小	行政部	A2	=IF(OR(人事信息!I5="A1",人事信息!I5="A2",人事信息!C5="销售部",人事信息!C5="采购部"),100,0)
6	004	王月	采购部	B1	=IF(OR(人事信息!I6="A1",人事信息!I6="A2",人事信息!C6="销售部",人事信息!C6="采购部"),100,0)
7	005	赵三	采购部	B2	=IF(OR(人事信息!I7="A1",人事信息!I7="A2",人事信息!C7="销售部",人事信息!C7="采购部"),100,0)
8	006	刘华	销售部	B1	
9	007	李欣	销售部	B1	

图 5-15　电话补贴的计算公式

（3）全勤奖励。

在 J3 中输入全勤奖励公式"= IF（A3 = 0,""，IF（SUM（K3：L3） = 0，100,""））"，并向下填充至 30 行。该公式作用是：如果 A3 中没有工号（即无此人），则不显示全勤奖，否则根据 K3（即事假天数）和 L3（即病假天数）进行判断，若两者之和为零，则奖励 100 元。

公式输入如图 5-16 所示。

全勤奖励	事假天数	病假天数
=IF(B3=0,"",IF(SUM(K3:L3)=0,100,""))		
=IF(B4=0,"",IF(SUM(K4:L4)=0,100,""))		
=IF(B5=0,"",IF(SUM(K5:L5)=0,100,""))		
=IF(B6=0,"",IF(SUM(K6:L6)=0,100,""))		
=IF(B7=0,"",IF(SUM(K7:L7)=0,100,""))	1	
=IF(B8=0,"",IF(SUM(K8:L8)=0,100,""))		
=IF(B9=0,"",IF(SUM(K9:L9)=0,100,""))		

图 5-16　全勤奖励的计算公式

三、应发工资的计算

在 N3 中输入应发工资公式“ = IF （A3 = 0，0，（D3 + E3）/ $I$1 * （$I$1 - K3 - L3） + SUM （F3：J3） + M3）”，并向下填充至 30 行，该列设小数位两位。

该公式表示：若 A3 中工号为 0（即无此人），则应发工资为 0 元，否则计算应发工资。

应发工资 = （基本工资 D3 + 绩效工资 E3）/当月工作日数 I1 × 当月实际出勤天数（I1 - K3 - L3） + 各种津贴 SUM （F3：J3） + 其他 M3

公式输入如图 5 - 17 所示。

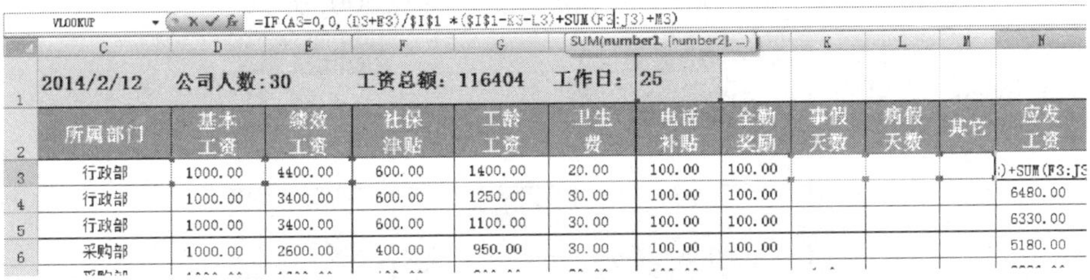

VLOOKUP =IF(A3=0,0,(D3+E3)/$I$1 *($I$1-K3-L3)+SUM(F3:J3)+M3)

	C	D	E	F	G	H	I	J	K	L	M	N
1	2014/2/12	公司人数:30		工资总额:116404		工作日:	25					
2	所属部门	基本工资	绩效工资	社保津贴	工龄工资	卫生费	电话补贴	全勤奖励	事假天数	病假天数	其它	应发工资
3	行政部	1000.00	4400.00	600.00	1400.00	20.00	100.00	100.00				)+SUM(F3:J3
4	行政部	1000.00	3400.00	600.00	1250.00	30.00	100.00	100.00				6480.00
5	行政部	1000.00	3400.00	600.00	1100.00	30.00	100.00	100.00				6330.00
6	采购部	1000.00	2600.00	400.00	950.00	30.00	100.00	100.00				5180.00

图 5 - 17　应发工资的计算公式

四、计算代扣的住房公积金及个人所得税

1. 计算“住房公积金”

根据国家规定，单位及个人的缴存比例可在 5% ~ 20% 自行选择，个人缴存比例应等于或高于单位缴存比例。本任务选择缴存比例为 5% 进行缴存住房公积金。

在 O3 中输入公式“ = ROUND （N3 * 5% ，2）”，并向下填充至 30 行；该列设小数位两位，公式输入如图 5 - 18 所示。

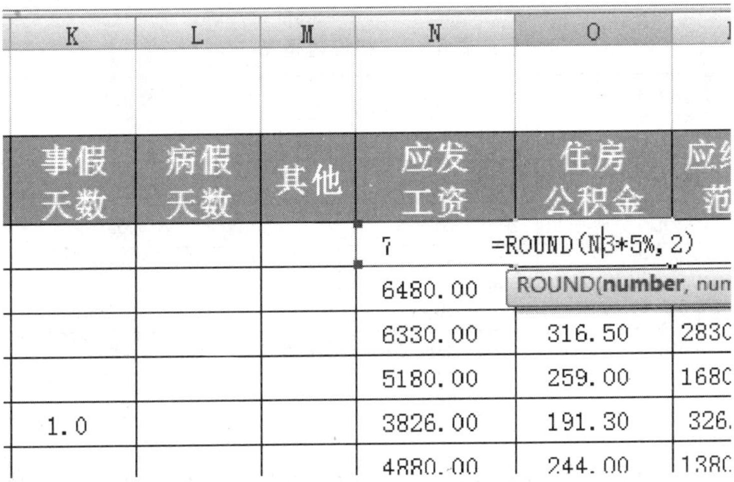

K	L	M	N	O	
事假天数	病假天数	其他	应发工资	住房公积金	应纳…范…
			7	=ROUND(N3*5%, 2)	
			6480.00	ROUND(number, num…	
			6330.00	316.50	2830
			5180.00	259.00	1680
1.0			3826.00	191.30	326.
			4880.00	244.00	1380

图 5 - 18　住房公积金的计算公式

2. 确定应纳税范围

"应纳个税"是工资表中的一个重要栏目，在 P3 中输入应纳税范围公式"=IF（N5-O3>3500,N5-O5-3500,0)"，并向下填充至 30 行即可。

说明：我国 2011 年 9 月起执行的个人所得税法规定，个税起征点为 3 500 元，即扣除住房公积金、保险等于大于 3 500 元的部分为应纳税范围，该公式根据应发工资扣除住房公积金、保险等判断，若大于 3 500 元，则超出 3 500 元的部分为纳税范围，否则不需要纳税。

公式输入如图 5-19 所示。

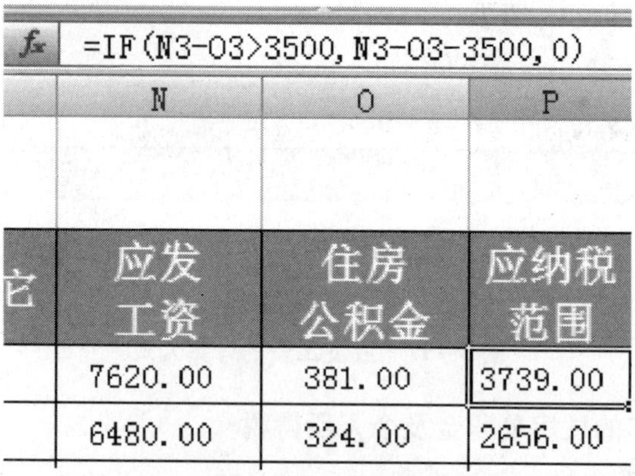

图 5-19 应纳税范围的计算公式

3. 计算应纳个人所得税

我国个人所得税（以下简称"个税"）分为 7 级，每一级的税率不同。一种简单的算法是按个人应纳税额相应的最高级段的税率计算，再减去速算表中对应的扣除数。扣税速算表如表 5-2 所示。

表 5-2 扣税速算表

全月应纳税额	税率	速算扣除数/元
不超过 1 500 元	3%	0
超过 1 500~4 500 元	10%	105
超过 4 500~9 000 元	20%	555
超过 9 000~35 000 元	25%	1 005
超过 35 000~55 000 元	30%	2 755
超过 55 000~80 000 元	35%	5 505
超过 80 000 元	45%	13 505

巧用 VLOOKUP 函数则很容易实现扣税。根据扣税速算表，首先在当前工作簿新建一个工作表"扣税速查表"，如图 5-20 所示。

	A	B	C	D
1	纳税下限	纳税上限	税率	扣除数
2	0	1500	0.03	0
3	1500	4500	0.10	105
4	4500	9000	0.20	555
5	9000	35000	0.25	1005
6	35000	55000	0.30	2755
7	55000	80000	0.35	5505
8	80000		0.45	13505

图 5－20　扣税速查表

然后利用 VLOOKUP 函数进行计算个人税，具体公式为："= VLOOKUP（P3，扣税速查表！A：D，3）* P5 – VLOOKUP（P3，扣税速查表！A：D，4）"，并向下填充至 30 行，公式运行的结果如图 5－21 所示。

K	L	M	N	O	P	Q	R
事假天数	病假天数	其他	应发工资	住房公积金	应纳税范围	应纳个税	实发工资
			7620.00	381.00	3739.00	268.90	6970.1
			6480.00	324.00	2656.00	160.60	5995.4
			6330.00	316.50	2513.50	146.35	5867.2
			5180.00	259.00	1421.00	42.63	4878.4

图 5－21　应纳个税计算公式

分析：该公式中使用了两次 VLOOKUP 函数，前者引用的是"扣税速查"表中的第 3 列（即税率）并乘以应纳税范围（P3），后者引用的是"扣税速查"表中的第 4 列（即扣除数）。

公式中的 VLOOKUP 函数省略了第 4 个参数，为近似查找，即当找不到 P3 中引用的值（3 739.00）时，会按"扣税速查表"中的首列（A 列）查找比该数小的最大数（1 500）所对应的信息行，相应的税率是 0.10，扣除数为 105，应纳税 =（3 739×0.10 – 105）= 268.90 元，与计算结果完全一致。

五、计算实发工资

实发工资 = 应发工资 – 住房公积金 – 应纳个税，在 R3 中输入计算公式"= ROUND（N3 – O3 – Q3，1）"，向下填充至 30 行，如图 5－22 所示。

该公式的作用是：对实发工资四舍五入取 1 位小数。

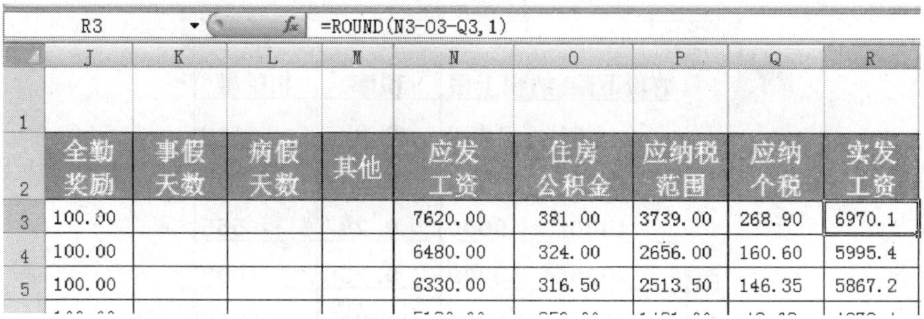

图5-22　实发工资计算公式

六、制作工资条

制作工资条可以通过很多方法实现，现通过两种简单的方法制作。

1. 利用 VLOOKUP 函数来实现简单工资条制作

（1）插入空表并更名为“工资条”。

（2）将“工资计算”表中的表头部门即 A2：R2 复制到“工资条”表的 A2：R2 中，该操作目的是给工资条制作表头，如图5-23所示。

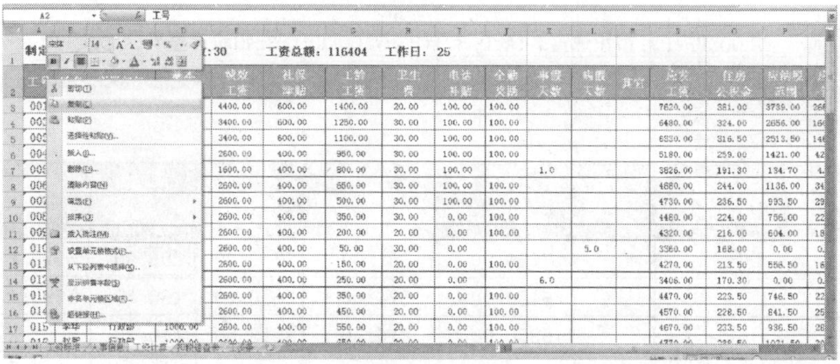

图5-23　复制“工资计算”表头到“工资条”表中

复制完毕后可以对“工资条”中的表头部分进行格式美化，设置背景颜色、字体、字号、边框线等，如图5-24所示。

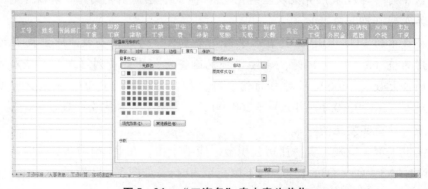

图5-24　“工资条”表中表头美化

(3) 将"工资计算"表中的 A3 单元格复制到"工资条"表中的 A3 单元格,该操作目的是复制"工号"到工资条中,即将"001"工号复制到"工资条"表中 A3 单元格,同时保证"工资计算"表中"工号"格式与"工资条"表中"工号"一致。

(4) 在 B3 中输入公式"= VLOOKUP($A3,工资计算!$A:$R,2,0)",该公式表示:用 A3 中的"工号"与"工资计算"表 A 到 R 列中的"工号"进行精确匹配(VLOOKUP 函数第 4 项参数为 0 时,为精确匹配),精确匹配后在 B3 中输出"工资计算"表中的第 2 列,即工号为"001"职工的"姓名"到 B3 中。具体如图 5-25 所示。

图 5-25 用 VLOOKUP 函数匹配输入职工姓名

(5) 利用 VLOOKUP 函数将"工资计算"表中相关数据匹配到 C3:R3 中,即在对应单元格中输入"= VLOOKUP($A3,工资计算!$A:$R,X,0)",X 为对应取值的行号,如图 5-26 所示。

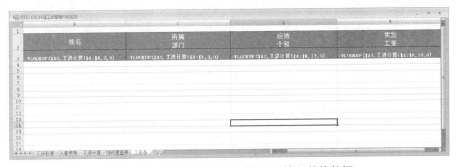

图 5-26 用 VLOOKUP 函数匹配输入其他数据

提示:由于需要输入的公式较多,工作量较大,可以利用填充工具来快速输入公式,提高输入速率。输入 B3 单元格的公式后,将鼠标光标移动到 B3 单元格的右下角，光标变为填充柄后，单击鼠标拖动到 R3 列，将 B3 公式复制到 C3：R3，这时从 B3：R3 出现的数据为"姓名"，我们只需将对应单元格中公式"=VLOOKUP（＄A3，工资计算！＄A：＄R，X，0）"中的 X 改为对应取值的行号。注意公式中引用符号的应用，否则无法进行填充。具体如图 5－27 所示。

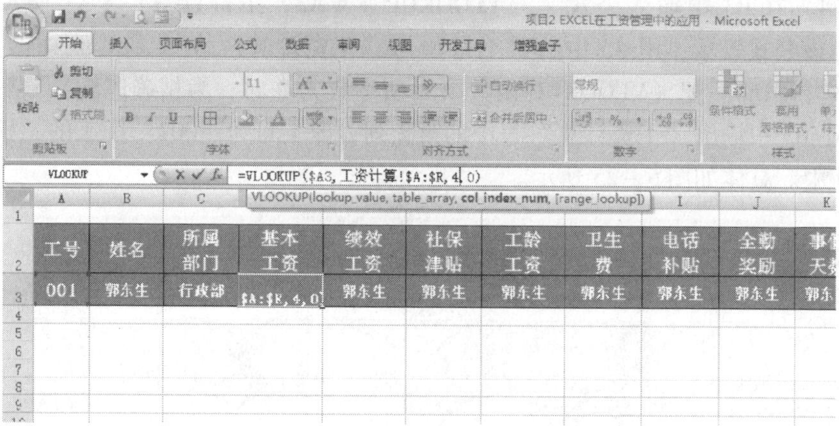

图 5－27 利用填充柄进行公式输入

（6）选择"工资条"表中的 A2：R4 单元格，将鼠标光标移动到 R4 单元格的右下角，出现填充柄后，向下拖动进行填充，根据具体职工人数制作工资条，如图 5－28 所示。

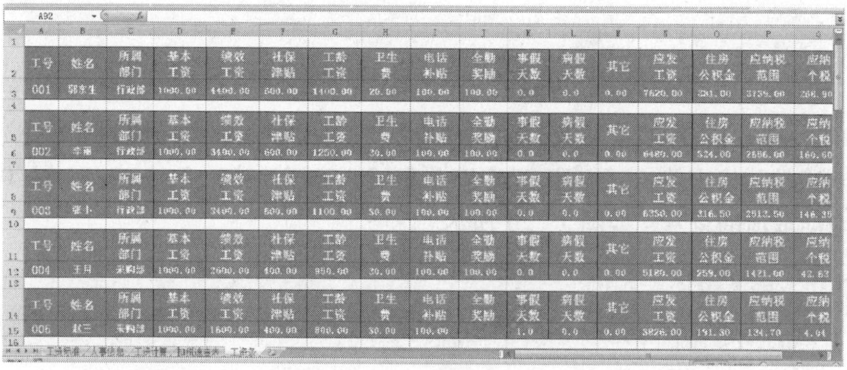

图 5－28 完成工资条的制作

2. 利用插件"增强盒子"制作"工资条"表

Excel 增强盒子即 ExcelBox 是一个集合 Excel 常用功能的免费插件，共有 60 多项常用功能和 20 多个自定义函数。其拥有和 Excel 相似的用户界面、消息提示、近似的函数插入使用方法，提供了友好的交互界面，可以快速地帮助用户更快、更好地完成操作。

Excel 增强盒子是完全免费使用的，可以从互联网上下载，需要进行安装后才能使用。

(1) Excel 增强盒子的安装。

单击安装包"ExcelBox_v1.03_100107"进行安装,如图 5-29 所示。

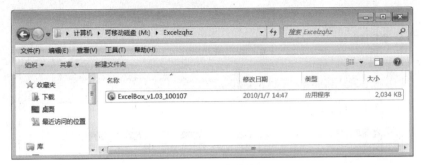

图 5-29　安装包

选择安装语言,单击"OK"按钮,如图 5-30 所示。

图 5-30　选择语言

ExcelBox 安装向导,单击"下一步"按钮进行安装,如图 5-31 所示。

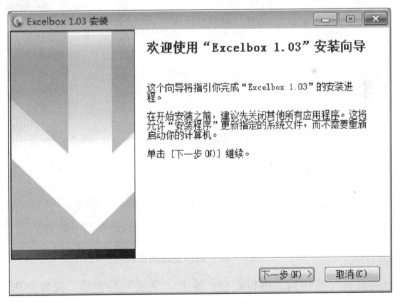

图 5-31　ExcelBox 安装向导

ExcelBox 安装"许可证协议",选择"我接受'许可证协议'中的条款"复选框后,单击"下一步"按钮进行安装,如图 5-32 所示。

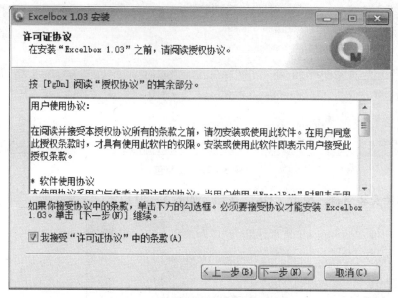

图 5-32 安装"许可证协议"

选择软件安装的目标文件夹后,单击"下一步"按钮,如图 5-33 所示。

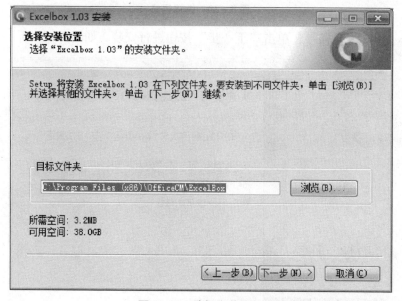

图 5-33 选择安装路径

单击"安装"按钮后,进行安装;单击"完成"按钮后,安装完毕(注意:如果安装时 Excel 软件打开,请重新启动 Excel 软件)。打开 Excel 软件后,在功能区中会增加"增强盒子"选项卡,如图 5-34 所示。

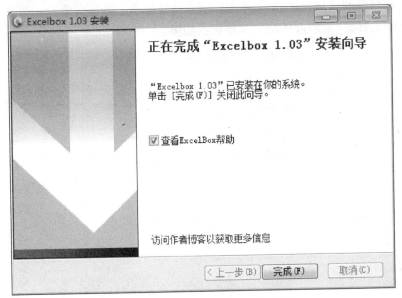

图 5-34 "增强盒子"安装完成

(2) 利用"增强盒子"制作工资条。

用增强盒子制作工资条,不用新建工作表,增强盒子将自动生成"工资条"表。

①打开"工资计算"表,单击功能区中的"增强盒子"选项卡,如图 5-35 所示。

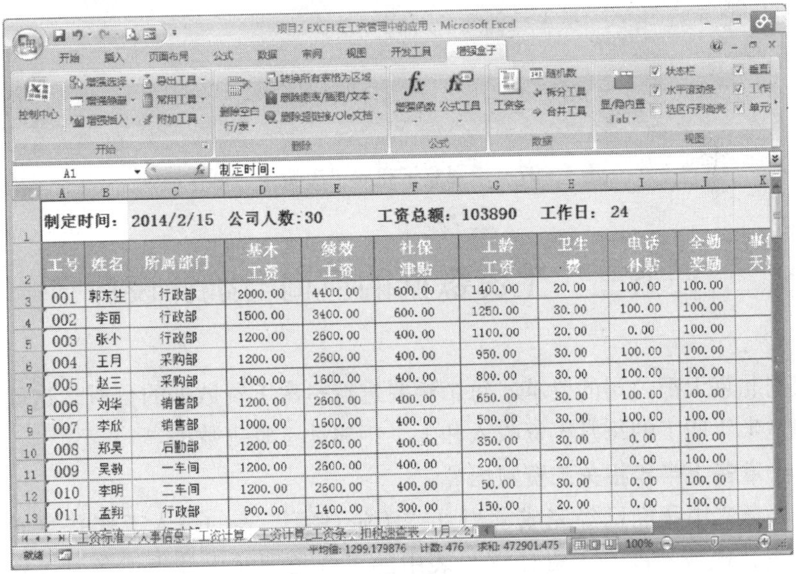

图 5-35 "增强盒子"选项卡

②选择"增强盒子"中的"工资条"按钮，弹出"工资条设置"对话框，在"请选择标题区域"中选择"＄A＄2：＄R＄2"，即表头部分，勾选"在新表中创建工资条"，单击"确定"按钮，如图5－36所示。

图5－36　"工资条设置"对话框

③增强盒子自动新建"工资计算_工资条"表，如图5－37所示。

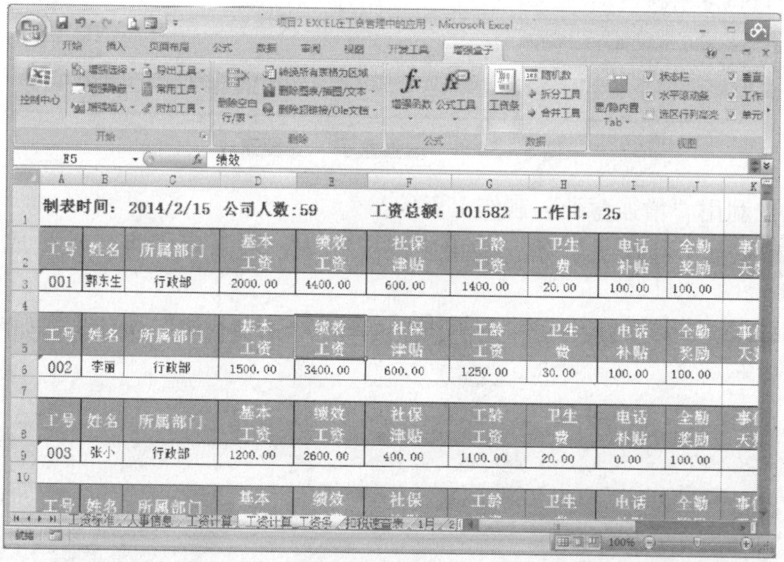

图5－37　增强盒子完成"工资条"制作

任务三　工资数据的查询与统计设计

根据北京天都公司的要求，每半年要进行一次工资数据的分析，这就需要准备公司上半年职工的每月工资收入和上半年累计工资等数据。

一、准备上半年相关工资数据

在任务二中我们已经完成了当月"工资计算"表的录入工作并生成了"工资条"表，现需要将"工资计算"表中的工资数据转出并生成各月工资表，汇总上半年的工资总额。

(1)"工资计算"表转出月工资表。

首先选取"工资计算"表中从 A1 到最后一名职工的全部内容,有两种方法可以选取:一是直接用鼠标从 A1 单元格选取到最后一名职工信息的最后一个单元格;二是利用"名称"框,在"名称"框中输入"YDZ",按【Enter】键后选取"工资计算"表中全部职工工资内容。选取完毕后,按"【Ctrl】+【C】"组合键,至新插入的工作表 A1 处,单击鼠标右键,选择"选择性粘贴"命令,在对话框中选择"数值"(以后该数据表将不再受"人事信息"表的变更影响),并单击"确定"按钮。再将新工作表命名为"1月",即 1 月份工资表,并将"实发工资"改为"1月实发",为数据分析做准备。对其他月份也用同样的方法生成月工资表,"制表时间"的时间需手工修改,如图 5 – 38 所示。

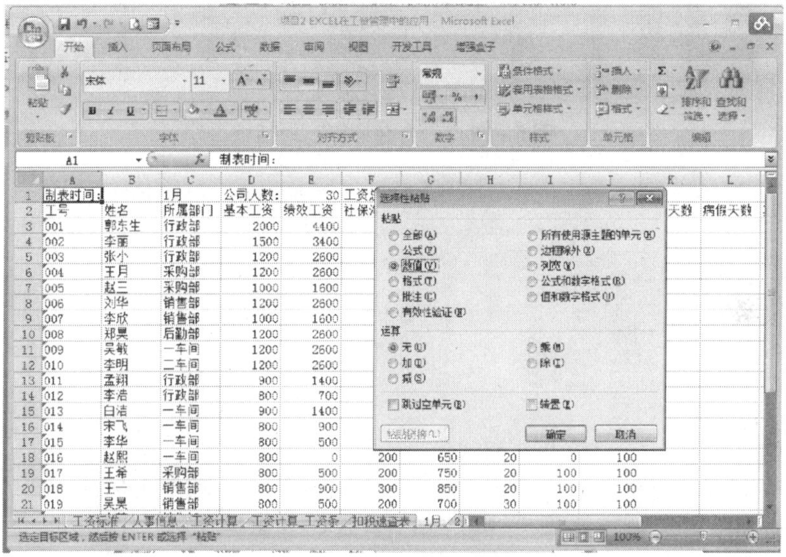

图 5 – 38　生成月工资表

(2)"多月"合并汇总。

将上半年各月工资表生成,分别存放在工作表名为 1 月、2 月、3 月、4 月、5 月、6 月中,公司要对上半年工资进行汇总分析,必须汇总已经发放的工资数,可运用数据合并计算的方法实现。

将 1—6 月工资数据进行合并计算。

①插入一空表,将工作表命名为"上半年汇总"。

②在"上半年汇总"表 A1 中输入"姓名"并确定,在菜单栏选择功能区"数据"选项卡中的"合并计算"命令。

③在"合并计算"对话框中"函数"下拉列表中选择"求和"方式,在"引用位置"栏中单击"1月"表,选择 B2:R32,单击"添加"按钮,再单击"2月"表(以后不需要选择范围,系统默认与"1月"表选择的区域相同),单

击“添加”按钮，依次添加完各表。勾选标签位置中的“首行”和“最左列”复选框，如图5-39所示。

④单击“确定”按钮后，在“上半年汇总”表中获得合并数据，其中C：P列为对应各栏目半年数据求和，如图5-40所示；Q：V列为各月实发工资，如图5-41所示。

图5-39 “合并计算”对话框

图5-40 合并计算后C：P数据

	Q	R	S	T	U	V	W
1	1月实发	2月实发	3月实发	4月实发	5月实发	6月实发	上半年累计工资
2	7806.2	7466	7806.2	8186.2	7806.2	7806.2	46877.0
3	6422.9	6422.9	5426.6	6850.4	6422.9	6250.1	37795.8
4	5089.1	5089.1	5089.1	5516.6	5089.1	5089.1	30962.1
5	5054.9	4883	5054.9	5482.4	5054.9	5054.9	30585.0
6	3818.6	3818.6	3818.6	4279.4	3626.7	3818.6	23180.5
7	4786.2	4786.2	3161.4	5225.9	4786.2	1722.7	24468.6
8	3542.2	3542.2	3542.2	4002.9	3542.2	3542.2	21713.9
9	4417.6	4417.6	4417.6	4878.4	4417.6	4417.6	26966.4
10	4270.2	4270.2	4270.2	4730.9	3959.2	4270.2	25770.9
11	4141.2	4141.2	3592.3	4601.9	4141.2	4141.2	24759.0
12	2726.5	2303.8	2726.5	3201.5	2726.5	2726.5	16411.3
13	2061.5	2061.5	2061.5	2536.5	2061.5	2061.5	12844.0
14	2916.5	2916.5	2916.5	3391.5	2916.5	2916.5	17974.0
15	2441.5	2265.8	2441.5	2916.5	2441.5	2441.5	14948.3
16	2061.5	2061.5	2061.5	2536.5	2061.5	2061.5	12844.0

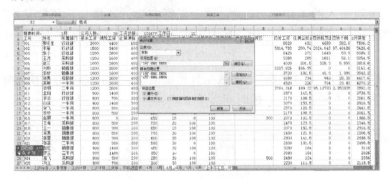

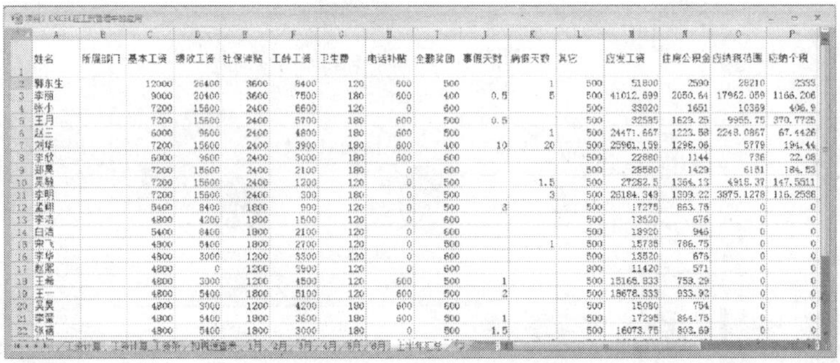

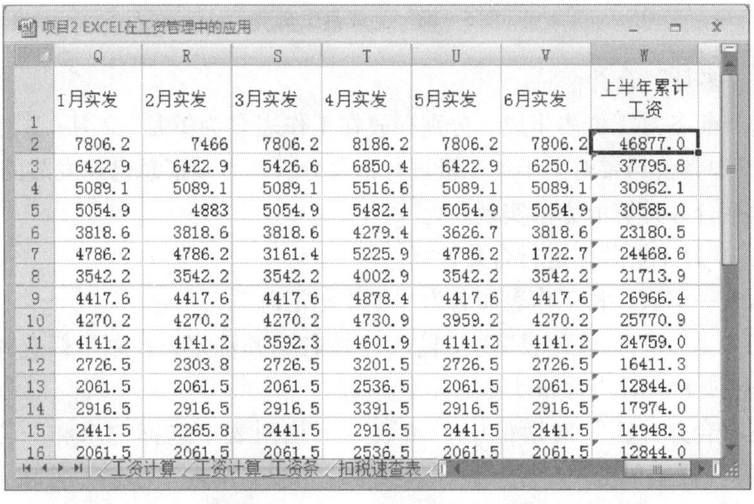

图5-41 合并计算后Q：V数据

提示：由于参与合并的数据表中的实发栏目名称中包含月名，因此在选择合并数据命令后，按分月列出，为数据分析提供便利，如果各月表中的实发工资标志完全相同，则将与C：P列一样为求和结果。

（3）在W1列输入“上半年累计工资”，在W列对每位员工半年工资进行合计，公式为“W2＝SUM（Q2：V2）”，即对1－6月工资实发数进行求和，并向下填充至其他单元格，如图5－42所示。

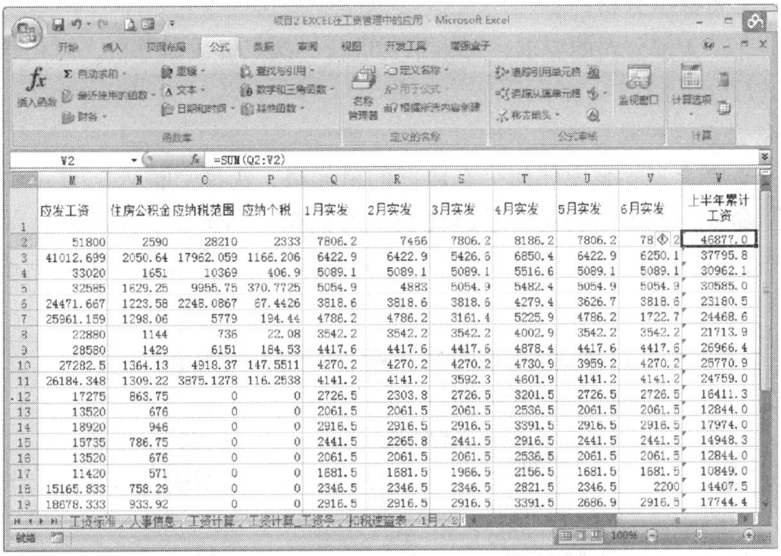

	应发工资	住房公积金	应纳税范围	应纳个税	1月实发	2月实发	3月实发	4月实发	5月实发	6月实发	上半年累计工资
2	51800	2590	28210	2333	7806.2	7466	7806.2	8186.2	7806.2	78[illegible]2	46877.0
3	41012.699	2050.64	17962.059	1166.206	6422.9	6422.9	5426.6	6850.4	6422.9	6250.1	37795.8
4	33020	1651	10369	406.9	5089.1	5089.1	5089.1	5516.6	5089.1	5089.1	30962.1
5	32585	1629.25	9955.75	370.7725	5054.9	4883	5054.9	5482.4	5054.9	5054.9	30585.0
6	24471.667	1223.58	2248.0867	67.4426	3818.6	3818.6	3818.6	4279.4	3626.7	3818.6	23180.5
7	25961.159	1298.06	5779	194.44	4786.2	4786.2	3161.4	5225.9	4786.2	1722.7	24468.6
8	22880	1144	736	22.08	3542.2	3542.2	3542.2	4002.9	3542.2	3542.2	21713.9
9	28580	1429	6151	184.53	4417.6	4417.6	4417.6	4878.4	4417.6	4417.6	26966.4
10	27282.5	1364.13	4918.37	147.5511	4270.2	4270.2	4270.2	4730.9	3959.2	4270.2	25770.9
11	26184.348	1309.22	3875.1278	116.2538	4141.2	4141.2	3592.3	4601.9	4141.2	4141.2	24759.0
12	17275	863.75	0	0	2726.5	2303.8	2726.5	3201.5	2726.5	2726.5	16411.3
13	13520	676	0	0	2061.5	2061.5	2061.5	2536.5	2061.5	2061.5	12844.0
14	18920	946	0	0	2916.5	2916.5	2916.5	3391.5	2916.5	2916.5	17974.0
15	15735	786.75	0	0	2441.5	2265.8	2441.5	2916.5	2441.5	2441.5	14948.3
16	13520	676	0	0	2061.5	2061.5	2061.5	2536.5	2061.5	2061.5	12844.0
17	11420	571	0	0	1681.5	1681.5	1966.5	2156.5	1681.5	1681.5	10849.0
18	15165.833	758.29	0	0	2346.5	2346.5	2346.5	2821.5	2346.5	2200	14407.5
19	18678.333	933.92	0	0	2916.5	2916.5	2916.5	3391.5	2686.9	2916.5	17744.4

图5－42　上半年累计工资汇总

（4）从“人事信息”表引入相关信息。

从图5－40可见，数据合并后没有显示“所属部门”列的信息（这是指文本类信息，此外，由于公司要求依据部门和职别、性别、工龄等统计分析，因此还必须在“上半年汇总”表中增加“性别”、“工龄”、“职别”等列，这些列的信息均可以利用VLOOKUP函数将“人事信息”表中的内容自动引入。在“所属部门”后插入三列，即C1中的“性别”、D1中的“工龄”、E1中的“职别”，如图5－43所示。

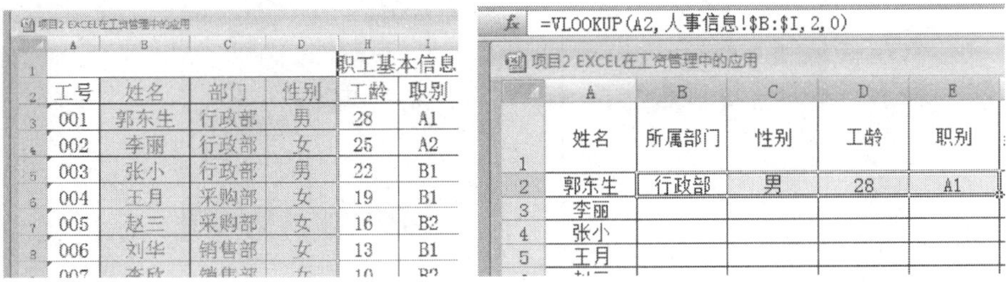

图5－43　增加“性别”等列

具体公式为：

"所属部门"列：B2 = VLOOKUP（A2，人事信息！$B：$I，2，0）；
"性别"列：C2 = VLOOKUP（A2，人事信息！$B：$I，3，0）；
"工龄"列：D2 = VLOOKUP（A2，人事信息！$B：$I，7，0）；
"职别"列：E2 = VLOOKUP（A2，人事信息！$B：$I，8，0）。

输完公式后，向下填充到其他单元格。数据准备阶段完成，进行数据分析。

二、工资数据分析

根据北京天都公司的要求，每半年要进行一次工资数据分析，可用数据透视的方法进行分析。

1. 依据部门和职别进行分析

（1）选择上半年表中任何一有数据的单元格，选择"插入"菜单中"数据透视表"命令，弹出"创建数据透视表"对话框，如图 5 - 44 所示，单击"确定"按钮，系统会自动添加一张工作表，并出现如图 5 - 45 所示的数据透视表框架和字段列表。

图 5 - 44 "创建数据透视表"对话框

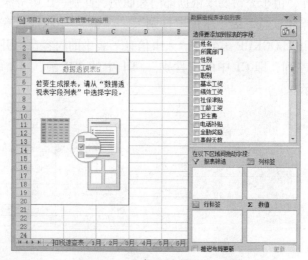

图 5 - 45 数据透视表字段列表

（2）分别将"数据透视表字段列表"中"所属部门"、"职别"、"上半年累计工资"作为"列字段"、"行字段"和"数据项"拖放至指定位置。图 5-46 和图 5-47 所示为"所属部门"和"职别"交换"行字段"和"列字段"的数据透视效果。

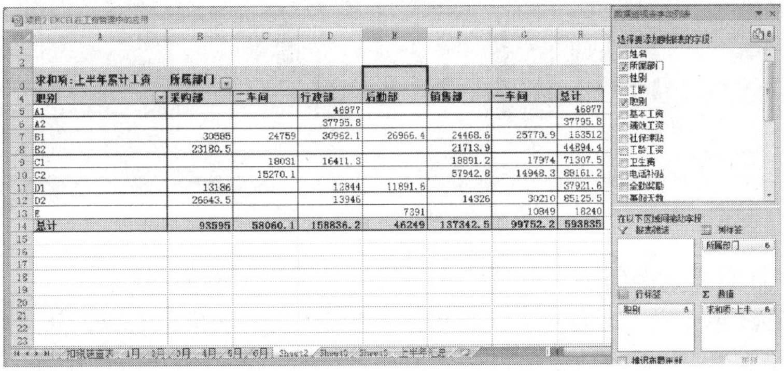

图 5-46　所属部门为"行字段"，职别为"列字段"

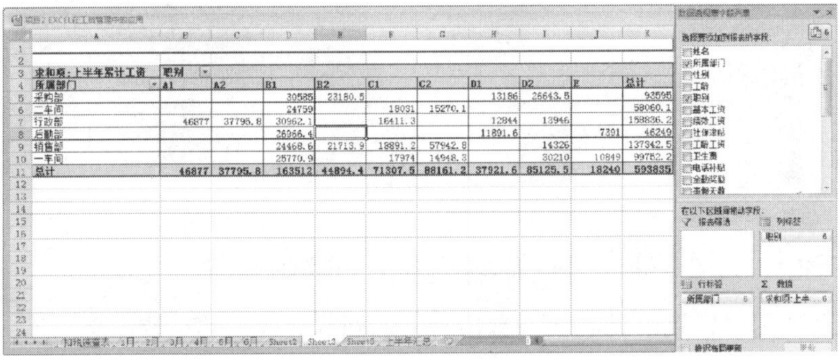

图 5-47　职别为"行字段"，所属部门为"列字段"

（3）利用数据透视表生成数据透视图，使透视结果更加直观。以图 5-45 为例，首先选择数据透视表的任一单元格，单击"插入"菜单中"数据透视图"的"柱形图"，选择"簇状柱形图"，如图 5-48、图 5-49 所示。

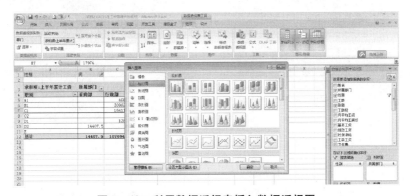

图 5-48　利用数据透视表插入数据透视图

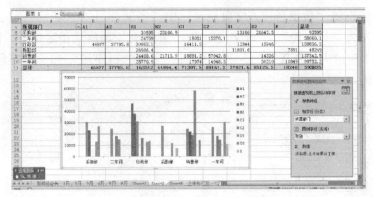

图 5-49　数据透视图

(4) 计算每一部门每一职别"上半年累计工资"的平均值。

选择 A3 单元格"求和项：上半年累计工资"，单击鼠标右键，从菜单中选取"值字段设置"，弹出"值字段设置"对话框，在"汇总方式"中选择"平均值"项，即对部门进行不同职别上半年累计工资平均值的计算，如图 5-50 所示。

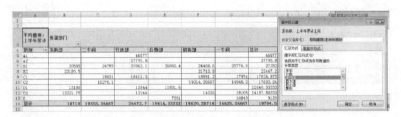

图 5-50　数据透视表按"平均值"分析

(5) 利用"性别"筛选每一部门每一职别的男职工的工资汇总。

选择 A3 单元格"求和项：上半年累计工资"，单击鼠标右键，从菜单中选取"值字段设置"，弹出"值字段设置"对话框，在"汇总方式"中选择"求和"项；在"数据透视表字段列表"中将"性别"字段拖到"报表筛选"中，在 B2 中选择"男"，如图 5-51 所示。

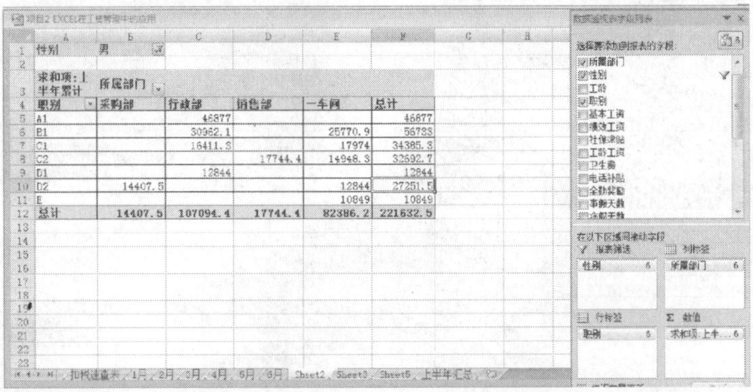

图 5-51　利用"性别"筛选每一部门每一职别的工资汇总

(6) 计算每一部门每一职别的人数。

选择 A3 单元格"求和项：上半年累计工资"，单击鼠标右键，从菜单中选取"值字段设置"，弹出"值字段设置"对话框，在"汇总方式"中选择"计数"项，即对部门进行不同部门不同职别人数统计分析，如图 5-52 所示。

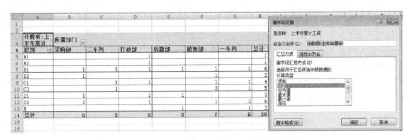

图 5-52 数据透视表按"计数"分析

2. 依据性别进行分析

(1) 按性别计算"上半年累计工资"的平均数、男女人数。

在上面的基础上，将透视表中的"所属部门"和"职别"按钮分别拖到透视表外，右击"数项：上半年累计工资"，弹出菜单后选择"值字段设置"选项，将"汇总方式"选为"平均值"；在透视表中单击鼠标右键，选择"显示字段列表"命令，再将字段列表中"性别"拖放至"行字段"，"汇总方式"选为"计数"，即对职工男女人数进行分析。结果如图 5-53 所示。

图 5-53 数据透视表按"性别"分析

3. 依据工龄段与月平均工资进行分析

公司要求按表 5-3 进行工龄与月平均工资分段，并作相应的统计分析。

表 5-3 工龄与月平均工资分段

工龄/岁	月平均工资/元
工龄≥30	月均工资≥6 000
30 工龄≥20	6 000＞月均工资≥5 000
20＞工龄≥10	5 000＞月均工资≥4 000
10＞工龄≥1	4 000＞月均工资≥3 000
工龄＝0	3 000＞月均工资≥2 000
	月均工资＜2 000

(1) 按工龄、月平均工资段计算"上半年累计工资"的平均数。

①分别在"上半年汇总"表中增加"工龄段"(F 列)、"月平均工资"(G 列)、"月平均工资段"(H 列),如图 5-54 所示。

②分别在 F2、G2、H2 中输入以下公式:

F2 = IF(D2 > = 30,"工龄≥30",IF(D2 > = 20,"30 > 工龄≥20",IF(D2 > = 10,"20 > 工龄≥1",IF(D2 > = 1,"10 > 工龄≥1","工龄 = 0")))),并向下填充至其他单元格。

G2 = AVERAGE(W2:AB2),并向下填充至其他单元格。式中用平均值函数对 1—6 月每月实发工资的平均值计算。

H2 = IF(G2 > = 6000,"月均工资≥6000",IF(G2 > = 5000,"6000 > 月均工资≥5000",IF(G2 > = 4000,"5000 > 月均工资≥4000",IF(G2 > = 3000,"4000 > 月均工资≥3000",IF(G2 > = 2000,"3000 > 月均工资≥2000","月均工资 < 2000")))))),并向下填充至其他单元格。最终效果如图 5-54 所示。

	D	E	F	G	H
1	工龄	职别	工龄段	月平均工资	月平均工资段
2	28	A1	30>工龄≥20	7812.8	月均工资≥6000
3	25	A2	30>工龄≥20	6299.3	月均工资≥6000
4	22	B1	30>工龄≥20	5160.4	6000>月均工资≥5000
5	19	B1	20>工龄≥1	5097.5	6000>月均工资≥5000
6	16	B2	20>工龄≥1	3863.4	4000>月均工资≥3000
7	13	B1	20>工龄≥1	4078.1	5000>月均工资≥4000
8	10	B2	20>工龄≥1	3619.0	4000>月均工资≥3000
9	7	B1	10>工龄≥1	4494.4	5000>月均工资≥4000
10	4	B1	10>工龄≥1	4295.2	5000>月均工资≥4000
11	1	B1	10>工龄≥1	4126.5	5000>月均工资≥4000
12	3	C1	10>工龄≥1	2735.2	3000>月均工资≥2000
13	5	D1	10>工龄≥1	2140.7	3000>月均工资≥2000

图 5-54 增加"工龄段"、"月平均工资"、"月平均工资段"

③选择上半年表中任何一有数据的单元格,选择"插入"菜单中"数据透视表"命令,弹出"创建数据透视表"对话框,单击"确定"按钮,系统会自动添加一张工作表。

将"月平均工资段"、"工龄段"、"上半年累计工资"分别作为"行字段"、"列字段"、"数据项",并拖放至指定位置,右击 A3 单元格,选择"值字段设置"选项,在"汇总方式"中选"平均值"项,如图 5-55 所示。

提示:在字段列表中没有出现新增字段,在"选项"功能区中单击"刷新"按钮即可。

图 5-55 按"工龄段"、"月平均工资段"计算平均数

(2) 按工龄段、月平均工资段计算"上半年累计工资"的最大值、最小值及人数。

右击 A3 单元格,选择快捷菜单中"值字段设置"选项,出现"值字段设置"对话框,将"汇总方式"改为"最大值",结果如图 5-56 所示;将其改为"最小值",结果如图 5-57 所示;将其改为"计数",结果如图 5-58 所示。

	A	B	C	D	E	F	G
1							
2							
3	最大值项:上半年累计	工龄段					
4	月平均工资段	10>工龄≥1	20>工龄≥1	30>工龄≥20	工龄=0	工龄≥30	总计
5	3000>月均工资≥2000	17974.0	17744.4	17366.0			17974.0
6	4000>月均工资≥3000	18891.2	23180.5			23768.1	23768.1
7	5000>月均工资≥4000	26966.4	24468.6				26966.4
8	6000>月均工资≥5000			30585.0	30962.1		30962.1
9	月均工资<2000	11891.6	10849.0		7391.0		11891.6
10	月均工资≥6000			46877.0			46877.0
11	总计	26966.4	30585.0	46877.0	7391.0	23768.1	46877.0

图 5-56 按"工龄段"、"月平均工资段"计算最大值

	A	B	C	D	E	F	G
1							
2							
3	最小值项:上半年累计	工龄段					
4	月平均工资段	10>工龄≥1	20>工龄≥1	30>工龄≥20	工龄=0	工龄≥30	总计
5	3000>月均工资≥2000	12236.0	12844.0	17366.0			12236.0
6	4000>月均工资≥3000	18031.0	21713.9			23768.1	18031.0
7	5000>月均工资≥4000	24759.0	24468.6				24468.6
8	6000>月均工资≥5000			30585.0	30962.1		30585.0
9	月均工资<2000	11891.6	10849.0		7391.0		7391.0
10	月均工资≥6000			37795.8			37795.8
11	总计	11891.6	10849.0	17366.0	7391.0	23768.1	7391.0

图 5-57 按"工龄段"、"月平均工资段"计算最小值

	A	B	C	D	E	F	G
1							
2							
3	计数项:上半年累计	工龄段					
4	月平均工资段	10>工龄≥1	20>工龄≥1	30>工龄≥20	工龄=0	工龄≥30	总计
5	3000>月均工资≥2000	6	7	1			14
6	4000>月均工资≥3000	2	2			1	5
7	5000>月均工资≥4000	3	1				4
8	6000>月均工资≥5000			1	1		2
9	月均工资<2000	1	1		1		3
10	月均工资≥6000			2			2
11	总计	12	12	4	1	1	30

图 5-58 按"工龄段"、"月平均工资段"计算人数

【概念索引】

　　数据有效性　　合并计算　　数据透视表　　增强盒子　　VLOOKUP　　OR　　AND

【闯关考验】

　　单项选择题

　　1. 在默认条件下，每一工作簿文件会打开（　　）个工作表文件，分别以 Sheet1、Sheet2 来命名。

　　A. 5　　　　　　B. 10　　　　　　C. 12　　　　　　D. 3

　　2. 用 Excel 可以创建各类图表，如条形图、柱形图等。为了显示数据系列中每一项占该系列数值总和的比例关系，应该选择的图表是（　　）。

　　A. 条形图　　　　B. 柱形图　　　　C. 饼图　　　　　D. 折线图

　　3. 在单元格中输入公式，正确的是（　　）。

　　A. = D8 < > G6　　B. D8 + 6　　　　C. D8 + G6　　　　D. D8&G6

　　4. 使用工作表建立图表后，下列说法中正确的是（　　）。

　　A. 如果改变了工作表的内容，图表不变

　　B. 如果改变了工作表的内容，图表也将立刻随之改变

　　C. 如果改变了工作表的内容，图表将在下次打开工作表时改变

　　D. 如果改变了工作表的内容，图表需要重新建立

　　5. 在 Excel 2007 中，关于"筛选"叙述正确的是（　　）。

　　A. 自动筛选和高级筛选都可以将结果筛选至另外的区域中

　　B. 不同字段之间进行"或"运算的条件是必须使用高级筛选

　　C. 自动筛选的条件只能是一个，高级筛选的条件可以是多个

　　D. 如果所选条件出现在多列中，并且条件间有"与"的关系，则必须使用高级筛选

　　6. 在 Excel 2007 中，对数据库进行筛选时，下面关于条件区域叙述错误的是（　　）。

　　A. 字符型字段的条件中可以使用通配符

　　B. "相等"比较时，"="可以省略

　　C. 辅助条件字段名可以与数据库中的字段名相同

　　D. 条件区域必须有字段名行

　　7. 在 Excel 2007 中，下面关于分类汇总叙述中错误的是（　　）。

　　A. 分类汇总前必须按关键字段排序数据库

　　B. 汇总方式只能是求和

　　C. 分类汇总的关键字段只能是一个字段

　　D. 分类汇总可以被删除，但删除汇总后排序操作不能撤销

　　8. 在 Excel 2007 中，若要使用工作表 Sheet2 中的区域 A1：A2 作为条件区

域，在工作表 Sheet1 中进行数据筛选，则指定条件区域应该是（　　）。

A. Sheet2A1：B2　　　　　　B. Sheet2！A1：B2

C. Sheet2#A1：B2　　　　　D. A1：B2

9. 在 Excel 工作表中，假设 A2＝7，B2＝6.3，选择 A2：B2 区域，并将鼠标光标放在该区域右下角填充柄上，然后拖动至 E2，则 E2＝（　　）。

A. 3.5　　　　B. 4.2　　　　C. 9.1　　　　D. 9.8

10. 函数 ROUND（12、15，1）的计算结果为（　　）。

A. 12.2　　　B. 12　　　　C. 10　　　　D. 12.25

【课外修炼】

［1］李世川.Excel 在工资管理中的应用［J］.电脑学习，2011.

［2］洪士吉.Excel 会计财管实战应用［M］.北京：清华大学出版社，2008.

【微语录】

项目六

Excel 在会计凭证中的应用

知识结构图

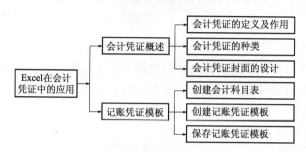

情境写实

【情境案例】

A 公司是一家小型家电的销售商,公司规模不大,正式职工只有二十几人;业务种类不多,主要是采购与销售业务,年销售额为几千万元。公司有会计部、人力资源部和办公室等几个部门。公司没有固定资产,办公室、库房和电脑等都是租用的。对于这样规模不大的小型公司,适合用 Excel 进行账务处理。

【分析与思考】

请同学们思考:如何快速输入凭证进行账务处理?

学习目标

【知识目标】

学会会计模板设置的基本技能。

【能力目标】

(1)熟悉会计凭证封面的设计。
(2)掌握记账凭证模板的设计与修改。

任务一 会计凭证概述

一、会计凭证的定义及作用

会计凭证是记录经济业务、明确经济责任的书面证明,是登记账簿的重要依据。正确地填制和审核会计凭证是会计核算工作的一项主要内容，是反映和监督经济活动不可缺少的专门方法。它的作用体现在以下几个方面：

（1）填制会计凭证，可以及时、准确地反映各项经济业务的完成情况。

（2）审核会计凭证，可以发挥会计的监督作用。

（3）通过会计凭证的填制和审核，可以分清经济责任，强化经济责任制。

此外，会计凭证记录的内容还是反映经济情况的可靠的档案资料，通过填制和审核会计凭证，可为企业、行政、事业等单位准备一套如实记录经济活动情况的档案资料，以供日后查阅、分析和利用。

二、会计凭证的种类

会计凭证种类是多种多样的，但按其填制的程序和用途可以划分为原始凭证和记账凭证两类。

1. 原始凭证

原始凭证是在经济业务发生完成时，由经办人员取得或填制的，用以记录、证明经济业务的发生或完成情况的会计凭证，是具有法律效力的原始书面证据，是编制记账凭证的依据，是会计核算的原始资料。

原始凭证按其取得的来源不同，可分为自制原始凭证和外来原始凭证；原始凭证按其填制手续次数的不同，可分为一次原始凭证和累计原始凭证；原始凭证按其填制经济业务数量的多少，可分为单项原始凭证和汇总原始凭证。

2. 记账凭证

记账凭证是指会计人员根据审核无误的原始凭证及有关资料，按照经济业务事项的内容和性质加以归类，并确定会计分录，是作为登记会计账簿依据的会计凭证。记账凭证的基本内容一般包括以下几个方面：

（1）记账凭证名称及填制记账凭证单位名称。

（2）凭证的填制日期和编号。

（3）经济业务的摘要。

（4）会计分录。

（5）记账标记。

（6）附件张数。

（7）有关人员签章。

记账凭证通常按其反映的经济业务内容是否与货币资金有关，分为收款凭证、付款凭证和转账凭证；记账凭证按其填制方式的不同，可分为单式记账凭证和复式记账凭证。在实际工作中，有些凭证称为通用记账凭证。利用会计软件或办公软件实现会计电算化后，由于软件具有较好的查询功能，所以，在实际工作中一般采用通用记账凭证格式。

三、会计凭证封面的设计

一般会计凭证封面包含日期、凭证号、原始凭证、会计主管、保管人等信息。会计凭证封面的基本格式如图 6-1 所示。设置会计凭证封面的具体操作步骤如下：

（1）启动 Excel，新建一个工作簿，命名为"项目三"，并将 Sheet1 重命名为"记账凭证封面"。

（2）选中 B1：G1，合并单元格，输入"记账凭证封面"，并在字体下方加双线边框线；选中 E2：F2，合并单元格并输入"年、月份"，如图 6-2 所示。

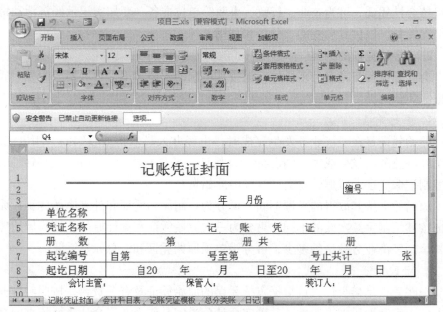

图 6-1　会计凭证封面的基本格式

图 6-2　输入"年、月份"

（3）选择"格式"→"单元格"命令，在弹出的"单元格格式"对话框中选择"对齐"选项卡，如图6-3所示。

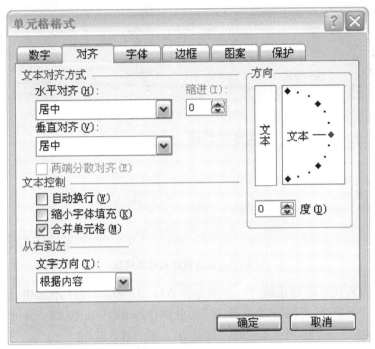

图6-3 "单元格格式"对话框

（4）合并A4：B4单元格，并输入"单位名称"。

（5）在第6行的相应单元格中输入相应的"册数"等信息，如图6-4所示。

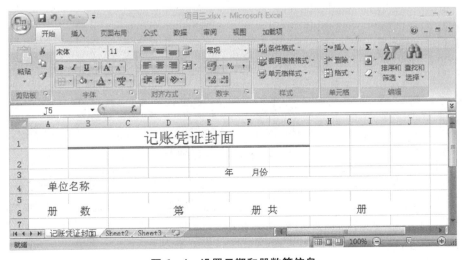

图6-4 设置日期和册数等信息

(6) 设置凭证名称等信息。合并 A5：B5 和 C5：J5 单元格，输入"凭证名称"和"记账凭证"，然后在相应单元格中输入相应信息，如图 6-5 所示。

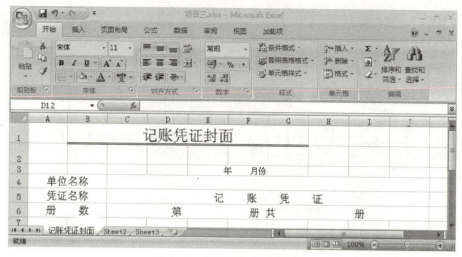

图 6-5　设置凭证名称等信息

(7) 设置凭证的起止编号，分别合并 A7：B7 和 C7：J7 单元格，输入"起讫编号"，"自第　号至第　号止共计　张"，分别合并 A8：B8 和 C8：J8 单元格，输入"起讫日期"，"自20　年　月　日至20　年　月　日"。

(8) 设置保管人等信息。在 B9 单元格中输入"会计主管："，按同样的方法设置保管人和装订人，如图 6-6 所示。

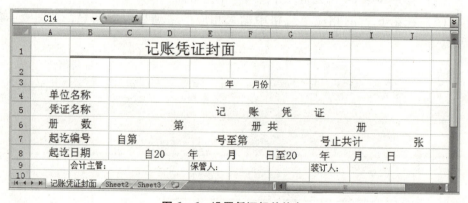

图 6-6　设置凭证相关信息

(9) 在 I2 单元格输入"编号"。设置 A4：J8 区域，选择"格式"→"单元格"命令，在"边框"选项卡中选择"外边框"和"内边框"，为单元格加上外边框、内边框，同时选择外边框为加粗线。选中 I2：J2 区域，加内外边框线，如图 6-7 所示。

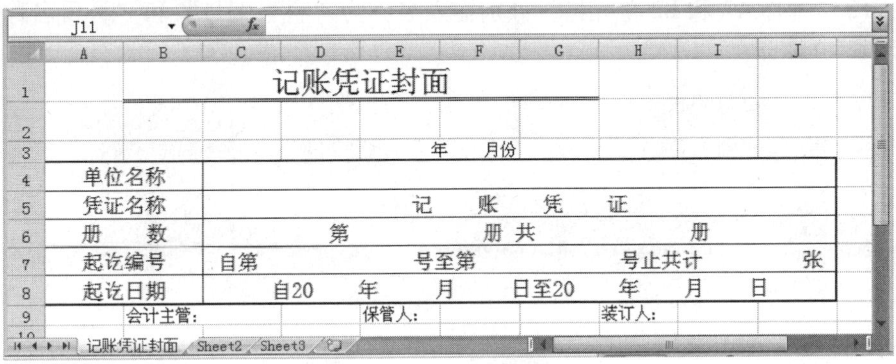

图 6-7　加内外边框线

（10）单击"视图"选项卡，将"网格线"复选框中的对钩去掉，即将"网格线"去掉，如图 6-8 所示。

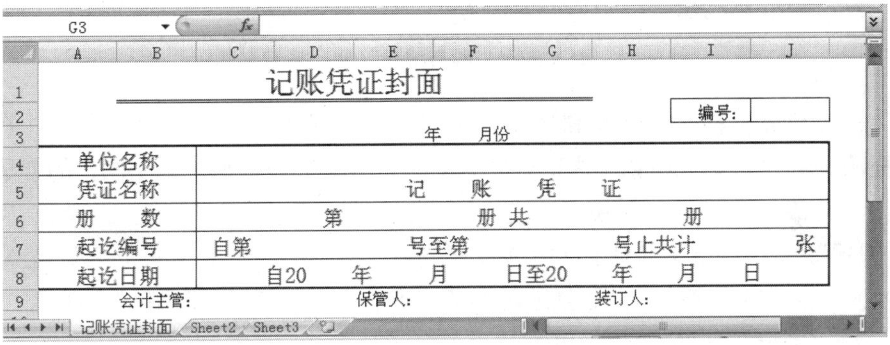

图 6-8　去除"网格线"

任务二　创建记账凭证模板

一、会计科目表

在利用 Excel 完成会计账务处理时，首先要建立会计科目表。建立会计科目表时，需要在 Excel 工作表中输入数据。数据的输入方法有两种：一种方法是直接在单元格中输入数据，另一种方法是在"记录单"中输入数据。由于采用记录单的方式便于新建、删除及查找会计科目。

1. 创建会计科目表

本项目将介绍采用记录单方式建立会计科目表。建立会计科目表的具体操作步骤如下：

（1）首先打开"项目三"工作簿，将 Sheet2 命名为"会计科目表"。
（2）单击 A1 单元格，输入公式名称为"A 公司会计科目表"。

(3) 选择 A2 和 B2 单元格,分别输入名称为"科目编号"和"科目名称",如图 6-9 所示。

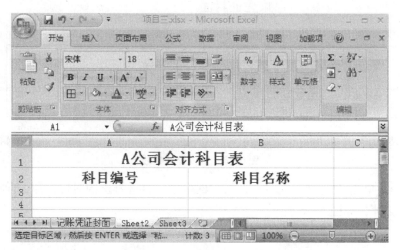

图 6-9 输入名称"科目编号"和"科目名称"

(4) 将光标移至列标 A 和列标 B 中间,当光标变成"十字"箭头时,单击并拖动,将列 A 单元格调整为适合的宽度。列 B 单元格的调整采用同样的方法。

(5) 添加"记录单"快捷访问工具。单击左上角"Office 按钮",选择"Excel 选项"→"自定义快速访问工具栏"→"自定义"命令,从下列位置选择"命令"→"所有命令",按拼音列出了所有命令,找到"记录单",单击"添加"和"确定"按钮,"记录单"就出现在"快速访问工具栏"中。

将光标移至 A3,单击"记录单"命令,打开"记录单"对话框,如图 6-10 所示。

图 6-10 使用记录单

(6) 在"科目编号"和"科目名称"文本框中分别输入"1001"和"库存现金",然后单击"新建"按钮,如图 6-11 所示。

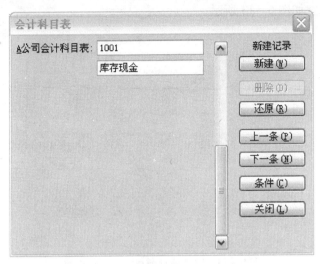

图 6-11 在记录单中输入数据

(7) 依次完成记录的添加后,单击"关闭"按钮,完成会计科目的添加并关闭记录单,形成会计科目表,如图 6-12 所示。

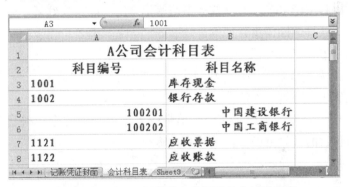

图 6-12 使用记录单输入数据后的会计科目表

(8) 单击"快速访问"工具栏中的"保存"按钮,或选择"Office 按钮"中"保存"命令完成保存任务。

2. 修改和删除会计科目

企业会计科目的设置应保持相对稳定,但并不是一成不变,必须根据社会经济环境的变化和本单位业务发展的需要,对已使用的会计科目进行相应的修改、补充或删除。

修改会计科目的具体操作步骤如下:

(1) 打开"项目三"工作簿,进入"会计科目表"工作表。

(2) 单击需要修改的"会计科目表"中的任意一个单元格。

(3) 打开"记录单"对话框。

(4) 单击"下一条"按钮或"上一条"按钮,找到需要修改的记录,在记录中修改信息,如图6-13所示。

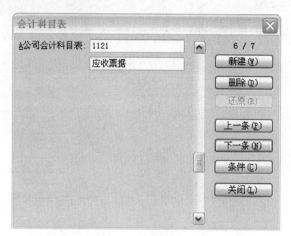

图6-13 对"会计科目表"进行修改

(5) 完成会计科目修改后,单击"关闭"按钮,更新当前显示的记录并关闭记录单,完成会计科目的修改操作。

同样可以利用记录单快速查找数据清单记录的功能,找到某个会计科目并进行删除操作。其具体操作步骤如下。

(1) 打开建立的工作表。

(2) 单击需要修改的"会计科目表"中的任意一个单元格。

(3) 打开"记录单"对话框。

(4) 单击"条件"按钮,在记录单中输入需要查询的会计科目名称、科目编号或会计科目的编号范围,如图6-14所示。

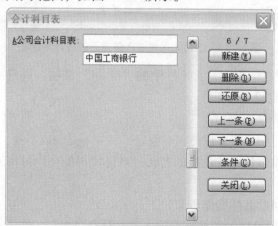

图6-14 在记录单中输入查找条件

(5) 单击"上一条"按钮或"下一条"按钮进行查找,可以按顺序找到满足查找条件的记录。图 6-15 所示是满足图 6-14 所示的查找条件的一条记录。

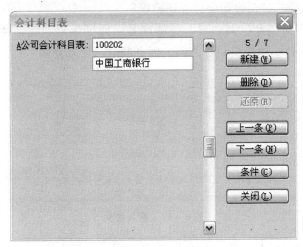

图 6-15 查找结果

(6) 单击"删除"按钮,系统将自动弹出如图 6-16 所示的警告语对话框。

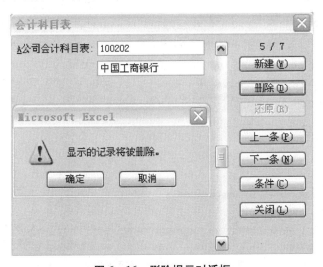

图 6-16 删除提示对话框

(7) 在该对话框中单击"确定"按钮,记录即可被删除。
(8) 单击"记录单"对话框中的按钮,完成会计科目的删除操作。

3. 美化会计科目表

前面完成了会计科目的基本操作,但是制作出的会计科目表略显粗糙。接下来对会计科目表进行填充颜色、设置字体等操作,以美观、清晰、协调为总则。

二、创建记账凭证模板

创建记账凭证模板的操作步骤如下:

1. 建立凭证模板格式

（1）打开"项目三"工作簿，将 Sheet3 工作表重命名为"记账凭证模板"。

（2）输入标题："A 公司会计凭证模板"。

（3）输入表头"年、月、日、凭证序号、凭证编号、凭证类型、摘要、科目编号、总账科目、明细科目、方向、借方金额、贷方金额"，并调整各列宽度，如图 6-17 所示。

图 6-17　输入表头

（4）单元格的设置：选择 L 列和 M 列，单击鼠标右键，在弹出的快捷菜单中选择"设置单元格格式"命令，在打开的对话框中选择"数字"选项卡，再选择"会计专用"选项，在"小数位数"文本框中输入"2"，如图 6-18 所示。

图 6-18　"数字"选项卡设置

（5）单击"确定"按钮，将"借方金额"和"贷方金额"设置为数值格式。

2. 自动生成会计凭证编号

用 Excel 进行会计凭证表编制时，可以利用 CONCATENATE（）函数，以"年+月+日+当日顺序号"自动生成会计凭证编号。

（1）打开"项目三"工作簿的"会计凭证模板"。

（2）选择整列 A：D 并单击鼠标右键，在弹出的快捷菜单中选择"设置单元格格式"命令。

（3）将打开的对话框切换到"数字"选项卡，选择"文本"选项，如图 6-19 所示。

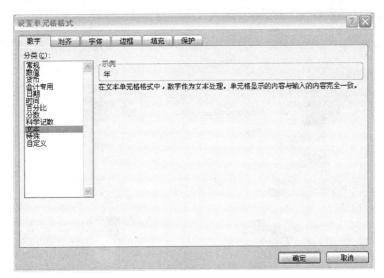

图 6-19　设置"文本"选项

（4）单击"确定"按钮。
（5）选中 E3 单元格。
（6）单击 *fx* 按钮，执行"插入函数"命令。
（7）在"函数分类"中选择"文本"类别函数。在"函数名"列表框中选择 CONCATENATE（）函数，如图 6-20 所示。

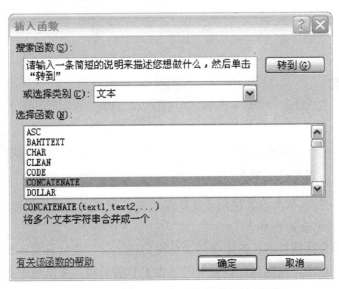

图 6-20　选择 CONCATENATE（）函数

(8) 单击"确定"按钮。

(9) 在 CONCATENATE（ ）函数中输入公式"= concatenate（A3，B3，C3，D3）",即在"函数参数"对话框中输入"年、月、日、序号",如图 6-21 所示。

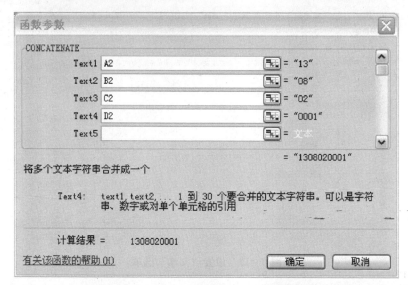

图 6-21 CONCATENATE（ ）函数对话框

(10) 单击"确定"按钮,得到所需要的格式,如图 6-22 所示。

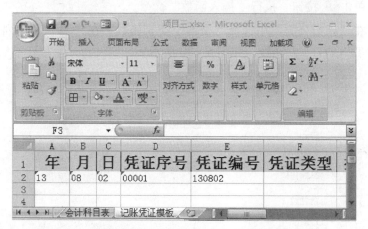

图 6-22 设置 CONCATENATE（ ）函数后显示的结果

(11) 选中 E3 单元格,使用填充柄功能将 E 列相关单元格设置同样的公式。

3. 自动显示会计科目

进行财务会计核算时,按需要用会计专门的语言"会计科目"来记录企业发生的经济业务活动。在输入经济业务时,为了节省时间,可以利用 VLOOKUP（ ）函数自动显示会计科目。

(1) 定义"名称"。"名称"在 Excel 中有着举足轻重的地位,即把某个单元格区域固定下来,以便在函数公式中应用。由于需要用VLOOKUP()函数完成会计科目的自动显示,而VLOOKUP()函数中引用的位置可以使用"名称"。定义"名称"的具体步骤如下:

①打开"项目三"工作簿的"会计凭证模板"工作表。

②选择"公式"→"定义名称"命令,如图6-23所示。

图6-23 进行"名称"的定义

③在打开"新建名称"对话框的"名称"文本框中输入"会计科目表",单击"确定"按钮,如图6-24所示。

图6-24 输入"会计科目表"名称字样

④单击"引用位置"旁的折叠按钮 ,。

⑤在"会计科目表"的工作表标签处单击鼠标左键,切换到会计科目工作表。

⑥选择A3:B60单元格,"新建名称"对话框的"引用位置"会随着选择区域的变化而改变,如图6-25所示。

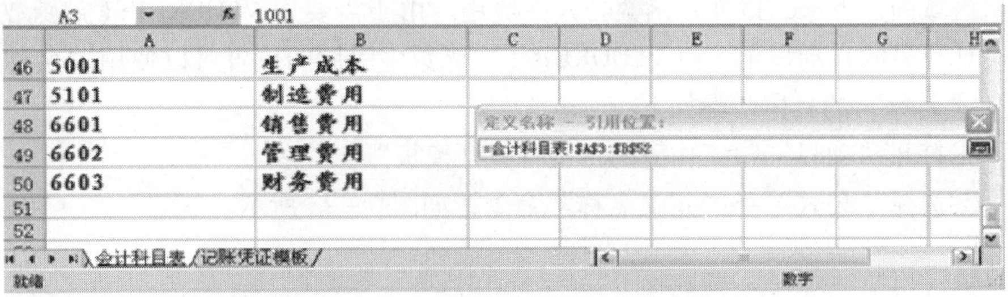

图 6-25 选定"引用位置"区域

⑦单击"新建名称-引用位置"对话框的折叠按钮,打开如图 6-26 所示的"新建名称"对话框。其中"引用位置"选项已确定。

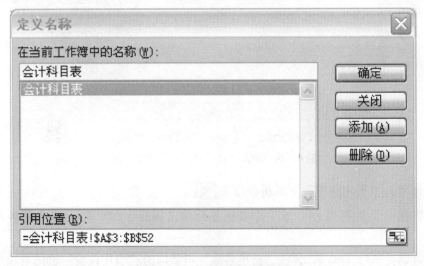

图 6-26 完成"引用位置"的设定

⑧单击"添加"按钮将"会计科目表"添加到列表框中,如图 6-27 所示。

图 6-27 添加新的"名称"

⑨单击"确定"按钮,完成"名称"的设置。

(2) 自动显示会计科目。依照上述步骤,完成"名称"的设置后,开始进行自动显示会计科目的设置。

【相关链接】

VLOOKUP

"Lookup"的汉语意思是"查找",在 Excel 中与"Lookup"相关的函数有三个:VLOOKUP、HLOOKUP 和 LOOKUP。下面介绍 VLOOKUP 函数的用法。VLOOKUP 函数的作用是在表格的首列查找指定的数据,并返回指定的数据所在行中的指定列处的数据。其标准格式为:

VLOOKUP (lookup_value, table_array, col_index_num, range_lookup)。

VLOOKUP (lookup_value, table_array, col_index_num, range_lookup) 可以写为:VLOOKUP (l 在第一列中查找的数据,需要在其中查找数据的数据表,需返回某列值的列序号,逻辑值 TRUE 或 FALSE)。其中,lookup_value 为"需在数据表第一列中查找的数据",可以是数值、文本字符串或引用。Table_array 为"需要在其中查找数据的数据表",可以使用单元格区域或区域名称等。

(1) 如果 range_lookup 为 TRUE 或省略,则 table_array 的第一列中的数值必须按升序排列,否则,函数 VLOOKUP 不能返回正确的数值。

如果 range_lookup 为 FALSE,table_array 不必进行排序。

(2) Table_array 第一列中的数值可以为文本、数字或逻辑值。若为文本时,则不区分文本的大小写。

col_index_num 为 table_array 中待返回的匹配值的列序号。col_index_num 为 1 时,返回 table_array 第一列中的数值;col_index_num 为 2 时,返回 table_array 第二列中的数值,依次类推。如果 col_index_num 小于 1,则函数 VLOOKUP 返回错误值#VALUE!;如果 col_index_num 大于 table_array 的列数,则函数 VLOOKUP 返回错误值#REF!

Range_lookup 为一逻辑值,指明函数 VLOOKUP 返回时精确匹配还是近似匹配。如果为 TRUE 或省略,则返回近似匹配值,也就是说,如果找不到精确匹配值,则返回小于 lookup_value 的最大数值;如果 range_value 为 FALSE,则函数 VLOOKUP 将返回精确匹配值;如果找不到,则返回错误值#N/A。

A. 设置自动显示会计明细科目的步骤如下:

①打开"项目三"工作簿的"会计凭证模板"工作表。

②选择 H3 单元格,单击 ƒx 按钮,执行"粘贴函数"命令。

③在"函数分类"列表中选择"逻辑"类别函数。在"函数名"列表框中选择 IF ( ) 函数,如图 6-28 所示。

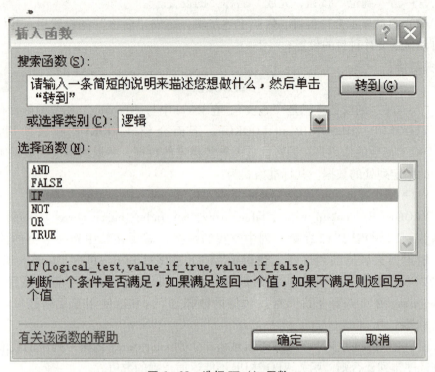

图 6-28 选择 IF（）函数

④单击"确定"按钮，在 IF（）函数 Logical_test 自变量位置输入"H2 = """；在 IF（）函数 Value_if_true 自变量位置输入""""，如图 6-29 所示。

⑤将光标移至 IF（）函数 Value_if_true 自变量位置空白处，单击如图 6-30 所示的下拉菜单按钮，选择 VLOOKUP（）函数。

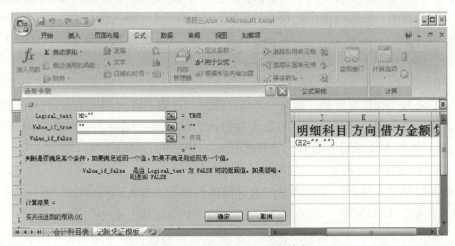

图 6-29 输入 IF（）函数参数

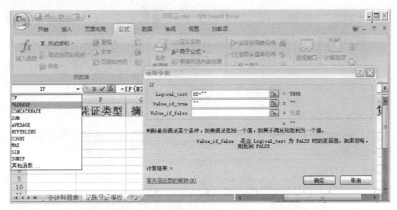

图 6-30 选择 VLOOKUP（）函数

⑥在 VLOOKUP（）函数 Lookup_value 自变量位置输入"H2"。将光标移至 VLOOKUP（）函数 table_array 自变量位置空白处。选择"公式"→"用于公式"→"粘贴名称"命令，如图 6-31 所示。

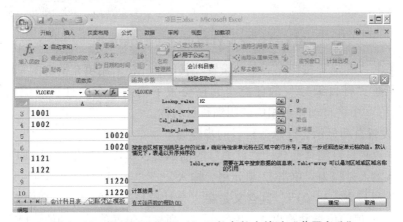

图 6-31 在 VLOOKUP（）函数参数中粘贴"范围名称"

⑦在弹出的对话框中选择"会计科目表"选项，如图 6-32 所示。

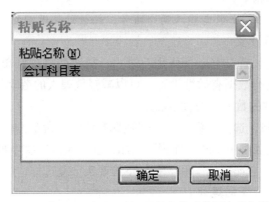

图 6-32 完成 VLOOKUP（）函数参数"范围名称"的粘贴

⑧单击"确定"按钮。在 VLOOKUP（）函数 Col_index_num 的自变量位置输入"2"，在 Range_lookup 的自变量位置输入"0"，如图6-33所示。

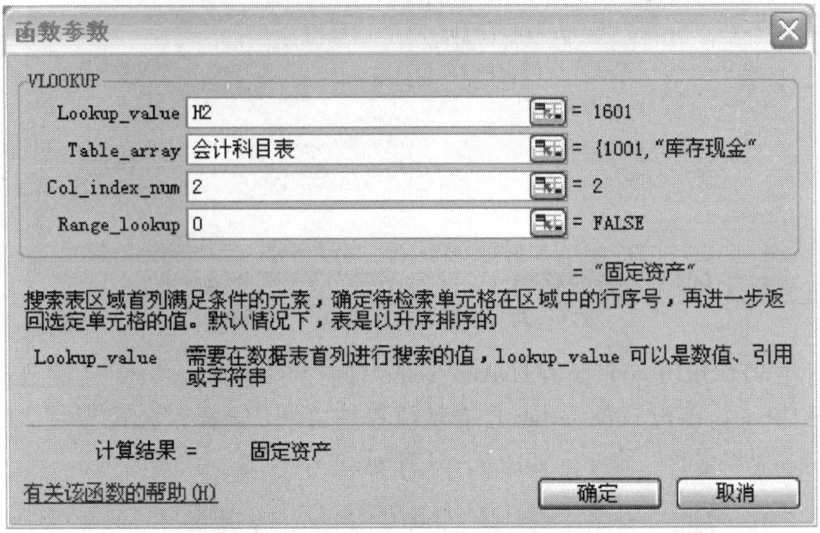

图6-33 输入 VLOOKUP（）函数参数

⑨单击"确定"按钮完成函数设置。其他单元格采用填充柄功能完成。

这样在"科目编号"的任意单元格位置下输入一个会计科目编码，则在"科目名称"中将自动显示相应的明细科目名称。

B. 设置自动显示会计总账科目的步骤如下：

由于总账科目编号是会计科目编号的前四位，所以在这里使用 LEFT（）函数。具体输入过程为：单击 I2 单元格，输入公式"= VLOOKUP（− − left（H2，4），会计科目表，2，0）"，其含义是在"会计科目表"的 A、B 列中查找 LEFT（H2，4）的值的位置并给出 A、B 列中第2列相应位置单元格的值。LEFT（H2，4）是从 H2 单元格左边取4个字符。VLOOKUP（）函数中右边的"0"表示要求函数给出精确的值。

注意：公式中 LEFT 前需输入两个减号，函数计算返回的才是数值。

4. 数据有效性设置

数据有效性的设置具有以下作用：第一，需要严格限制单元格内容；第二，对于大量数据，进行数据有效性设置，可以减轻填表人的劳动强度。

（1）凭证类型的数据有效性设置。

单击 F2 单元格，选择"数据"→"数据有效性"命令，在"设置"选项卡中的"允许"下拉列表框中选择"序列"选项，在"来源"文本框中输入"收、付、转，同时要选中"忽略空值"和"提供下拉箭头"复选框，如图6-34所示。

注意：英文格式下的逗号。

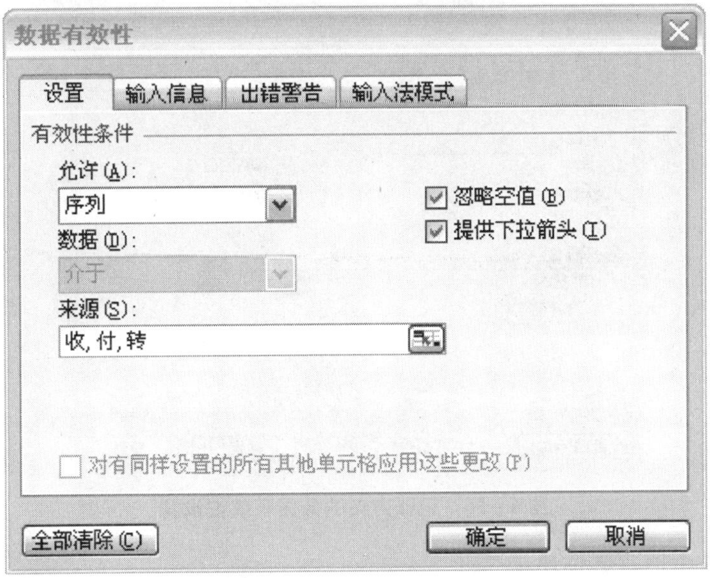

图 6-34 设置凭证类型的数据有效性

（2）摘要的数据有效性设置。

单击 G2 单元格，选择"数据"→"数据有效性"命令，在"设置"选项卡中设置只允许文本输入，范围为 1~50 个字，"输入信息"文本框设置为"请输入 50 个字以内的摘要！"，如图 6-35 所示。

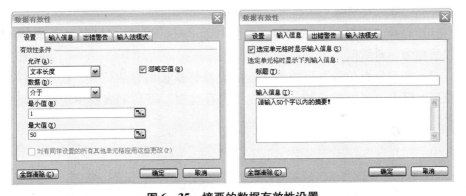

图 6-35 摘要的数据有效性设置

（3）记账方向的数据有效性设置。

单击 K2 单元格，选择"数据"→"数据有效性"命令，在"设置"选项卡中的"允许"下拉列表框中选择"序列"选项，在"来源"文本框中输入"借，贷"，同时要选中"忽略空值"和"提供下拉箭头"复选框，如图 6-36 所示。

凭证模板的其他单元格使用填充柄功能完善，这样记账凭证模板就设置完成了。

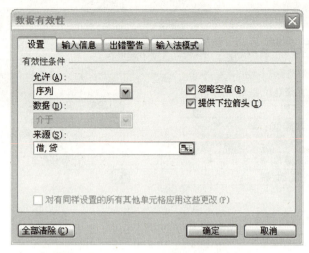

图 6-36　记账方向的数据有效性设置

三、保存记账凭证模板

"记账凭证模板"创建后，在以后的使用过程中，一般的项目内容是不修改的，每月需要更新的只有相关的数据。因此，我们可以把制作好的"记账凭证模板"保存成 Excel 中的模板文件，这样下一次再使用时，就可以使用该模板直接生产新的工作表，然后再对相应的数据进行更新即可。

1. 保存模板

将"记账凭证模板"保存为模板的操作步骤如下：

（1）打开"项目三"工作簿，单击"Office 按钮"的"另存为"命令，弹出"另存为"对话框。

（2）在"保存位置"下拉列表框中设置好模板的存放位置，在"文件名"下拉列表框中设置好模板的名称，在"保存类型"下拉列表框中选择"模板"选项，如图 6-37 所示。

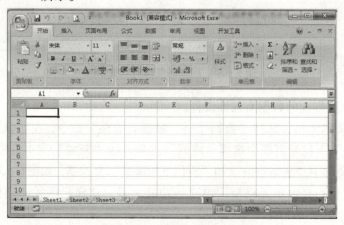

图 6-37　"另存为"对话框

(3) 单击"保存"按钮,即可将"证账凭证模板"保存为模板文件。
2. 应用模板

模板创建完成后,如何使用它来创建新的工作表呢?下面介绍一下模板的使用方法。

(1) 启动 Excel,单击"Office 按钮"的"新建"命令,弹出"新建工作簿"任务窗口,单击"模板"选项,如图 6-38 所示。

图 6-38 "新建工作簿"任务窗口

(2) 在"模板"选项区中单击"我的模板"超链接,弹出如图 6-39 所示的"我的模板"窗口。

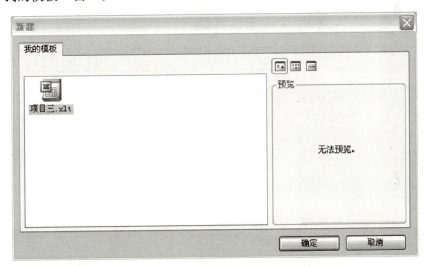

图 6-39 "我的模板"窗口

(3) 单击选择"项目三"模板,单击"确定"按钮,即可新建一个会计凭证工作簿,用户只需要在各个工作表中修改相应数据即可。

【概念索引】

凭证封面 凭证模板

【闯关考验】

1. 填空题

（1）CONCATENATE（）函数最多可以连接_____个字符串。

（2）在 Excel 2007 中，IF 函数最多可以嵌套_____层。

（3）要进行数据的自动筛选，应执行_____命令。

（4）VLOOKUP（）函数的第一个参数需要在查找区域的第_____列。

（5）可以利用_____命令，使得函数公式中的区域不会随着位置不同而不同（不考虑单元格地址绝对化）。

2. 上机操作题

利用 Excel 设计一个会计凭证表，并完成如下的操作：

（1）设置会计凭证表格式，要求包含"摘要"、"月"、"日"、"科目代码"、"科目名称"、"借方金额"、"贷方金额"字段。

（2）输入 10 笔经济业务。

（3）对会计凭证表进行自动筛选。

【课外修炼】

百度"Excel 在会计凭证中的应用（培训）"，查看广告中的课程内容，你是否掌握了？若不会，请教老师或查阅相关资料，进行自我学习。

【微语录】

项目七

Excel 在会计账簿中的应用

知识结构图

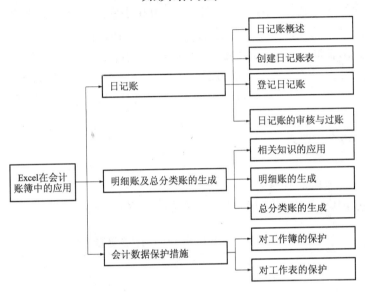

情境写实

【情境案例】

A 公司是一家小型家电的销售商,公司规模不大,正式职工有二十几人;业务种类不多,主要是采购与销售业务,年销售额几千万元。公司有会计部、人力资源部和办公室等几个部门。公司没有固定资产,办公室、库房和电脑等都是租用的。对于这样规模不大的小型公司,适合用 Excel 进行账务处理。

【分析与思考】

请同学们思考:如何输入日记账?如何生成总分类账、明细账等基本账务?

学习目标

【知识目标】

学会相关账务处理的基本技能。

【能力目标】

(1) 熟悉日记账的输入。

(2) 熟练使用数据透视表功能。
(3) 掌握保护会计数据的方法。

任务一 日记账

一、日记账概述

会计中的日记账包括两栏式和多栏式,其中最常用的就是两栏式日记账,也称会计分录簿。另外,对于特种日记账(现金日记账和银行日记账)和普通日记账来说,两者虽记录内容不同,但格式基本类似,在此不再分开讨论。

日记账最普遍的格式设有借方和贷方两个金额栏。它是我们后续生产总账、分类账,甚至会计报表的重要记账凭证,所以日记账的正确填制具有重要的意义。

二、创建日记账表

(一) 背景资料

1. 期初总账账户余额

A 公司 2013 年 10 月期初总账账户余额如表 7-1 所示。

表 7-1　A 公司 2013 年 10 月期初总账账户余额

科目编号	会计科目	期初余额/元	
		借方	贷方
1001	库存现金	3 200.00	
1002	银行存款	346 000.00	
1121	应收票据	28 000.00	
1122	应收账款	63 200.00	
1221	其他应收款	30 000.00	
1231	坏账准备		500.00
1403	原材料	300 000.00	
1405	库存商品	160 000.00	
1601	固定资产	620 000.00	
1602	累计折旧		82 500.00
1801	长期待摊费用	72 000.00	
1901	待处理财产损溢	300.00	
2001	短期借款		320 000.00
2201	应付票据		92 000.00
2202	应付账款		61 600.00

续表

科目编号	会计科目	期初余额/元	
		借方	贷方
2221	应交税费		61 500.00
2232	应付股利		62 000.00
2241	其他应收款		700.00
2801	预计负债		7 000.00
4001	实收资本		1 017 100.00
4101	盈余公积		67 800.00
4103	本年利润		280 000.00
4104	利润分配	280 000.00	
5001	生产成本	150 000.00	
	合计	2 052 700.00	2 052 700.00

2. 相关明细账账户余额

A公司2013年10月1日有关明细账账户余额如下：

（1）银行存款明细账余额。

科目编号：100201，科目名称：中国建设银行，160 000元。

科目编号：100202，科目名称：中国工商银行，186 000元。

合计346 000元。

（2）应收账款明细账余额。

科目编号：112201，科目名称：长城公司，23 200元。

科目编号：112202，科目名称：远大公司，40 000元。

合计63 200元。

（3）其他应收款明细账余额。

科目编号：122101，科目名称：张可，1 000元。

科目编号：122102，科目名称：李明，3 000元。

科目编号：122103，科目名称：星光公司，26 000元。

合计30 000元。

（4）原材料明细账余额。

科目编号：140301，科目名称：甲材料，140 000元。

科目编号：140302，科目名称：乙材料，160 000元。

合计300 000元。

（5）库存商品明细账余额。

科目编号：140501，科目名称：A产品，100 000元。

科目编号：140502，科目名称：B产品，60 000元。

合计 160 000 元。

（6）应付账款明细账余额。

科目编号：220201，科目名称：万达公司，21 600 元。

科目编号：220202，科目名称：北方公司，40 000 元。

合计 61 600 元。

（7）应交税费明细账余额。

科目编号：222101，科目名称：应交增值税，55 000 元。

科目编号：222102，科目名称：应交城市维护建设税，4 550 元。

科目编号：222103，科目名称：应交教育费附加，1 950 元。

合计 61 500 元。

3. 业务往来

A 公司 2013 年 10 月发生的业务如下（价格均不含税价，凭证分为收、付、转三种类型，库存材料成本采用先进先出法核算）：

（1）1 日从建行提取现金 30 000 元，备发工资。

（2）5 日职工张可出差借款 3 000 元，现金支付。

（3）10 日从万达公司购买甲材料 5 000 元，款项未付材料验收入库。

（4）12 日销售 A 产品 100 000 元，价税合计 117 000 元，款存建行。

（5）15 日从建行支付应交的增值税费 55 000 元。

（6）15 日从建行支付应交的城建税 4 550 元，应交的教育费附加税 1 950 元。

（7）18 日从工行转账支付万达公司的材料款 31 500 元。

（8）20 日职工李明出差回来，报销交通费 200 元，住宿费 2 000 元，餐费 500 元余款退还企业。

（9）25 日分配本月工资费用：生产工人 5 000 元，车间管理人员 3 000 元，销售人员 2 000 元，行政管理人员 4 000 元，共计 14 000 元。

（10）25 日按工资的 14% 计提福利费。

（11）28 日产品完工入库，A 产品 200 台，每台成本 600 元；B 产品 100 台，每台成本 400 元。

4. 账务处理

以 A 公司 2013 年 10 月的业务数据为基础，利用 Excel 进行账务处理。

（二）日记账表的建立

（1）打开工作簿"项目六"，插入新工作表 Sheet4，命名为"日记账"。

（2）复制"记账凭证模板"，粘贴到"日记账"工作表中。

（3）如果是一借一贷业务，可直接使用模板；如果多借多贷业务，可直接在模板中插入所需的行数。

（4）插入工作表的单元格格式使用填充柄功能完善。

三、登记日记账

（一）日记账的输入

（1）先对本月发生的业务做会计分录。

（2）根据模板提供的要求输入相关业务。

（3）输入完成的日记账如图 7-1 所示。

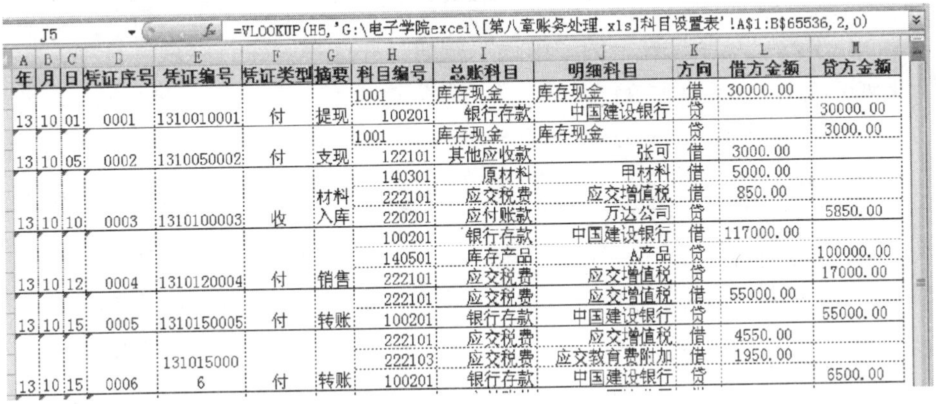

图 7-1 输入完成的日记账（部分）

（二）数据筛选

在会计核算过程中，经常会遇到数据筛选的情况。筛选指的是从数据中找出符合给定条件的数据，将符合条件的数据显示在工作表中，将不符合条件的数据隐藏起来。

进行筛选的具体操作步骤如下：

（1）打开"项目六.xls"工作簿的"日记账"工作表。

（2）单击"日记账"工作表表头中任意一个单元格。

（3）选择"开始"→"排序和筛选"→"筛选"命令，如图 7-2 所示。

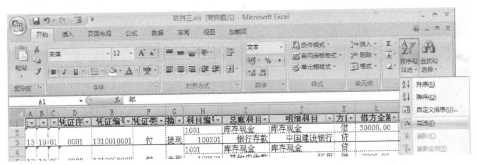

图 7-2 进行数据的自动筛选

（4）"日记账"工作表变成如图 7-3 所示，每一个字段上增加一个"筛选"按钮。

图 7-3 完成自动筛选设置

(5) 单击"总账科目"的"筛选"按钮,并选择"银行存款"选项,如图 7-4 所示。

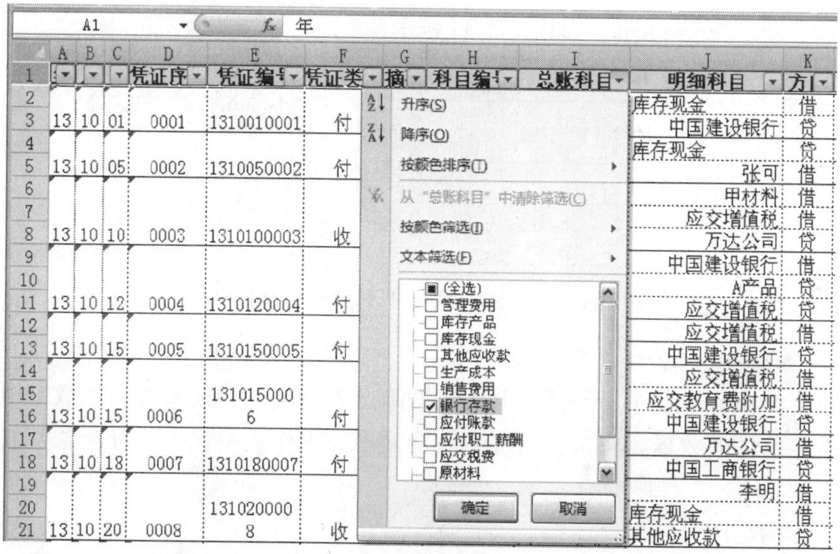

图 7-4 进行自动筛选

(6) 单击"确定"后,此时工作表仅列出"银行存款"的业务,而其他的业务被隐藏起来,如图 7-5 所示。

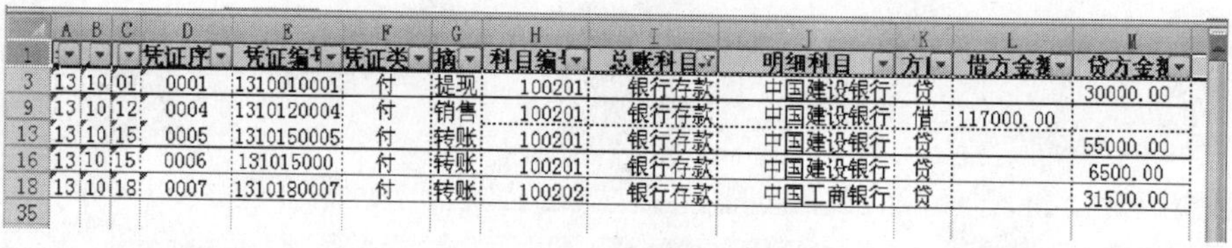

图 7-5 显示自动筛选的结果

(7) 再单击"科目名称"的"筛选"按钮,并选择"全部"选项,即显示全部的业务数据。

(三) 设置借贷不平衡自动提示

一个会计凭证的借方与贷方必然相等,但是在填写过程中可能由于各种原因输入出错,因此在会计凭证表上本月所有日记账做完后,需要检查总的借方和贷方金额是否相等。具体步骤如下:

选中 O4 单元格，居中，字体设置为 14 号，加粗，颜色为蓝色，输入"借贷是否平衡"，在 O5 单元格中输入"= if（sum（L：L）= sum（M：M），'平衡'，'不平衡'）"，如图 7-6 所示。

图 7-6 设置借贷是否平衡

四、日记账的审核与过账

上述输入日记账的过程即登记电子账簿的过程，我们可以通过给单元格填充颜色的方法来表示凭证是否审核或是否记账，颜色可根据个人爱好自由选择。例如，无填充颜色表示凭证为审核，蓝色填充色表示已经审核，黄色填充色表示已经记账。

任务二 明细分类账及总分类账的生成

一、相关知识的应用

企业发生的经济业务最终要分类整理并计入分类账的有关账户中，这样企业的经济活动和财务状况就可以通过分类账簿分门别类地反映出来。明细分类账是分类账簿中的一种，主要反映各个明细科目的具体发生额。明细分类账的登记以账户名称即会计科目为前提，然后按交易发生的日期为顺序进行登记。

明细分类账的格式通常有三种，即三栏式明细分类账、数量金额式明细分类账和多栏式（或分析式）明细分类账。其中比较常用的就是三栏式明细分类账，即通常只设有借方、贷方和余额三栏，不设数量栏。其格式如表 7-2 所示。

表 7-2 三栏式明细分类账

二级或明细分类账户　　　　　　　　　　　　　　　　　　　　　　　　　第　页

××××年		凭证		摘要	借方	贷方	借或贷	余额
月	日	类别	号数					

将总分类账与日记账和明细分类账进行比较后发现,它们的基本格式和主要内容基本一致。在利用 Excel 进行账务处理时,实际数据内容并无差别。因此,可以利用 Excel 中的数据透视表功能在已经建立的日记账的基础上形成总分类账。

二、明细分类账的生成

1. 明细分类账的基本格式设置

通过观察,我们发现明细分类账的基本格式和日记账极为类似,所以可以在前面日记账的基础上创建明细分类账。操作步骤如下:

(1)将鼠标指向工作表标签中的"日记账"并单击鼠标右键,在弹出的快捷菜单中选择"移动或复制工作表"。

(2)在弹出的"移到或复制工作表"对话框中选择"日记账"选项,并选中下面的"建立副本"复选框,如图 7-7 所示。

图 7-7 "移动或复制工作表"对话框

(3)单击"确定"按钮,这时系统自动复制"日记账"工作表,并建立一个名为"日记账(2)"的新工作表,如图 7-8 所示。

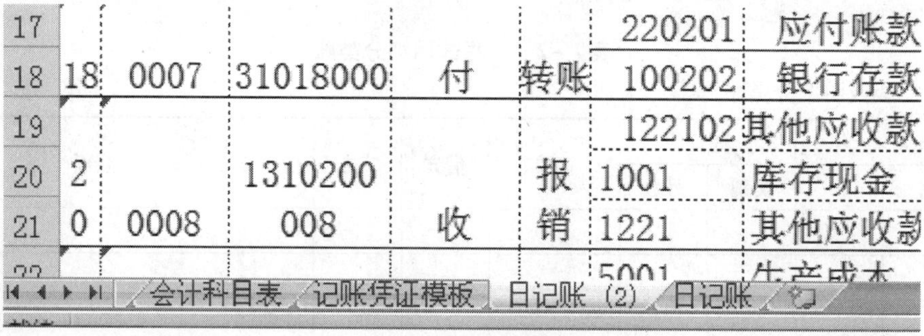

图 7-8 复制"日记账"

（4）双击“日记账（2）”标签，将其命名为“明细分类账”。

（5）根据前面讲的 Excel 基本操作对日记账格式稍作修改，即可得到明细分类账，并拖到日记账的右边，如图 7－9 所示。

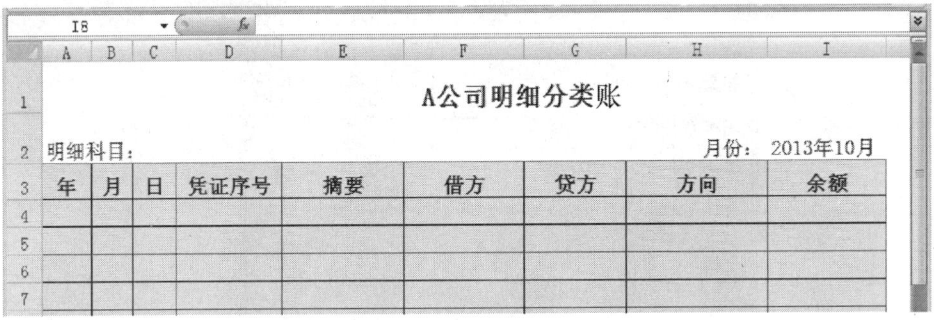

A公司明细分类账

明细科目：　　月份：2013年10月

年	月	日	凭证序号	摘要	借方	贷方	方向	余额

图 7－9　明细分类账格式

2. 登记明细分类账

明细分类账设置完成后，就可以进行日常业务的登账处理。具体操作和日记账的登记过程相同，不再赘述。登账后的效果如图 7－10 所示。

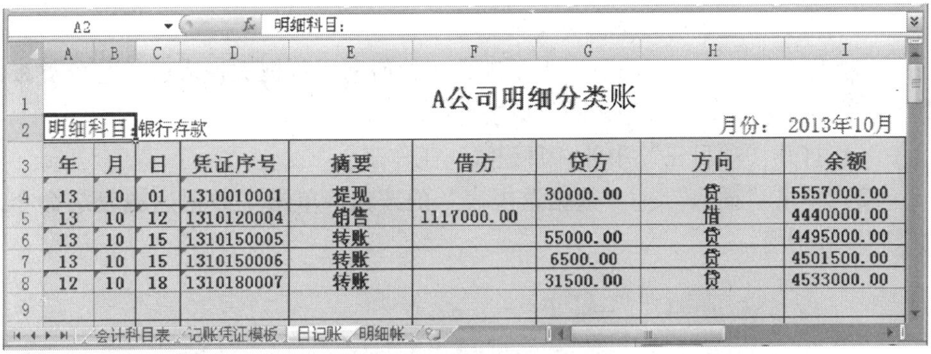

A公司明细分类账

明细科目：银行存款　　月份：2013年10月

年	月	日	凭证序号	摘要	借方	贷方	方向	余额
13	10	01	1310010001	提现		30000.00	贷	5557000.00
13	10	12	1310120004	销售	1117000.00		借	4440000.00
13	10	15	1310150005	转账		55000.00	贷	4495000.00
13	10	15	1310150006	转账		6500.00	贷	4501500.00
12	10	18	1310180007	转账		31500.00	贷	4533000.00

图 7－10　登记明细分类账

三、总分类账的生成

由于总分类账与日记账和明细分类账的基本格式和主要内容基本一致，因此既可以按照前面讲的建立明细分类账的方法进行，也可以使用 Excel 中的数据透视表功能在已经建立的日记账基础上形成总分类账。在此，我们仅以第二种方法为例介绍建立总分类账的步骤。

建立总分类账的基本步骤是先定义所需要的单元格区域名称，然后运用数据透视表建立总分类账。具体操作步骤如下：

1. 定义单元格区域名称

按照前面讲述的定义“会计科目”的步骤定义“日记账”范围名称，如图 7－11所示。

图7-11 定义"日记账"范围名称

2. 利用数据透视表建立总分类账

下面我们就以日记账的数据为基础介绍如何利用数据透视表建立总分类账，其实际处理方法就是讲日记账的数据按科目汇总。

（1）打开"项目三"中的"日记账"工作表。

（2）单击"插入"→"数据透视表"的按钮，单击"数据透视表"命令，如图7-12所示。

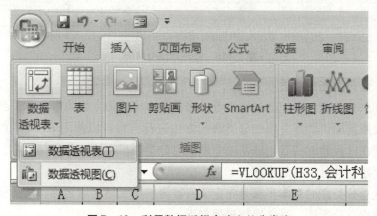

图7-12 利用数据透视表建立总分类账

（3）在"创建数据透视表"中选择"选择一个表或区域"单选按钮，在"表/区域"中，单击"公式"→"定义的名称"→"用于公式"的"日记账"，如图7-13所示。

图 7 – 13　数据透视表中粘贴名称

（4）单击"创建数据透视表"中的"新建工作表"选项，单击"确定"按钮，如图 7 – 14 所示。

图 7 – 14　创建的数据透视表格式

（5）在"数据透视表字段列表"中，将"年"按钮拖动到"报表筛选"区域；将"科目编号"、"月"、"日"按钮拖动到"行标签"区域，如图 7 – 15 所示。

图 7 – 15　设置"行标签"区域

（6）将"借方金额"和"贷方金额"按钮拖动到"数值"区域，如图 7 – 16 所示。

图 7-16 设置"数值"区域

(7) 单击"计数项：借方金额"的 ▼ 按钮，弹出菜单选择"值字段设置"选项，如图 7-17 所示。

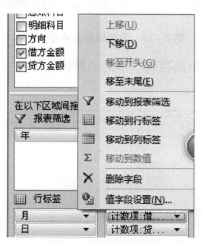

图 7-17 选择"值字段设置"

(8) 单击"值字段设置"按钮，弹出"值字段设置"对话框，选择"求和"选项，如图 7-18 所示。

图 7-18 数值的"计算类型"选择

(9) 单击"数字格式"按钮，弹出"设置单元格格式"对话框。在"分类"中选择"会计专用"选项，将"小数位数"设置为"2"，将"货币符号"设置为"无"，如图 7-19 所示。

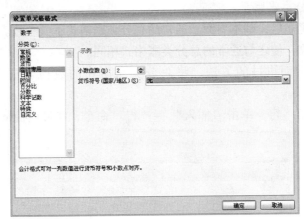

图7-19 "会计专用"选项的设置

(10) 单击"确定"按钮,即"借方金额"为"求和项",如图7-20所示。

图7-20 设置好的"求和项"

(11) 使用同样的方法更改"贷方金额"计算方式。至此,基本效果图就基本建立起来了,如图7-21所示。

月	日	科目编号	求和项:借方金额	求和项:贷方金额
⊟10	⊟01	1001	30000	
	01 汇总		30000	
	⊟05	1001		3,000.00
	05 汇总			3,000.00
	⊟10	140301	5000	
	10 汇总		5000	
	⊟28	140501	120000	
	28 汇总		120000	
10 汇总			371450	3,000.00
⊟(空白)	⊟(空白)	1001	300	
		1221		3,000.00
		2211		15,960.00
		5001		160,000.00
		5101	3420	
		6601	2280	
		6602	4560	
		100201		91,500.00
		100202		31,500.00
		122101	3000	
		140501		100,000.00
		140502	40000	
		220201		5,850.00
		222101	850	17,000.00
		222103	1950	
	(空白) 汇总		56360	424,810.00
(空白) 汇总			56360	424,810.00

图7-21 总分类账基本界面

3. 修改总分类账版面

总分类账建立后，基本界面和通常的总分类账格式不太一致。我们可以对总分类账进行修改，使之与通常的总分类账格式相同。

（1）利用前面讲过的方法，将总分类账所在的数据表重命名为"总分类账"。

（2）选中第一行，单击"插入"→"行"命令，在最上面插入两行，如图7-22所示。

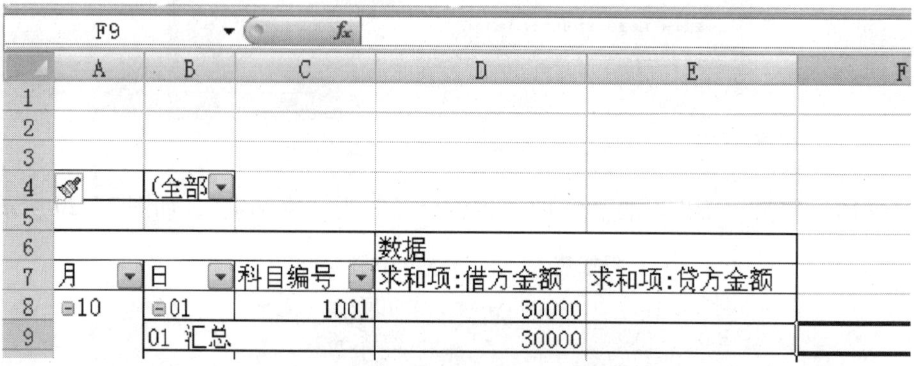

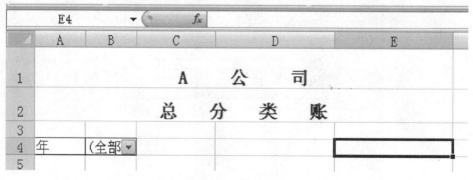

图7-22　插入两行

（3）选中A1：E1单元格区域，单击"合并及居中"按钮，输入"A公司"，设置合适的字体及字号，并加粗。

（4）选中A2：E2单元格区域，单击"合并及居中"按钮，输入"总分类账"，设置合适的字体及字号，并加粗，如图7-23所示。

图7-23　输入表头

（5）选择"科目编号"中的任一单元格并单击鼠标右键，在弹出的快捷菜单中单击"字段设置"命令，弹出"字段设置"对话框，如图7-24所示。

（6）选中"分类汇总和筛选"选项卡的"分类汇总"中的"无"选项，如图7-25所示。

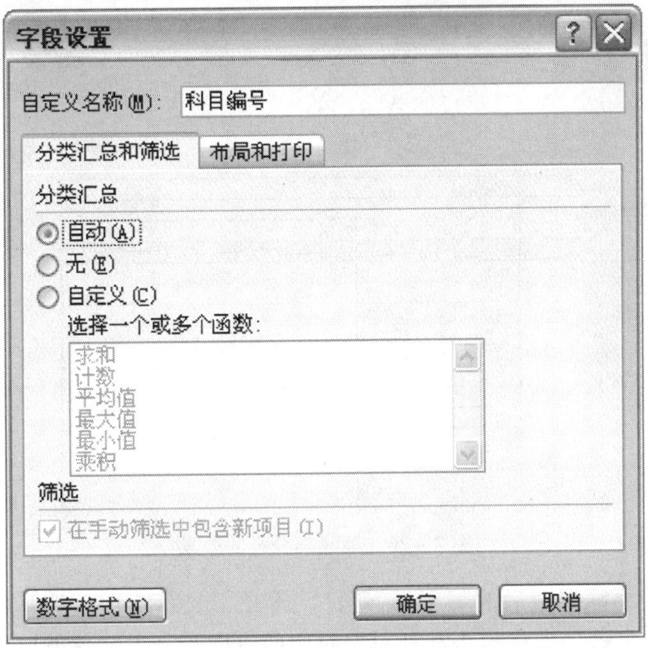

图7-24 "字段设置"对话框

图7-25 设置"分类汇总和筛选"选项

（7）选中第9、第11、第13等行并单击鼠标右键，在弹出的快捷菜单中单击"隐藏"命令，如图7-26所示。

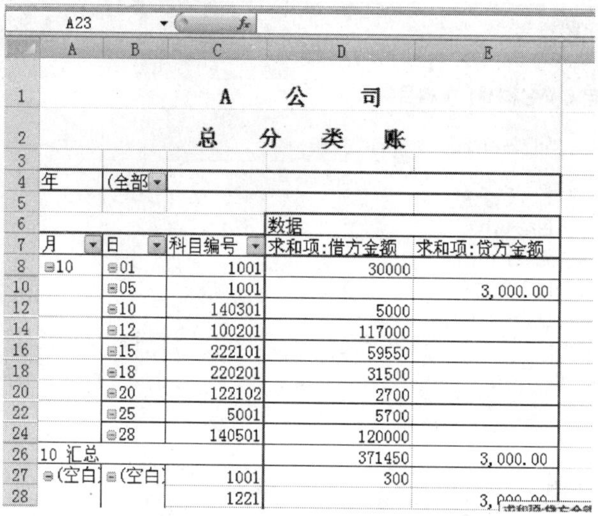

	A	B	C	D	E
1			A 公 司		
2			总 分 类 账		
3					
4	年	(全部)			
5					
6				数据	
7	月	日	科目编号	求和项:借方金额	求和项:贷方金额
8	10	01	1001	30000	
10		05	1001		3,000.00
12		10	140301	5000	
14		12	100201	117000	
16		15	222101	59550	
18		18	220201	31500	
20		20	122102	2700	
22		25	5001	5700	
24		28	140501	120000	
26	10 汇总			371450	3,000.00
27	(空白)	(空白)	1001	300	
28			1221		3,000.00

图 7-26 隐藏部分行的效果

（8）总分类账修改后的“月”、“日”等项下显示空白，这时可以到日记账中将日期补充完整，即将每个会计科目对应的日期都录入完整就可以显示相应的业务日期。修改后的总分类账如图 7-27 所示。

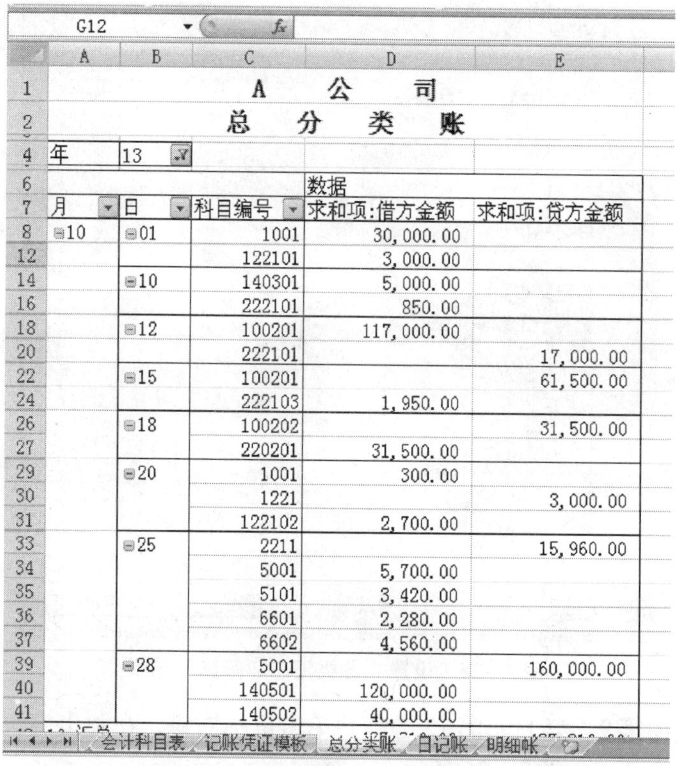

	A	B	C	D	E
1			A 公 司		
2			总 分 类 账		
4	年	13			
6				数据	
7	月	日	科目编号	求和项:借方金额	求和项:贷方金额
8	10	01	1001	30,000.00	
12			122101	3,000.00	
14		10	140301	5,000.00	
16			222101	850.00	
18		12	100201	117,000.00	
20			222101		17,000.00
22		15	100201		61,500.00
24			222103	1,950.00	
26		18	100202		31,500.00
27			220201	31,500.00	
29		20	1001	300.00	
30			1221		3,000.00
31			122102	2,700.00	
33		25	2211		15,960.00
34			5001	5,700.00	
35			5101	3,420.00	
36			6601	2,280.00	
37			6602	4,560.00	
39		28	5001		160,000.00
40			140501	120,000.00	
41			140502	40,000.00	

图 7-27 修改后的总分类账

4. 自动更新总分类账

企业的业务每天都在发生，利用数据透视表建立的总分类账也要记录每天业务发生的金额。在 Excel 中，保证根据日记账建立的总分类账等数据在透视表中进行数据更新的方法一般有两种：一是在选定建立数据透视表的源数据区域时，尽可能地选择较大的区域；二是数据透视表中的数据能够随着数据源的更新而自动更新。对于会计业务或者总分类账来说，后一种方法是切实可行的。下面我们就来具体介绍这种方法的使用。

（1）更新源数据。

在"日记账"工作表中新增一笔业务，如图 7-28 所示。

33	13	10	28			库存产品	B产品	借	40000.00	
34	13	10	28	0011	1310280011	生产成本	生产成本	贷		160000.00
35	13	10	29	0012	1310290012	库存现金	库存现金	借	555.00	
36	13	10	29	0012	1310290012	银行存款	中国建设银行	贷		555.00

图 7-28 新增一笔业务数据

（2）更新总分类账。

单击"总分类账"工作表，指向"数据透视表"并单击鼠标右键，在弹出的快捷菜单中单击"刷新"命令，如图 7-29 所示。

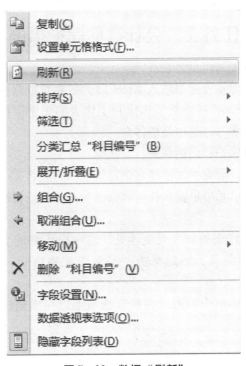

图 7-29 数据"刷新"

刷新之后，总分类账的数据就实现了自动更新，如图7-30所示。

35			5101	3,420.00	
36			6601	2,280.00	
37			6602	4,560.00	
39		⊟28	5001		160,000.00
40			140501	120,000.00	
41			140502	40,000.00	
43		⊟29	1001	555.00	
44			100201		555.00
45		29 汇总		555.00	555.00
46	10 汇总			428,365.00	428,365.00
47	总计			428,365.00	428,365.00
48					
49					
50					

会计科目表 / 记账凭证模板 / 总分类账 / 日记账 / 明细账

图7-30　刷新后的总分类账

（3）总分类账的自动更新。

每次新业务发生时，只需登记日记账，然后到总分类账中选择"刷新"命令就可以实现总分类账的自动更新，由此建立的数据透视表就具备了自动更新的功能。

任务三　会计数据保护措施

将会计数据或其他业务数据输入Excel后，需要对数据进行保护，以达到会计内部控制的目的。Excel提供对工作簿和工作表的加密保护，而且使用起来很灵活，希望同学们在学习过程中慢慢体会。

一、对单元格的保护和撤销保护

在默认的情况下，所有单元格都有锁定属性，一旦将Excel 2007工作表保护起来，则不能在这些单元格里输入任何数据，为此，我们得取消部分单元格的锁定属性。

（1）右键单击工作表的行、列交界处，这一操作将产生两个结果：选中所有单元格和弹出快捷菜单，然后单击"设置单元格格式"选项，如图7-31所示。

（2）在弹出的对话框中单击"保护"选项卡以切换到该标签页，勾选"锁定"和"隐藏"复选框，如图7-32所示。

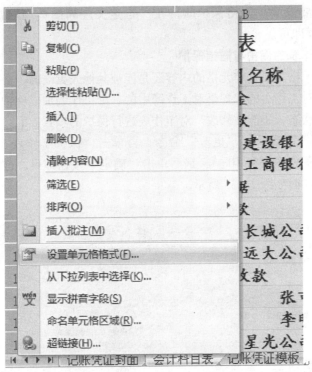

图7-31 选择"设置单元格格式"

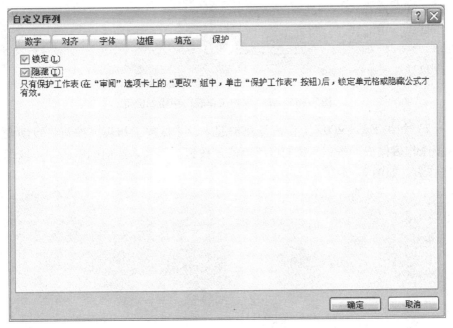

图7-32 自定义序列图

(3) 单击"确定"按钮,退出设置状态并返回 Excel 编辑界面。

(4) 当需要取消单元格保护时, 在"自定义序列图"中取消"锁定"和"隐藏"复选框即可。

二、对工作表的保护与撤销保护

保护了单元格之后, 单元格的内容还是能被其他人更改的, 必须同时对工作表进行保护。对工作表的保护是对工作簿中的一个工作表加以保护。被保护的工作表处于只读状态, 不能被修改。对工作表进行保护的步骤如下:

(1) 单击"审阅"→"更改"命令, 再单击"保护工作表", 然后两次输入密码 (两次的密码必须相同), 最后单击"确定"按钮即可。这样工作表就被保护起来了, 界面如图 7-33 所示。

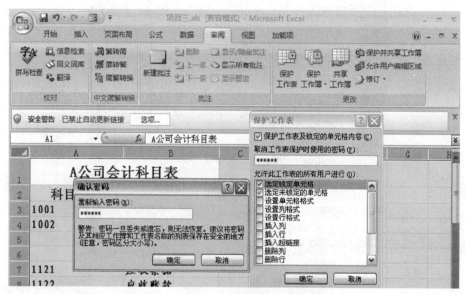

图 7-33 在"保护工作表"中输入密码

(2) 如果 Excel 2007 工作表已保护起来, "保护工作表"按钮将自动变为"取消工作表保护"按钮, 我们可以单击该按钮, 再输入前面的密码即可取消保护工作表, 如图 7-34 所示。

图 7-34 撤销保护工作表中的保护

三、对工作簿进行保护与撤销保护

对工作簿的保护就是打开或修改这个工作簿时,系统要求输入密码,如果密码输入不正确,将不能打开或修改此工作簿。对工作簿进行保护的操作方法有以下两种,下面分别介绍。

第一种操作方法的步骤如下:

(1) 单击"审阅"→"更改"命令,再单击"保护工作簿",弹出快捷菜单,选择"保护结构和窗口"选项,如图 7-35 所示。

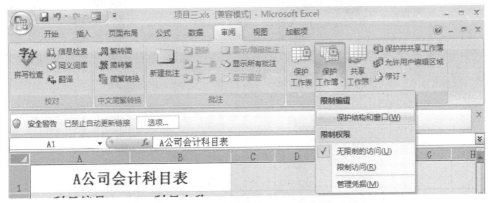

图 7-35 "保护工作簿"中的限制编辑

(2) 打开"保护结构和窗口"对话框,勾选"结构"、"窗口"复选框,在"密码(可选)"文本框中输入密码,如图 7-36 所示。

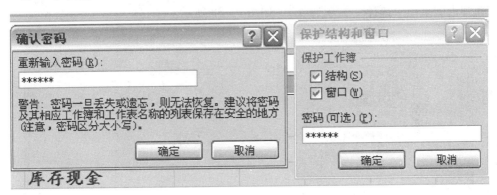

图 7-36 输入密码

(3) 单击"确定"按钮,即完成为工作簿设置保护密码。
(4) 再次操作,可以取消对工作簿的保护。

第二种操作方法的步骤如下:

(1) 利用"另存为"功能。单击"Office 按钮",在弹出的下拉菜单中选择"另存为"、"Excel 工作簿",如图 7-37 所示。

图 7-37 "另存为"保护工作簿

(2) 打开"另存为"对话框，单击左下角"工具"按钮右侧的下拉列表，在弹击的菜单中选择"常规选项"，如图 7-38 所示。

图 7-38 "另存为"对话框中的"工具"选项

(3) 打开"常规选项"对话框，在"打开权限密码"文本框中输入密码，单击"确定"按钮，如图 7-39 所示。

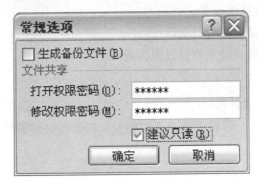

图 7-39 "常规选项"对话框

(4) 打开"确认密码"对话框，在"重新输入密码"文本框中重新输入密码，如图 7-40 所示。

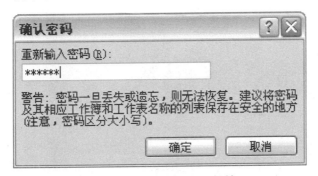

图 7-40 "确认密码"对话框

(5) 单击"确定"按钮，返回"另存为"对话框，单击"确定"按钮，保护工作簿文件完成。

【概念索引】

日记账　科目汇总表　科目余额表　总分类账

【闯关考验】

1. 简答与填空题

(1) 日记账中用于存放凭证的行数和记账凭证表的凭证行数保持一致，这是为什么？

(2) 区域名称的定义方法一般有哪两种？应该如何实现？

(3) 要进行数据的自动筛选，应执行_____命令。

2. 上机操作题

利用 Excel 设计一个会计凭证表，并完成如下操作：

(1) 设置会计凭证表格式：要求包含"摘要""月""日""科目代码""科目名称""借方金额""贷方金额"字段。
(2) 输入 10 笔经济业务。
(3) 对会计凭证表进行自动筛选。
(4) 通过日记账自动生成科目余额表。

【课外修炼】

百度"Excel 在会计账簿中的应用（培训）"，查看广告中的课程内容，你是否能掌握了？若不会，请教老师或查阅相关资料进行自我学习。

【微语录】

项目八
Excel 在会计报表中的应用

知识结构图

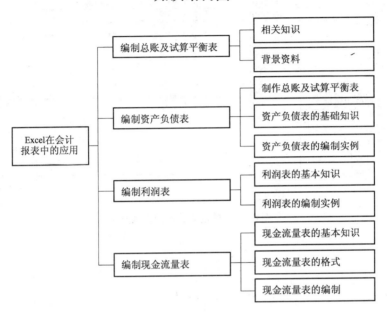

情境写实

【情境案例】

资产负债表的编制解读

某企业 2012 年 12 月 31 日有关账户余额表如图 8-1 所示。

说明：以上各账户中有三个账户，经查明应在列表时按规定予以调整：在"应收账款"账户中有明细账贷方余额 10 000 元；在"应付账款"账户中有明细账借方余额 20 000 元；在"预付账款"账户中有明细账贷方余额 5000 元。

【分析与思考】

根据本项目的内容编制资产负债表。

在手工会计中，我们登记完会计账簿后（尤其是科目余额表），就可以依据这些账簿并按照科目的属性逐个计算报表中各个项目的金额。每个月都要重复这些操作，比较烦琐且容易出错。如果运用 Excel 编制报表，只需在开始一个月设置好报表的公式，到下个月再编制报表时，刷新一下公式链接即可，简单且不易出错。

	A	B	C	D	E	F
1			账户余额表			
2	账户名称	借方余额	贷方余额	账户名称	借方余额	贷方余额
3	库存现金	70000		短期借款		235000
4	银行存款	250000		应付票据		220000
5	其他货币资金	205000		应付账款		500000
6	短期借款	25000		预付账款		20000
7	应收票据	35000		应付职工薪酬——工资		15000
8	应收股利	35000		应付股利		120000
9	应收利息	10000		应付职工薪酬——福利费		120000
10	应收账款	356000		应交税费		45000
11	坏账准备		6000	其他应交款		25000
12	预付账款	60000		其他应付款		10000
13	其他应收款	10000		长期借款		500000
14	原材料	350000		股本（实收资本）		1500000
15	库存商品	165000		资本公积		89000
16	生成成本及其他	185000		盈余公积		256000
17	长期股权投资	350000		利润分配		125000
18	长期债权投资	140000				
19	长期投资减值准备		20000			
20	固定资产	2000000				
21	累计折扣		650000			
22	在建工程	120000				
23	无形资产	90000				
24		4456000				

图 8-1 某企业的账户余额表

学习目标

【知识目标】

（1）了解各种会计报表的内容与格式。

（2）巩固会计报表中各个会计科目算法的相关知识。

【能力目标】

（1）熟悉掌握运用 Excel 编制资产负债表的方法。

（2）掌握运用 Excel 进行资产负债表分析（存货、固定资产）的方法。

（3）掌握运用 Excel 进行利润表分析的方法。

任务一 编制总账及试算平衡表

一、相关知识

总账是指总分类账簿，也称总分类账，是根据总分类科目开设的账户，用来登记全部经济业务，进行总分类核算，提供包括核算资料的分类账簿。总分类账所提供的核算资料是编制会计报表的主要依据，任何单位都必须设置总分类账。

总分类账的项目包括科目编号、科目名称、期初借贷方余额、本期借贷方发生额和期末借贷方余额。资产类账户期末余额的计算公式为：期末借方余额＝期初借方余额＋本期借方发生额－本期贷方发生额；负债及所有者权益类账户期末余额的计算公式为：期末贷方余额＝期初贷方余额＋本期贷方发生额－本期借方发生额。

试算平衡是以借贷平衡关系来检验全部会计账户记录的正确性和完整性的会计检查方法。试算平衡的基本公式是：全部账户的借方期初余额合计数等于全部账户的贷方期初余额合计数；全部账户的借方发生额合计数等于全部账户的贷方发生额合计数；全部账户的借方期末余额合计数等于全部账户的贷方期末余额合计数。

SUMIF 函数的格式是"SUMIF（range，criteria，sum_range）"，作用是根据指定条件对若干单元格求和。

IF 函数的格式是"IF（logical_test，value_if_true，value_if_false）"，作用是进行真假值判断，根据逻辑计算的真假值，返回不同结果。

二、背景资料

1. 期初总账余额

AA 公司 2013 年 12 月期初总账账户余额如表 8－1 所示。

表 8－1　AA 公司 2013 年 12 月期初总账余额

会计科目	借方余额/元	贷方余额/元
库存现金	8 800	
银行存款	225 000	
应收账款	98 000	
其他应收款	800	
原材料	45 000	
库存商品	40 800	
固定资产	210 000	
累计折旧		38 000
短期借款		50 000
应付账款		38 000
应付职工薪酬		800
应交税费		7 800
应付利息		800
应付利润		5 000
实收资本		350 000
资本公积		20 000
盈余公积		28 000
未分配利润		10 000
本年利润（1—11 月）		80 000
合计	628 400	628 400

2. 相关余额

AA 公司 2013 年 12 月初有关余额如下：

原材料——甲材料 300 公斤①，单价 100 元，共 30 000 元

原材料——乙材料 5 000 公斤，单价 3 元，共 15 000 元

库存商品——A 产品 250 件，单位成本 100 元，总成本 25 000 元

库存商品——B 产品 100 件，单位成本 158 元，总成本 15 800 元

3. 相关业务

AA 公司 2013 年 12 月发生的业务如下：

（1）1 日，收到永嘉公司归还的欠款 8 800 元，存入银行。

（2）2 日，仓库发出甲材料 15 公斤，其中生产 A 产品领用 10 公斤，生产 B 产品领用 3 公斤，车间修理耗用 2 公斤。

（3）3 日，购进乙材料 1 000 公斤，增值税发票注明：价款 3 000 元，税金 510 元，用银行存款支付，材料已验收入库。

（4）4 日，开出银行支票 7 800 元，交纳上月税费。

（5）5 日，仓库发出乙材料 5 000 公斤，全部用于生产 A 产品。

（6）6 日，开出银行支票 40 000 元，归还短期借款。

（7）7 日，购入甲材料 20 公斤，增值税发票注明：价款 2 000 元，税金 340 元，全部用银行存款支付，材料尚未到达。

（8）8 日，用现金购入车间劳保用品 800 元，已交付使用。

（9）9 日，购买的甲材料已到达企业，并验收入库。

（10）10 日，用银行存款归还前欠大明工厂的货款 28 000 元。

（11）10 日，仓库发出甲材料 100 公斤，其中生产 A 产品领用 20 公斤，生产 B 产品领用 70 公斤，车间修理耗用 10 公斤。

（12）11 日，销售 A 产品 150 件，单价 180 元，开出的增值税发票注明：价款 27 000 元，税金 4 590 元，货款收到，已存入银行。

（13）11 日，以现金 400 元支付销售 A 产品发生的运杂费。

（14）12 日，销售 B 产品 100 件，单价 250 元，开出的增值税发票注明：价款 25 000 元，税金 4 250 元，货款尚未收到。

（15）12 日，用银行存款 2 000 元支付 B 产品发生的广告费。

（16）12 日，用银行存款购入一台机器，价款 20 000 元，当即投入使用。

（17）13 日，以现金支付采购员王伟预借的差旅费 4 000 元。

（18）14 日，出售乙材料 300 公斤，开出的增值税发票注明：价款 1 500 元，税金 255 元，货款收到，已存入银行。

（19）15 日，销售 A 产品 50 件，单价 180 元，开出的增值税发票注明：价

---

① 1 公斤 = 1 000 克。

款 9 000 元，税金 1 530 元，货款收到，已存入银行。

（20）16 日，从银行提取现金 62 000 元，备发工资。

（21）16 日，用现金 62 000 元发放工资。

（22）18 日，开出银行支票 1 200 元，偿还前欠东方公司货款。

（23）20 日，收到外单位交来的合同违约金 5 000 元，存入银行。

（24）23 日，王伟出差归来报销差旅费 3 600 元，并交回现金余款。

（25）25 日，分配本月发生的电费 4 412 元。其中 A 产品用电 2 000 元，B 产品用电 1 800 元，车间照明用电 412 元，行政部门用电 200 元。

（26）28 日，分配本月发生的水费 368 元。其中车间耗用 108 元，行政部门耗用 260 元。

（27）30 日，分配本月职工薪酬 62 000 元。其中生产 A 产品工人薪酬 25 000 元，B 产品工人薪酬 27 000 元，车间管理人员薪酬 4 000 元，行政部门人员薪酬 6 000 元。

（28）30 日，计提本月固定资产折旧费。其中，车间固定资产计提 1 880 元，行政部门固定资产计提 1 200 元。

（29）31 日，计提本月应负担的借款利息 1 500 元。

（30）31 日，结转本月制造费用 8 400 元。其中 A 产品应结转 5 000 元，B 产品应结转 3 400 元。

（31）31 日，本月投产的 A 产品 500 件，B 产品 250 件，全部完工，并验收入库，计算结转完工产品的成本。

（32）31 日，结转已销产品成本，A 产品销售 200 件，B 产品销售 100 件。

（33）31 日，结转已销乙材料成本 900 元。

（34）31 日，计提本月应交纳的城市维护建设税 744 元，教育费附加 319 元。

（35）31 日，结转有关损益类账户，计算本月利润。

（36）31 日，按 25% 计算并结转所得税费用。

（37）31 日，按全年净利润的 10% 提取法定盈余公积。

（38）31 日，按净利润的 20% 向投资者分配利润。

（39）31 日，将"本年利润"结转至"利润分配——未分配利润"。

（40）31 日，结转"利润分配"各明细账。

4. 建立会计科目表及日记账

以 AA 公司 2013 年 12 月业务数据为基础，利用 Excel 相关知识，建立 AA 公司的会计科目表及日记账，方便后续账务处理。

在制作总账及试算平衡表之前，我们需要建立日记账。根据前一个项目的方法和具体要求，建立日记账，同时复制科目设置表，将账户设置存放在科目设置表中。账户名称即会计科目，会计科目设置按照新会计准则科目体系设置，可在其下设置子科目，并继承其上级科目的编码。

（1）打开“会计报表”工作簿，单击工作表 Sheet1，将其命名为“会计科目表”，表格制作及科目输入如图 8－2 所示。

AA公司会计科目表	
科目编号	科目名称
1001	库存现金
1002	银行存款
1111	应收票据
1131	应收账款
1133	其他应收款
1141	坏账准备
1211	原材料
121101	甲材料
121102	乙材料
1243	库存产品
124301	A产品
124302	B产品

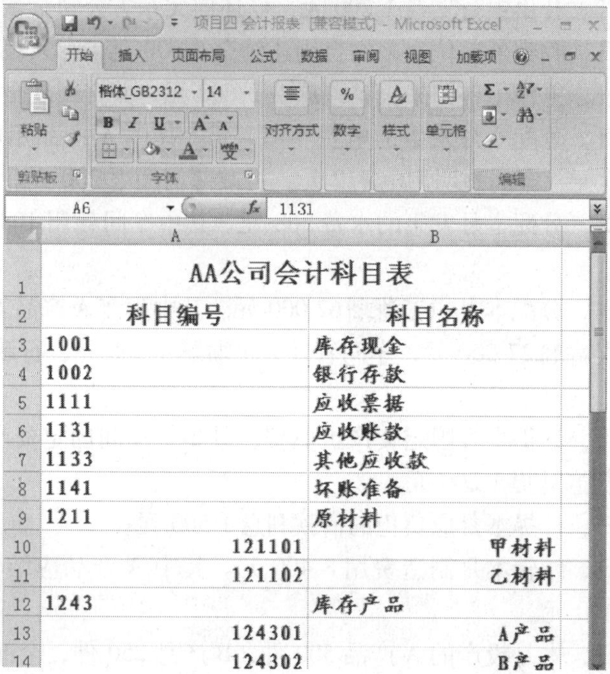

图 8－2　会计科目表

（2）打开“会计报表”工作簿，单击工作表 Sheet2，将其命名为“日记账”，复制上一项目的“日记账模板”到 A1 单元格，依据实际业务发生项目进行凭证输入，表格制作及相关业务输入如图 8－3 所示。

年	月	日	凭证序号	凭证编号	凭证类型	摘要	科目编号	总账科目	明细科目	方向	借方金额	贷方金额
							1002	银行存款	银行存款	借	8800.00	
13	12	01	0001	1312010001	收	收现	1131	应收账款	应收账款	贷		8800.00
							410101	生产成本	A产品	借	1000.00	
						领取	410102	生产成本	B产品	借	300.00	
						原材	4105	制造费用	制造费用	借	200.00	
13	12	02	0002	1312020002	转	料	121101	原材料	甲材料	贷		1500.00
							121102	原材料	乙材料	借	3000.00	
							217101	应交税费	应交增值税	借	510.00	
13	12	03	0003	1312030003	付	支现	1002	银行存款	银行存款	贷		3510.00

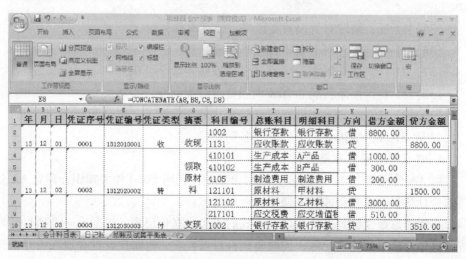

图 8－3　AA 公司日记账

三、总账及试算平衡表

1. 制作总账及试算平衡表

（1）将 Sheet3 命名为"总账及试算平衡表"，复制工作表"会计科目表"A1：B66 区域到工作表"总账及试算平衡表"的 A1 单元格；删除表头，在第二行的上面插入一行；合并 A1、A2 和 B1、B2 单元格；删除明细科目所在的行。

（2）将单元格 C1 和 D1 合并且居中，输入"期初余额"；将单元格 E1 和 F1 合并且居中，输入"本期发生额"；将单元格 G1 和 H1 合并且居中，输入"期末余额"。分别在单元格 C2、E2 和 G2 输入"借方"，在单元格 D2、F2 和 H2 输入"贷方"，文字居中显示。设置单元格 A1 的宽度为"10"，单元格 B1 的宽度为"16"；设置单元格式 C2、D2、E2、F2、G2、H2 的宽度均为"14"。

（3）选中 A1：H2 区域，填充为青绿色；选中 A1：H40 区域，设置边框为"所有框线"。

（4）单击 C3 单元格，选择"视图"→"冻结窗口"→"冻结拆分窗格"命令，将 A 列、B 列和第一行、第二行单元格及其内容固定在现有位置，不随行列的翻动而隐藏；保存文件。

2. 输入期初余额

会计账户的余额包括期初余额和期末余额，本期的期初余额就是上期的期末余额，本期的期末余额就是下期的期初余额。任何一个时期的期末余额可以根据期初余额和当期发生的增加额、减少额用下列公式计算确定：期末余额 = 期初余额 + 本期增加发生额 - 本期减少发生额。本书期初余额参考表 8 - 1 的内容填写，具体内容如图 8 - 4 所示。

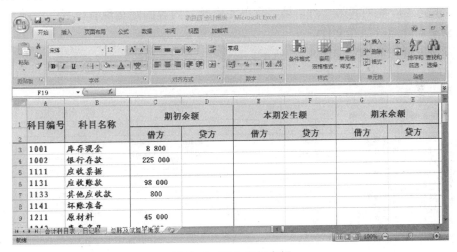

图 8 - 4　输入期初余额

3. 计算本期发生额（根据日记账）

（1）设置单元格 E3 的公式为"= SUMIF（日记账！I：I，B3，日记账！L：

L)",作用是:在"日记账"的第 I 列单元格查找科目名称为"库存现金"的行,并将所在行的 L 列(即借方发生额)求和。

(2) 设置单元格 F3 的公式为"SUM(日记账!I:I,B3,日记账!M:M)",作用是:在"日记账"的第 I 列单元格查找科目名称为"库存现金"的行,并将所在行的 M 列(即贷方发生额)求和。

(3) 其他单元格使用填充柄功能填充。

4. 计算期末余额

(1) 设置 G3 单元格的公式为"=IF((C3-D3)+(E3-F3)>0,(C3-D3)+(E3-F3),"")",作用是:如果科目"库存现金"的借方期初余额减去贷方期初余额与科目"库存现金"的本期借方发生额减去本期贷方发生额之和大于或等于 0,则单元格 G3 的值即为该数值,否则不填。

(2) 设置 H3 单元格的公式为"=IF((D3-C3)+(F3-E3)>0,(D3-C3)+(F3-E3),"")",作用是:如果科目"库存现金"的贷方期初余额减去借方期初余额与科目"库存现金"的本期贷方发生额减去本期借方发生额之和大于或等于 0,则单元格 H3 的值即为该数值,否则不填。

(3) 使用自动填充法设置 E、F、G、H 各列其他单元格的公式。

(4) 合并及居中 A41~B41 单元格,输入"合计";在单元格 C41、D41、E41、F41、G41 和 H41 分别输入公式"=SUM(C3:C40)"、"=SUM(D3:D40)"、"=SUM(E3:E40)"、"=SUM(F3:F40)"、"=SUM(G3:G40)"和"=SUM(H3:H40)"。

(5) 单击 I3 单元格,选择"视图"→"冻结窗口"→"冻结拆分窗格"命令,将 A 列、B 列和第一行、第二行单元格及其内容固定在现有位置,不随行列的翻动而隐藏;保存文件。

以上操作的结果如图 8-5 所示。

科目编号	科目名称	期初余额		本期发生额		期末余额	
		借方	贷方	借方	贷方	借方	贷方
1001	库存现金	8800		62400	66000	5200	
1002	银行存款	225000		58035	168050	114985	
1111	应收票据			0	0		
1131	应收账款	98000		29250	8800	118450	
1133	其他应收款	800		4000	4000	800	
1141	坏账准备			0	0		
1211	原材料	45000		5000	27400	22600	
1243	库存产品	40800		89500	35800	94500	
1402	在途物资			2000	2000		
1501	固定资产	210000		20000	0	230000	
1502	累计折旧		38000	0	3080		41080
1901	长期待摊费用			0	0		

图 8-5 总账及试算平衡表

5. 重算总账与试算平衡

（1）单击左上角的"Office 按钮"→"Excel 选项"→"高级"→"计算此工作簿时"命令：勾选"将精度设为所显示的精度"复选框，如图 8-6 所示。

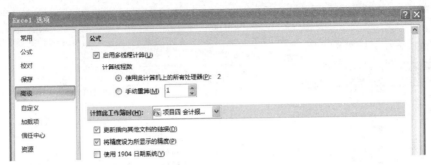

图 8-6　设置重新计算

（2）设置之后，每当工作表中有数据变化时，工作表会自动重算。从图中可以看出，试算结果是平衡的。

6. 下月总账及试算平衡表的编制

（1）单击"插入工作表"命令，将该表命名为"总账及试算平衡（2014 年 1 月）"，如图 8-7 所示。

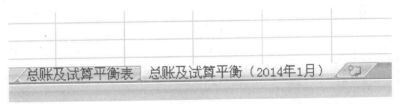

图 8-7　插入"总账及试算平衡（2014 年 1 月）"表

（2）将工作表"总账及试算平衡表"中的有关科目与账簿信息复制到"总账及试算平衡（2014 年 1 月）"中，如图 8-8 所示。

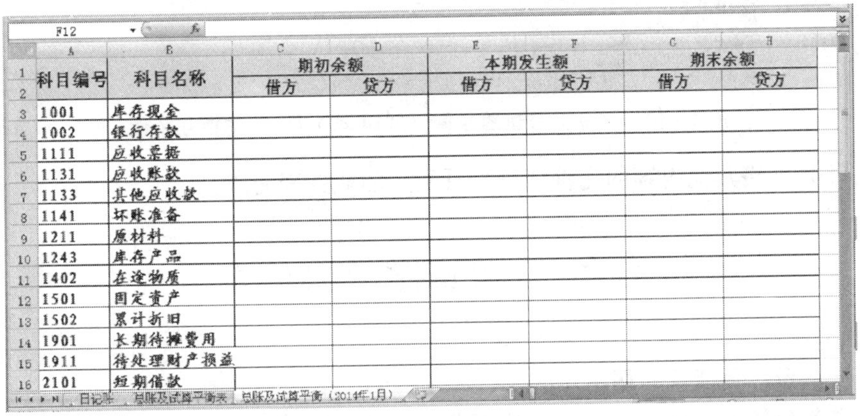

图 8-8　复制相关信息

（3）选择"总账及试算平衡表"工作表中"期末余额"这两列的G3：H41，并按"【Ctrl】+【C】"组合键或单击鼠标右键选择"复制"命令，如图8-9所示。

科目编号	科目名称	期初余额		本期发生额		期末余额	
		借方	贷方	借方	贷方	借方	贷方
1001	库存现金	8800		62400	66000	5200	
1002	银行存款	225000		58035	168050	114985	
1111	应收票据			0	0		
1131	应收账款	98000		29250	8800	118450	
1133	其他应收款	800		4000	4000	800	
1141	坏账准备			0			
1211	原材料	45000		5000	27400	22600	
1243	库存产品	40800		89500	35800	94500	
1402	在途物质			2000	2000		
1501	固定资产	210000		20000		230000	
1502	累计折旧		38000	0	3080		41080
1901	长期待摊费用			0			

图8-9 复制期末余额

（4）将光标移到"总账及试算平衡（2014年1月）"的C3单元格，单击鼠标右键，选择"选择性粘贴"→"数值"命令，单击"确定"按钮，如图8-10所示。

科目编号	科目名称	期初余额		本期发生额		期末余额	
		借方	贷方	借方	贷方	借方	贷方
1001	库存现金						
1002	银行存款						
1111	应收票据						
1131	应收账款						
1133	其他应收款						
1141	坏账准备						
1211	原材料						
1243	库存产品						
1402	在途物质						
1501	固定资产						
1502	累计折旧						
1901	长期待摊费用						
1911	待处理财产损益						
2101	短期借款						

图8-10 "总账及试算平衡（2014年1月）"的期初余额

（5）表格其他内容的完善依据当月发生的业务来完成。

任务二 编制资产负债表

一、资产负债表的基本知识

资产负债表是反映企业在特定日期（如月末、季末、半年末、年末）的资产、负债和所有者权益状况的财务报表，它是根据"资产＝负债＋所有者权益"会计恒等式编制而成的。在持续经营的企业中，资产负债表反映各个时期末企业所拥有或控制的经济资产、企业所承担的债务和企业所有者所享有的权益。它是企业的主要财务报表之一。

（一）资产负债表的表内项目和格式

1. 资产负债表的表内项目

资产负债表的项目包括资产、负债、所有者权益三大类。为了便于使用财务信息，对这三大类项目按照一定的标准又进行了进一步的分类。

（1）资产按流动性分为流动资产和非流动资产。流动资产主要包括货币资金、短期投资、应收账款、存货和待摊费用等，非流动资产也称长期资产，主要包括长期投资、固定资产、无形资产及其他资产。资产类项目排列的顺序按流动性由强到弱排列，流动性强的资产排在前面，流动性弱、差的排在后面。

（2）负债类项目按偿还期限分为流动负债和长期负债。流动负债主要包括短期借款、应付账款、应付工资、应付税金等。长期负债主要包括长期借款、应付账款、长期应付款等。负债类项目是按照偿还的先后顺序进行排列。到期日近的流动负债排在前面，到期日远的长期负债排在后面。

（3）所有者权益又称股东权益，包括实收资本（或股本）、资本公积、盈余公积和未分配利润。

2. 资产负债表的格式

资产负债表由表头和表体两个部分组成。表头部分包括报表的名称、报表的编号、编制单位、编制日期及货币计量单位等；表体部分一般采用账户式结构，表的左部为资产项目，右部为负债及所有者权益项目。

（二）资产负债表各项目的数据来源

资产负债表的编制，主要是通过对日常会计核算记录的数据加以归集、整理，使之成为有用的财务信息。一般企业资产负债表各项目数据的来源主要是通过以下几种方式取得：

1. 直接根据总账科目的余额编制

如短期投资、其他应收款、固定资产原价、累计折旧、无形资产、短期借款、其他应付款、应付福利费、未交税金、未付利润、长期借款、实收资本、资本公积、盈余公积等项目都是根据各个相关的总账科目余额直接填列的。

2. 根据明细科目的余额编制

如"应收账款"项目是根据"应收账款"、"预收账款"科目的有关明细科目的期末余额计算编制的。

3. 根据几个总账科目的期末余额合计数编制

如货币资金项目是根据现金、银行存款、其他货币资金科目的期末总账科目余额计算编制的。

4. 根据资产负债表内项目加减调整填列

如"应收账款净额"项目是根据"应收账款"项目减"坏账准备"项目后填列的;"固定资产净值"项目是根据"固定资产原价"项目减"累计折旧"项目后填列的;各种合计数、总数等项目都是根据所需项目相加的计算填列的。

二、资产负债表的编制实例

(一)实例描述

创建 AA 公司资产负债表,如图 8-11 所示。

资产	行次	期末余额	年初余额	负债及所有者权益(或股东权益)	行次	期末余额	年初余额
流动资产:	1			流动负债:	35		
货币资金	2	120185	233800	短期借款	36	10000	50000
交易性金融资产	3			交易性金融负债	37		
应收票据	4			应付票据	38		
应收账款	5	118450	98000	应付账款	39	13580	38000
预付款项	6			预收款项	40		
应收利息	7			应付职工薪酬	41	800	800
应收股利	8			应交税费	42	14842.25	7800
其他应收款	9	800	800	应付利息	43	2300	800
存货	10	117100	85800	应付股利	44	5000	5000
一年内到期的非流动资产	11			其他应付款	45		
其他流动资产	12			一年内到期的非流动负债	46		
	13			其他流动负债	47		
流动资产合计	14	356535	418400	流动负债合计	48	46522.25	102400
非流动资产:	15			非流动负债:	49		
可供出售金融资产	16			长期借款	50		
持有至到期投资	17			应付债券	51		
长期应收款	18			长期应付款	52		
长期股权投资	19			专项应付款	53		
投资性房地产	20			预计负债	54		
固定资产	21	188920	172000	递延所得税负债	55		
在建工程	22			其他非流动负债	56		
工程物资	23			非流动负债合计	57	0	0
固定资产清理	24			负债合计	58	46522.25	102400
生产性生物资产	25			所有者权益(或股东权益):	59		
油气资产	26			实收资本(或股本)	60	350000	350000
无形资产	27			资本公积	61	20000	20000
开发支出	28			减:库存股	62		
商誉	29			盈余公积	63	37093.28	28000
长期待摊费用	30			未分配利润	64	91839.47	90000
递延所得税资产	31			所有者权益(或股东权益)合计	65	498932.8	488000
其他非流动资产	32				66		
非流动资产合计	33	188920	172000		67		
资产合计	34	545455	590400	负债和所有者权益(或股东权益)总计	68	545455	590400

图 8-11 AA 公司资产负债表

(二)操作步骤

(1) 创建资产负债表。打开"会计报表"工作簿,插入一个新的工作表,将其重命名为"资产负债表"。

(2) 设计资产负债表结构。输入资产负债表表头,并录入编制单位名称、填报日期、资产部类和负债及所有者权益部类的项目名称及行次,按需要大概规划调整各列的宽度。其中,要求 A 列(资产)和 E 列(负债及所有者权益)宽度相等,B 列和 F 列(行次)宽度相等,C 列、D 列、G 列和 H 列(期末余额和年初余额)宽度相等,如图 8-12 所示。

图 8-12　输入资产负债表各项目及设置正表的表格线

（3）光标定位在"货币资金"项目的期末余额单元格 C5 上，在单元格 C5 的编辑栏中输入符号" ＝ "，单击"总账及试算平衡表"工作表，单击"库存现金"项目的期末借方余额单元格 G3，然后输入符号" ＋ "，再单击"银行存款"项目的期末借方余额单元格 G4，此时编辑栏中的公式为" ＝总账及试算平衡表!G3 ＋总账及试算平衡表!G4"，如图 8-13 所示。

图 8-13　引用试算平衡表数据

（4）敲击"回车"键，完成公式的输入。可以看到资产负债表中的 C5 单元格已自动引用了相关数据，如图8-14所示。

图8-14　显示公式计算结果（一）

（5）光标定位在资产负债表"应收账款"项目的期末余额单元格C8上，在单元格C8的编辑栏中输入符号"="，单击"总账及试算平衡表"工作表，单击"应收账款"项目的期末借方余额单元格，即单元格G6，然后输入符号"-"，再单击"坏账准备"项目的期末借方余额单元格G8，此时编辑栏中的公式为"=总账及试算平衡表! G6-总账及试算平衡表! G8"。敲击"回车"键，完成公式的输入。可以看到资产负债表中的C8单元格已自动引用了相关数据，如图8-15所示。

图8-15　显示公式计算结果（二）

（6）光标定位在资产负债表"其他应收款"项目的期末余额单元格C12上，在单元格C12的编辑栏中输入符号"="，单击"总账及试算平衡表"工作表，单击"其他应收款"项目的期末借方余额单元格，即单元格G7，敲击"回车"键，完成公式的"输入"。可以看到资产负债表中的C12单元格已自动引用了相关数据，如图8-16所示。

资产负债表

资产负债表			2013年12月				单位：元
资产	行次	期末余额	年初余额	负债及所有者权益（或股东权益）	行次	期末余额	年初余额
流动资产：	1			流动负债：	35		
货币资金	2	120185		短期借款	36		
交易性金融资产	3			交易性金融负债	37		
应收票据	4			应付票据	38		
应收账款	5	118450		应收账款	39		
预付款项	6			预收款项	40		
应收利息	7			应付职工薪酬	41		
应收股利	8			应交税费	42		
其他应收款	9	800		应付利息	43		
存货	10			应付股利	44		
一年内到期的非流动资产	11			其他应付款	45		
其他流动资产	12			一年内到期的非流动负债	46		
	13			其他流动负债	47		
流动资产合计	14			流动负债合计	48		
非流动资产：	15			非流动负债：	49		
可供出售金融资产	16			长期借款	50		
持有至到期投资	17			应付债券	51		
长期应收款	18			长期应付款	52		

图 8-16　显示公式计算结果（三）

（7）参照以上的操作步骤，结合“资产负债表”各个报表的数据来源方式，将每个项目的公式设置完成。

存货：选中单元格 C13，输入公式“C13 = 总账及试算平衡表！G9 + 总账及试算平衡表！G10 + 总账及试算平衡表！G11”；

流动资产合计：选中单元格 C17，输入公式“C17 = SUM（C5：C15）”；

固定资产：选中单元格 C24，输入公式“C24 = 总账及试算平衡表！G12 - 总账及试算平衡表！H13”；

非流动资产合计：选中单元格 C36，输入公式“C36 = SUM（C19：C35）”；

资产合计：选中单元格 C37，输入公式“C37 = C17 + C36”；

短期借款：选中单元格 G5，输入公式“G5 = 总账及试算平衡表！H16”；

应付账款：选中单元格 G8，输入公式“G8 = 总账及试算平衡表！H18”；

应付职工薪酬：选中单元格 G10，输入公式“G10 = 总账及试算平衡表！H19”；

应交税费：选中单元格 G11，输入公式“G11 = 总账及试算平衡表！H20”；

应付利息：选中单元格 G12，输入公式“G12 = 总账及试算平衡表！H21”；

应付股利：选中单元格 G13，输入公式“G13 = 总账及试算平衡表！H22”；

流动资产合计：选中单元格 G17，输入公式“G17 = SUM（G5：G16）”；

非流动资产合计：选中单元格 G26，输入公式“26 = SUM（G19：G25）”；

负债合计：选中单元格 G27，输入公式“G27 = G17 + G26”；

实收资本（或股本）：选中单元格 G29，输入公式“G29 = 总账及试算平衡表！H23”；

资本公积：选中单元格 G30，输入公式“G30 = 总账及试算平衡表！H24”；

盈余公积：选中单元格 G32，输入公式“G32 = 总账及试算平衡表！H25”；

未分配利润：选中单元格 G33，输入公式“G33 = 总账及试算平衡表！H27”；

所有者权益（或股东权益）合计：选中单元格 G34，输入公式“G34 = G29 + G30 + G32 + G33”；

负债和所有者权益（或股东权益）总计：选中单元格 G37，输入公式“G37 = G27 + G34”。

产生相应的计算结果，如图 8 – 17 所示。

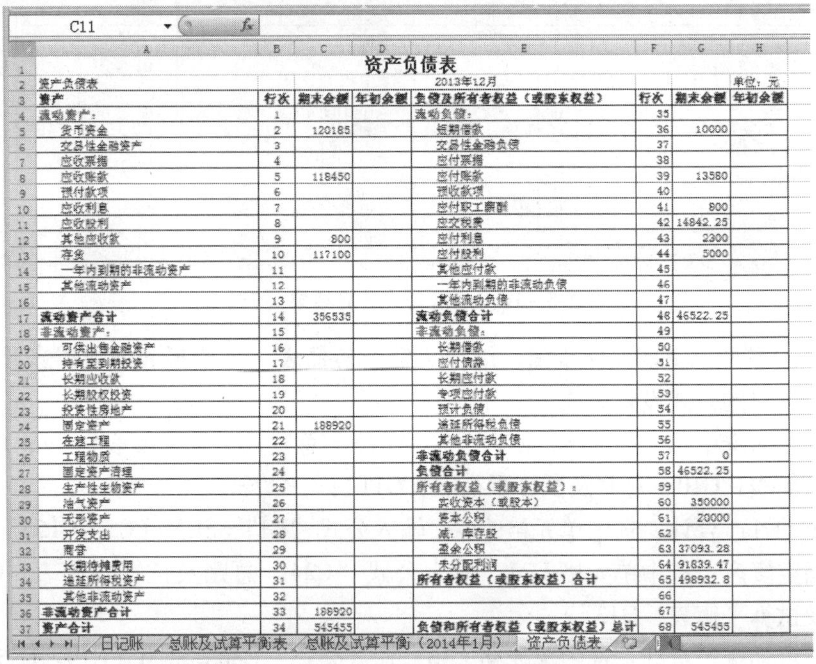

资产负债表							
资产负债表			2013年12月				单位：元
资产	行次	期末余额	年初余额	负债及所有者权益（或股东权益）	行次	期末余额	年初余额
流动资产：	1			流动负债：	35		
货币资金	2	120185		短期借款	36	10000	
交易性金融资产	3			交易性金融负债	37		
应收票据	4			应付票据	38		
应收账款	5	118450		应付账款	39	13580	
预付款项	6			预收款项	40		
应收利息	7			应付职工薪酬	41	800	
应收股利	8			应交税费	42	14842.25	
其他应收款	9	800		应付利息	43	2300	
存货	10	117100		应付股利	44	5000	
一年内到期的非流动资产	11			其他应付款	45		
其他流动资产	12			一年内到期的非流动负债	46		
	13			其他流动负债	47		
流动资产合计	14	356535		流动负债合计	48	46522.25	
非流动资产：	15			非流动负债：	49		
可供出售金融资产	16			长期借款	50		
持有至到期投资	17			应付债券	51		
长期应收款	18			长期应付款	52		
长期股权投资	19			专项应付款	53		
投资性房地产	20			预计负债	54		
固定资产	21	188920		递延所得税负债	55		
在建工程	22			其他非流动负债	56		
工程物资	23			非流动负债合计	57	0	
固定资产清理	24			负债合计	58	46522.25	
生产性生物资产	25			所有者权益（或股东权益）：	59		
油气资产	26			实收资本（或股本）	60	350000	
无形资产	27			资本公积	61	20000	
开发支出	28			减：库存股	62		
商誉	29			盈余公积	63	37093.28	
长期待摊费用	30			未分配利润	64	91839.47	
递延所得税资产	31			所有者权益（或股东权益）合计	65	498932.8	
其他非流动资产	32				66		
非流动资产合计	33	188920			67		
资产合计	34	545455		负债和所有者权益（或股东权益）总计	68	545455	

图 8 – 17　计算结果

（8）检查“资产负债表”中“资产总计”和“负债与所有者权益总计”是否相等，如不相等，则需要检查修改各项目的公式设置。

（9）用同样的方法完成“年初余额”的设置。

至此，资产负债表完成。

【相关链接】

资产负债表中的公式：

（1）货币资金 = 现金 + 银行存款 + 其他货币资金。

（2）应收账款净额 = 应收账款 – 坏账准备。

（3）流动资产合计 = 货币资金 + 短期投资 + 应收投资 + 应收账款净额 + 预付账款 + 应收补贴款 + 其他应收款 + 存货 + 待摊费用 + 处理流动资产净损失 + 一年内到期的长期债券投资 + 其他流动资产。

（4）固定资产净值 = 固定资产原价 – 累计折旧。

（5）固定资产合计 = 固定资产净值 + 固定资产清理 + 在建工程 + 待处理固定资产净损失。

（6）资产总计 = 流动资产合计 + 长期投资 + 固定资产合计 + 无形资产及递延资产合计 + 其他长期资产 + 递延税款借项。

(7) 流动负债合计 = 短期借款 + 应付票据 + 应付账款 + 预收账款 + 其他应付款 + 应付工资 + 应付福利费 + 未交税金 + 未付利润 + 其他未交款 + 预提费用 + 一年内到期的长期负债。

(8) 长期负债合计 = 长期借款 + 应付债券 + 长期应付款 + 其他长期付款。

(9) 负债合计 = 流动负债合计 + 长期负债合计 + 递延税款贷项。

(10) 所有者权益合计 = 实收资本 + 资本公积 + 盈余公积 + 未分配利润。

(11) 负债及所有者权益总计 = 负债合计 + 所有者权益合计。

任务三　编制利润表

企业经营一定时期，需要及时了解其资产、负债及所有者权益的情况，这些都会关系到企业经营的好坏，这就需要编制利润表。利润表也是企业会计报表中的主要报表。

一、利润表基本常识

利润表是反映企业在一定会计期间（年度、半年度、季度、月度）经营成果的报表。在生产经营中企业不断地发生各种费用支出，同时取得各种收入，收入减去费用，剩余的部分就是企业的盈利。取得的收入和发生的相关费用的对比情况就是企业的经营成果。如果企业经营不当，发生的生产经营费用超过取得的收入，企业就发生了亏损；反之企业就能取得一定的利润。会计部门应定期核算企业的经营成果，并将核算结果编制成报表，这样就形成了利润表。

（一）利润表的表内项目和格式

由于利润表反映的是企业一定时期的经营成果，所以包括有关账户主营业务收入、主营业务利润、营业利润、利润总额和净利润5大项目。利润表格式有单步式和多步式两种，我国企业一般采用多步式利润表。

（二）利润表各项目的数据来源

利润表内各项目设置有"本月数"和"本年累计数"两栏。

1. 本月数

"本月数"反映各项目的本月发生额。它是根据有关账户的发生额进行分析、计算填列的，如"主营业务收入"是根据"主营业务收入"账户的发生额进行填列的；"主营业务利润"是根据"主营业务收入"减去"主营业务成本"与"主营业务税金及附加"计算的。

2. 本年累计数

"本年累计数"反应各项目自年初起至本月末止的累计实际发生额。

对利润表各项目指标的填列共有以下三种方法：

一是根据有关账户的发生额分析填列，如主营业务收入、主营业务成本、主营业务税金及附加、营业费用、管理费用、财务费用、投资收益、营业外收入、营业外支出、所得税等。

二是根据有关账户发生额相减后所得差额填列，如其他业务利润 = 其他业务收入 - 其他业务支出。

三是根据各项目之间的关系填列，如主营业务利润、营业利润、利润总额、净利润项目。

(三) 利润表中的公式

利润表是通过对当期的收入，费用支出项目按性质加以归类，按利润形成的主要环节列示一些中间性利润指标，主要反映以下几方面的内容。

(1) 营业收入。其计算公式为：营业收入 = 主营业务收入 + 其他业务收入。它反映企业一定时期内经营活动的业绩。

(2) 营业利润。其计算公式为：营业利润 = 营业收入 - 营业成本 - 营业税金及附加 - 销售费用 - 管理费用 - 财务费用 - 资产减值损失 + 公允价值变动收益 + 投资收益。它反映企业一定时期内经营活动的结果。

(3) 利润总额。其计算公式为：利润总额 = 营业利润 + 营业外收入 - 营业外支出。它反映企业一定时期内全部经济活动的最终成果。

(4) 净利润。其计算公式为：净利润 = 利润总额 - 所得税费用。它反映企业实际拥有、可供企业自行支配的权益。

本任务以多步式利润表为例，介绍如何编制利润表。

二、利润表编制实例

(一) 实例描述

创建企业利润表，如图 8 - 18 所示。

	A	B	C	D
1	利 润 表			
2	编制单位：AA公司　　　2013年			单位：元
3	项　　目	行次	本月金额	本年累计金额
4	一、营业收入	1	62500	
5	减：营业成本	2	36700	
6	营业税金及附加	3	1063	
7	销售费用	4	2400	
8	管理费用	5	11260	
9	财务费用	6	1500	
10	资产减值损失	7		
11	加：公允价值变动收益（损失以"-"号填列）	8		
12	投资收益（损失以"-"号填列）	9		
13	其中：对联营企业和合营企业的投资收益	10		
14	二、营业利润（亏损以"-"号填列）	11	9577	
15	加：营业外收入	12	5000	
16	减：营业外支出	13		
17	其中：非流动资产处置损失	14		
18	三、利润总额（亏损以"-"号填列）	15	14577	
19	减：所得税费用	16	3644.25	
20	四、净利润（损亏损以"-"号填列）	17	10932.75	
21	五、每股收益：	18		
22	（一）基本每股收益	19		
23	（二）稀释每股收益	20		

图 8 - 18　AA 公司利润表

（二）操作步骤

（1）创建利润表。打开"会计报表"工作簿，插入一个新的工作表，将其命名为"利润表"。

（2）设计利润表的结构。录入表头，包括报表名称、编制单位、编制日期、报表编号、计量单位等；录入利润表中应填列的项目名称，如营业收入、营业成本、营业利润、利润总额、净利润和每股收益等。按需要大概规划调整各列的宽度，其中要求 C 列和 D 列（本月金额和本年累计金额）宽度相等，如图 8-19 所示。

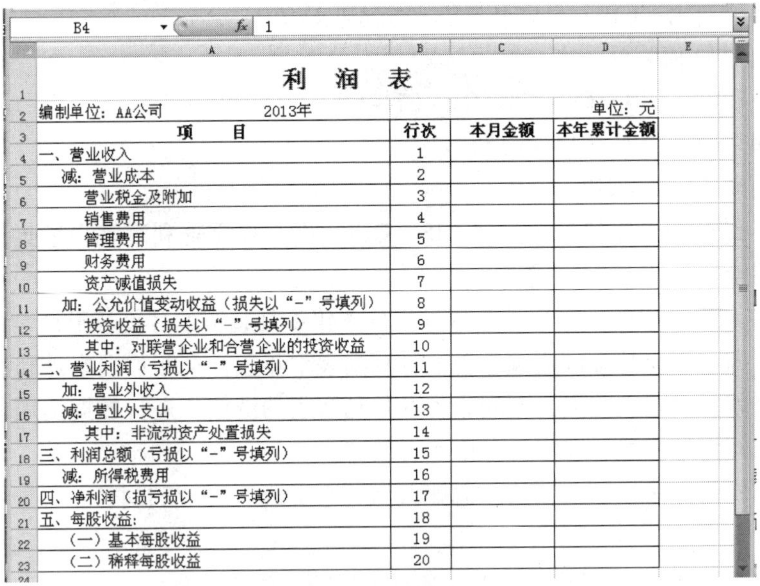

图 8-19 利润表的格式

（3）光标定位在"营业收入"项目的本期金额单元格 C4 上，在单元格 C4 的编辑栏中输入公式"=总账及试算平衡表!F31+总账及试算平衡表!F32"，单击回车键，完成公式的输入，如图 8-20 所示。

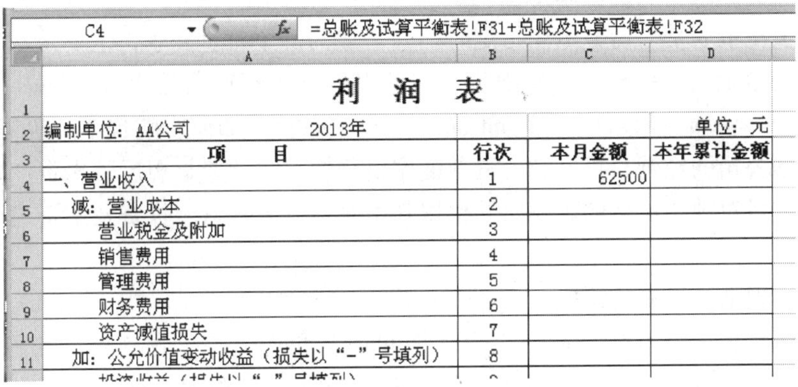

图 8-20 显示 C4 单元格的计算结果

（4）用同样的方法定义其他单元格。

营业成本：C5 = 总账及试算平衡表! F34 + 总账及试算平衡表! F35；

营业税金及附加：C6 = 总账及试算平衡表! F36；

销售费用：C7 = 总账及试算平衡表! F37；

管理费用：C8 = 总账及试算平衡表! F38；

财务费用：C9 = 总账及试算平衡表! F39；

营业外收入：C15 = 总账及试算平衡表! F33；

所得税费用：C19 = 总账及试算平衡表! F40。

（5）计算相关单元格。

营业利润：C14 = C8 – C8 – C6 – C7 – C8 – C9；

利润总额：C18 = C14 + C15；

净利润：C20 = C18 – C19。

（6）结合明细账填列单元格 C13、C17，进一步完善利润表。至此，利润表中"本月金额"的填制完成。

（7）利润表中的本年累计金额是指从本年 1 月起至本月止若干月累计实现的利润数，即本年累计金额应该等于上月利润表本年累计金额加上本月利润表本月金额。这就要求建立起上月利润表与本月利润表的链接，进行数据调用，之前对其方法已经详细讲述，在本任务中不再赘述。

用同样的方法根据上期的"总账及试算平衡表"完成利润表。

任务四　编制现金流量表

现金流量表是指反映企业在一定会计期间现金和现金等价物流入和流出的报表。

一、现金流量表的基本知识

现金流量表是一份显示于指定时期（一般为一个月、一季，主要是一年的年报）的现金流入和流出的财务报告。这份报告显示资产负债表（Balance Sheet）及利润表（Income Statement/Profit and Loss Account）如何影响现金和等同现金，以及根据公司的经营、投资和融资角度作出分析。它主要是想反映出资产负债表中各个项目对现金流量的影响，并根据其用途划分为经营、投资及融资三个活动分类。

二、现金流量表的格式

现金流量表是反映企业一定会计期间现金和现金等价物（以下简称现金）流入和流出的报表。现金流量表能够说明企业在一定期间现金流入和流出的原因、企业的偿债能力和支付股利的能力以及分析企业未来获取现金的能力。

现金流量表应当按照经营活动、投资活动和筹资活动的现金流量分类分项列示，如图 8 - 21 所示。

现金流量表		
编制单位： 年度		单位：元
项 目	行 次	金 额
一、经营活动产生的现金流量		
销售商品或提供劳务收到的现金		
收到的税费返还		
收到的与经营业务有关的其他现金		
现金流入合计		
购买商品、接受劳务支付的现金		
支付给职工及为职工支付的现金		
支付的各项税费		
支付的与经营活动有关的其他现金		
现金流出合计		
经营活动产生的现金流量净额		
二、投资活动产生的现金流量		
收回投资所收到的现金		
取得投资收益所收到的现金		
处置固定资产、无形资产和其他长期资产的现金净额		
收到的与投资活动有关的其他金额		
现金流入合计		
购建固定资产、无形资产和其他长期资产支付的现金		
投资所支付的现金		
现金流出合计		
投资活动产生的现金流量净额		
三、筹资活动产生的现金流量		
吸收投资所收到的现金		
借款所收到的现金		
收到的与筹资活动有关的其他现金		
现金流入合计		
偿还债务所支付的现金		
分配股利、利润、偿付利息所支付的现金		
支付的与筹资活动有关的其他现金		
现金流出合计		
筹资活动产生的现金流量净额		
四、汇率变动对现金的影响		
五、现金流量净额		

图 8 - 21　现金流量表的格式

现金流量表的建立仍然采用与"资产负债表"、"利润表"类似的方法。打开"会计报表"工作簿，插入一个新的工作表，将其命名为"现金流量表"，通过单击"合并及居中"、"加粗"、"边框"按钮等完成现金流量表的设置。

三、现金流量表的编制

现金流量表的编制是建立在"总分类账"等工作表基础上的，也类似于"资产负债表"和"利润表"的编制。它通过直接链接或间接链接从相关的工作表中提取数据，再根据会计准则的有关规定，设置单元格的计算公式，并将其填列在对应的单元格内。

【概念索引】

资产负债表　利润表　现金流量表

【闯关考验】

上机操作：

一、资产负债表的编制

大华股份公司为增值税一般纳税人，适用增值税税率为17%。2012年12月31日有关科目的余额如图8-22所示。

	A	B	C	D	E	F
1	2012年12月31日的科目余额表					
2	会计科目	借方余额	贷方余额	会计科目	借方余额	贷方余额
3	库存现金	3000		短期借款		100000
4	银行存款	15300		应付票据		10000
5	应收账款	60000		应付账款		65000
6	坏账准备——应收账款		300	长期借款		210000
7	预付账款	10000		实收资本		250000
8	应收票据	6000		资本公积		53000
9	原材料	110000		盈余公积		40000
10	材料成本差异		10000			
11	库存商品	70000				
12	长期股权投资	160000				
13	固定资产	350000				
14	累计折旧		46000			
15	合计	784300	56300			728000

图8-22 大华股份公司相关科目余额

2013年1月发生下列经济业务：

（1）购进原材料20 000元，增值税3 400元，原预付账款10 000元，不足部分尚未支付。

（2）上述购进材料已验收入库，计划成本为22 000元。

（3）上期已核销的应收账款又收回3 000元。

（4）本期提取固定资产折旧15 000元（计入管理费用）。

（5）取得产品销售收入100 000元，增值税17 000元，款项已存入银行；销售成本为收入的70%，不考虑其他税费。

（6）用银行存款支付应付票据10 000元。

（7）本期归还长期借款70 000元。

（8）本月预交所得税（要求通过"所得税费用"核算）。

注：未归还的长期借款中，一年内到期的为40 000元。

要求：

（1）根据上述经济业务，运用Excel表格编制会计分录。

（2）运用Excel表格编制大华企业2013年1月31日资产负债表。

二、利润表的编制

位于市区的大华公司为增值税一般纳税人，生产应税消费品，增值税税率为

17%，消费税税率为 8%。2012 年 11 月 30 日损益类有关科目的余额如图 8-23 所示。

2012年11月30日损益类有关科目的余额

科目名称	借方余额	科目名称	借方余额
主营业务成本	1000	主营业务收入	1750
营业税金及附加	14.5	其他业务收入	50
其他业务成本	30	投资收益	40
销售费用	40	营业外收入	30
管理费用	250	公允价值变动损益	30
财务费用	20		
资产减值损失	80		
营业外支出	17		

图 8-23　大华公司损益类有关科目余额

2012 年 12 月，大华公司发生下列经济业务：

（1）销售产品一批，增值税专用发票注明售价 200 万元；增值税 34 万元，款项尚未收到。该批产品成本为 120 万元。

（2）本月发生应付职工薪酬 150 万元，其中生产工人工资 100 万元，车间管理人员工资 10 万元，厂部管理人员工资 25 万元，销售人员工资 15 万元。

（3）本月收到增值税返还 50 万元。

（4）本月摊销自用无形资产成本 20 万元。

（5）本月根据主营业务计算缴纳有关税费及应交城建税、教育费附加。

（6）12 月 31 日，某项交易性金融资产公允价值上升 2 万元。

（7）12 月 31 日，计提坏账准备 5 万元，计提存货跌价准备 10 万元。

（8）假定本年应纳税所得额为 500 万元；递延所得税资产年初余额为 10 万元，年末余额为 15 万元；递延所得税负债年初余额为 20 万元，年末余额为 30 万元。

要求：

（1）运用 Excel 表格，编制大华公司 12 月份相关业务的会计分录。

（2）运用 Excel 表格，编制 2012 年度利润表。

【课外修炼】

百度"Excel 在会计报表中的应用（培训）"，查看广告中的课程内容，你是否能掌握了？若不会，请教老师或查阅相关资料进行自我学习。

【微语录】

项目九

Excel 在会计报表分析中的应用

知识结构图

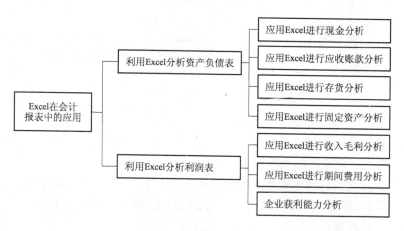

情境写实

【情境案例】

某企业 2012 年 12 月 31 日的资产负债表如图 9-1 所示。

账户余额表

账户名称	借方余额	贷方余额	账户名称	借方余额	贷方余额
库存现金	70000		短期借款		235000
银行存款	250000		应付票据		220000
其他货币资金	205000		应付账款		500000
短期借款	25000		预付账款		20000
应收票据	35000		应付职工薪酬——工资		15000
应收股利	35000		应付股利		120000
应收利息	10000		应付职工薪酬——福利费		120000
应收账款	356000		应交税费		45000
坏账准备		6000	其他应交款		25000
预付账款	60000		其他应付款		10000
其他应收款	10000		长期借款		500000
原材料	350000		股本（实收资本）		1500000
库存商品	165000		资本公积		89000
生成成本及其他	185000		盈余公积		256000
长期股权投资	350000		利润分配		125000
长期债权投资	140000				
长期投资减值准备		20000			
固定资产	2000000				
累计折扣		650000			
在建工程	120000				
无形资产	90000				
	4456000				

图 9-1　某企业 2012 年 12 月 31 日的资产负债表

说明：以上各账户中有三个账户，经查明应在列表时按规定予以调整：在"应收账款"账户中有明细账贷方余额10 000元；在"应付账款"账户中有明细账借方余额20 000元；在"预付账款"账户中有明细账贷方余额5 000元。

【分析与思考】

（1）根据本项目的内容编制资产负债表。

（2）根据编制好的资产负债表进行以下分析：资产结构百分比、应收账款增长率、营业收入增长率、存货结构百分比。

学习目标

【知识目标】

（1）了解分析各种会计报表的方法和相关指标。

（2）巩固会计报表中各个分析方法算法的相关知识。

【能力目标】

（1）掌握运用Excel进行资产负债表分析（存货、固定资产）的方法。

（2）掌握运用Excel进行利润表分析的方法。

任务一 应用Excel分析资产负债表

【相关链接】

资产负债表分析的重点表现在以下几个方面：

（1）现金不足，企业最严重的财务危机。企业的流动现金不能太紧。一个小企业要随时能拿出100万元；一个中企业要随时能拿出1 000万元；一个大企业要随时能拿出1亿元。

（2）应收账款过多：钱在客户那里。

（3）存货过多：钱压在商品里。

（4）固定资产过多：钱压在设备、厂房上。

（5）计提的各种准备过低，资产虚估，风险准备不足。

（6）短期借款用于长期用途："短贷长投"，短期偿债风险高。

（7）应付账款账期的不正常延长：资金链可能断裂。

（8）长期借款用于短期用途：企业要承担高额的利息负担。

（9）举债过度，资本金不足，长期偿债风险高。

一、运用Excel进行现金分析

（一）财务分析中现金的相关知识

在财务分析中，"现金"有四种概念：现金1=库存现金；现金2=货币资金；现金3＝货币资金＋交易性金融资产；现金4＝货币资金＋交易性金融资产＋应收票据。由于应收票据可以贴现，可以背书转让，因此应收票据实际上就是"现金"。下面具体介绍几个概念：

(1)"货币资金"项目：反映企业库存现金、银行结算户存款、外埠存款、银行汇票存款、银行本票存款、信用卡存款、信用保证金存款等的合计数。该项目应根据"库存现金"、"银行存款""其他货币资金"科目的期末余额合计填列。

(2)"交易性金融资产"项目：反映企业以公允价值计量且其变动计入当期损益的金融资产，包括交易性金融资产和指定为以公允价值计量且其变动计入当期损益的金融资产。

(3)"应收票据"项目：反映企业持有的商业汇票的票面金额减去已计提的坏账准备后的净额。该项目应根据"应收票据"科目的期末余额减去"坏账准备"科目中有关应收票据计提的坏账准备期末余额后的金额填列。

(二)本书所指的现金

本书所指现金包括库存现金、银行存款等。现金是流动性最强的资产，作为交换媒介，具有普遍的可接受性。企业持有现金主要是为了满足交易性、预防性和投机性需要，可能会面临现金不足和现金过量两方面的问题。现金持有量过少，不能应付日常业务开支，会使企业遭受一定损失；现金持有量过多，不能取得应得利益，而使企业蒙受另一种损失。所以，现金的管理不仅仅是日常收支管理，还应控制好现金的持有规模。企业现金管理的目标就是要在现金的流动性和盈利能力之间做出抉择，以使利润和企业价值最大化，即在保证企业的经营效率和效益的前提下，尽可能减少在现金上的投资。

(三)最佳现金余额的确定

最佳现金余额的确定：鲍莫模型，如图9-2所示。

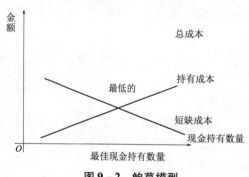

图9-2 鲍莫模型

那么如何确定企业最佳现金持有量？有以下公式可供参考：

最佳现金余额＝行业的平均现金结构（现金占总资产的百分比）×总资产

"现金"分析首先是结构分析，即将企业"现金"占总资产的比例与同行业其他企业的情况加以比较。当"现金"占总资产的比例显著超过同行业的一般水平时，则说明现金过多，企业需要为超额储备的现金找一个出路，以优化企业的资产结构。当"现金"占总资产的比例显著低于同行业一般水平时，则说明企业现金存量不足，没有足够的支付能力，企业面临巨大的财务风险。本部分主要就光明公司资产负债表的内容进行分析，该公司资产负债表如图

9-3所示。

图9-3 光明乳业近三年资产负债表

复制该表，将其重命名为"2013年光明乳业资产结构图"，保留A、B列，将其他列删除，在C2单元格中输入"百分比"。

货币资金所占总资产百分比：选中单元格C3，输入公式"C3＝B3/＄B＄35"。

选中单元格C3，向下自动填充，结果如图9-4所示。

科目	2013-12-31	百分比
货币资金	2,339,384,038.00	25.05%
交易性金融资产	11,781,416.00	0.13%
应收票据	1,511,278.00	0.02%
应收账款	1,310,077,082.00	14.03%
预付款项	225,373,435.00	2.41%
其他应收款	58,358,609.00	0.62%
应收关联公司款		0.00%
应收利息		0.00%
应收股利		0.00%
存货	1,015,752,178.00	10.88%
其中：消耗性生物资产		0.00%
一年内到期的非流动资产		0.00%
其他流动资产		0.00%
流动资产合计	4,962,238,036.00	53.13%
可供出售金融资产		0.00%
持有至到期投资		0.00%
长期应收款	1,523,939.00	0.02%
长期股权投资	30,213,980.00	0.32%
投资性房地产		0.00%
固定资产	2,681,667,349.00	28.71%
在建工程	709,740,369.00	7.60%
工程物质		0.00%
固定资产清理		0.00%
生产性生物资产	142,171,709.00	1.52%
油气资产		0.00%
无形资产	280,102,296.00	3.00%
开发支出		0.00%
商誉	258,884,662.00	2.77%
长期待摊费用		0.00%
递延所得税资产	272,757,236.00	2.92%
其他非流动资产		0.00%
非流动资产合计	4,377,061,540.00	46.87%
资产合计	9,339,299,576.00	100.00%

图9-4 2013年光明乳业资产结构图

用同样的方法计算该企业 2012 年、2011 年资产结构百分比，计算结果如图 9-5 所示。

	A	B	C	D	E	F	G
1		光明乳业资产负债表（单位：人民币元）					
2	科目	2011-12-31	百分比	2012-12-31	百分比	2013-12-31	百分比
3	货币资金	1,138,612,323.00	19.06%	1,114,185,977.00	15.11%	2,339,384,038.00	25.05%
4	交易性金融资产	32,255,158.00	0.54%	21,640,296.00	0.29%	11,781,416.00	0.13%
5	应收票据	2,639,849.00	0.04%	3,891,138.00	0.05%	1,511,278.00	0.02%
6	应收账款	930,868,689.00	15.58%	1,169,307,269.00	15.86%	1,310,077,082.00	14.03%
7	预付款项	160,947,227.00	2.69%	183,353,132.00	2.49%	225,373,435.00	2.41%
8	其他应收款	34,999,690.00	0.59%	108,736,593.00	1.47%	58,358,609.00	0.62%
9	应收关联公司款		0.00%		0.00%		0.00%
10	应收利息		0.00%		0.00%		0.00%
11	应收股利	1,225,000.00	0.02%		0.00%		0.00%
12	存货	805,764,956.00	13.49%	1,099,416,886.00	14.91%	1,015,752,178.00	10.88%
13	其中：消耗性生物资产		0.00%		0.00%		0.00%
14	一年内到期的非流动资产		0.00%		0.00%		0.00%
15	其他流动资产		0.00%	50,000,000.00	0.68%		0.00%
16	流动资产合计	3,107,312,892.00	52.01%	3,750,531,291.00	50.86%	4,962,238,036.00	53.13%
17	可供出售金融资产		0.00%		0.00%		0.00%
18	持有至到期投资		0.00%		0.00%		0.00%
19	长期应收款	10,075,707.00	0.17%	8,203,847.00	0.11%	1,523,939.00	0.02%
20	长期股权投资	10,896,132.00	0.18%	30,221,543.00	0.41%	30,213,980.00	0.32%
21	投资性房地产	416,231.00	0.01%		0.00%		0.00%
22	固定资产	1,977,980,322.00	33.11%	2,482,115,010.00	33.66%	2,681,667,349.00	28.71%
23	在建工程	223,201,703.00	3.74%	217,501,149.00	2.95%	709,740,369.00	7.60%
24	工程物资		0.00%		0.00%		0.00%
25	固定资产清理		0.00%		0.00%		0.00%
26	生产性生物资产	114,993,418.00	1.92%	131,248,071.00	1.78%	142,171,709.00	1.52%
27	油气资产		0.00%		0.00%		0.00%
28	无形资产	145,075,660.00	2.43%	286,978,921.00	3.89%	280,102,296.00	3.00%
29	开发支出		0.00%		0.00%		0.00%
30	商誉	258,884,662.00	4.33%	258,884,662.00	3.51%	258,884,662.00	2.77%
31	长期待摊费用		0.00%		0.00%		0.00%
32	递延所得税资产	125,712,753.00	2.10%	208,330,525.00	2.83%	272,757,236.00	2.92%
33	其他非流动资产		0.00%		0.00%		0.00%
34	非流动资产合计	2,867,236,588.00	47.99%	3,623,483,728.00	49.14%	4,377,061,540.00	46.87%
35	资产合计	5,974,549,480.00	100.00%	7,374,015,019.00	100.00%	9,339,299,576.00	100.00%

图 9-5 光明乳业近三年资产结构图

分析近三年的各项占总资产结构，如图 9-6 所示。

	A	B	C	D
1	光明乳业资产负债表（单位：人民币元）			
2	科目	2011百分比	2012百分比	2013百分比
3	货币资金	19.06%	15.11%	25.05%
4	交易性金融资产	0.54%	0.29%	0.13%
5	应收票据	0.04%	0.05%	0.02%
6	现金占资产百分比	19.64%	15.45%	25.20%

图 9-6 光明乳业资产负债表

分析近三年现金在总资产中所占百分比情况，作图。

在工作表"光明乳业近三年资产结构图"中，选择"插入"选项卡中的"折线图"，结果如图 9-7 所示。

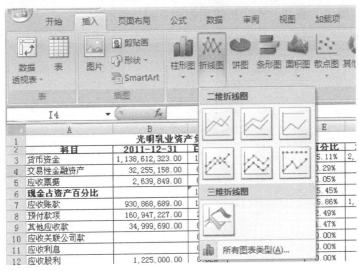

图 9－7　插入图表

选择"二维折线图",单击其中任意一个,单击"选择数据"图标,如图 9－8 所示。

图 9－8　选择数据

在"图表数据区域"中选择"＄B＄6：＄D＄6",如图 9－9 所示。

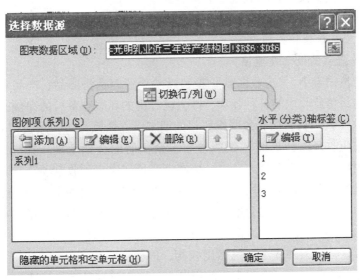

图 9－9　数据区域

单击"确定"按钮,产生折线图如图 9-10 所示。

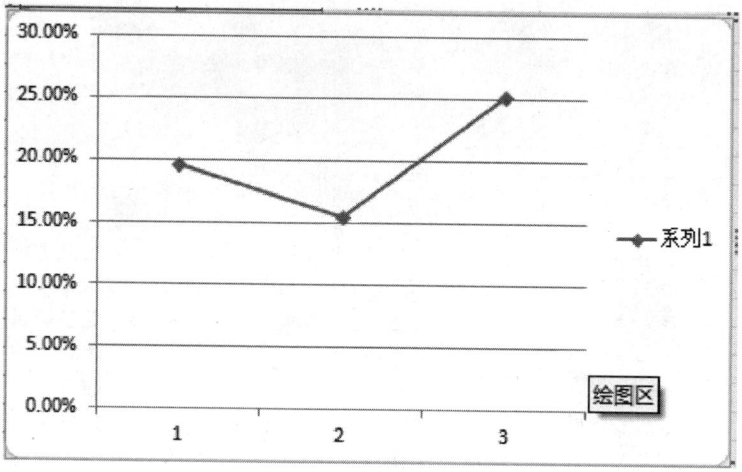

图 9-10 图表生成

【现金分析】

从以上图中可以看出,2011 年光明乳业公司现金占总资产比例为 19.64%,2012 年下降,比例为 15.45%,但是 2013 年该企业现金比重和 2011 年比,百分比增加 5 个百分点,但同 2012 年相比,现金比重增高将近 10 个百分点,企业现金存量大幅增加。2013 年现金部分占有企业总资产的 1/4,现金占有量非常大。从现金内部结构来看,近三年来,企业货币资金一直占有很大比重,也就是说企业现金、银行存款量非常大,这可能会造成企业现金持有成本较高,企业可以将部分资金进行金融投资,降低现金的持有成本。

二、运用 Excel 进行应收账款分析

(一) 应收账款相关知识

1. 应收账款的概念及地位

在资产负债表中,"应收账款"项目反映企业因销售商品、产品和提供劳务等而应向购买单位收取的各种款项,减去已计提的坏账准备后的净额。该项目应根据"应收账款"科目所属各明细科目的期末借方余额合计,减去"坏账准备"科目中有关应收账款计提的坏账准备期末余额后的金额填列。如"应收账款"科目所属明细科目期末有贷方余额,应在资产负债表"预收款项"项目内填列。

应收账款是一种商业信用。由于应收账款的增加,能够扩大企业的销售量,增加企业的盈利,但同时也会增加企业的成本(如坏账成本、收账成本、资金占用成本等)。因此,企业应收账款管理的目标,就是要在应收账款信用政策所增加的盈利和这种政策的成本之间做出权衡,以使企业的利润和企业价值最大化。

应收账款是企业资产方一个非常大的风险点,因为只有最终能够转化为现金的应收账款才是有价值的,而那些预期将无法转化为现金的部分就是无价值的。过多

的应收账款，一方面由于对流动资金的大量占用，企业为了克服现金流量不足的压力，不得不增加有息负债的规模，从而使企业负担的财务费用迅速上升；另一方面其坏账准备的计提将使企业负担的资产减值损失迅速上升，从而给企业业绩造成巨大的压力。因此，迅猛增加的应收账款往往预示着业绩风险。

2. 应收账款存在的成本

应收账款存在的成本有机会成本、管理成本、坏账成本。

应收账款机会成本是指投放在应收账款资金而丧失的其他收入，如投资于有价证券的利息收入。这一成本通常与投资于应收账款上资金的数量、时间和资金成本率有关。其计算公式为：

应收账款机会成本 = 维持赊销业务所需资金 × 资金成本率

维持赊销业务所需资金 = 应收账款平均余额 × 变动成本率

应收账款平均余额 = 年赊销额/360 × 平均收账天数（平均收账期 = 平均每日赊销额 × 平均收账期）

持有成本（坏账成本、收账成本、资金占用成本等）与授予的信用额度成正相关；机会成本（销售损失）随着给予的信用而逐渐下降。最优信用额为总成本最低的信用额。在实际中是通过对企业自身的应收账款进行比较分析、结构分析、比率分析来确定的。

3. 判断应收账款是否过多

应收账款是否过多主要是通过比较分析、结构分析、比率分析来判断。

所谓比较分析，就是将应收账款的变化与销售收入的变化加以比较。一般来说，应收账款与销售收入的规模存在一定的正相关关系，当企业放宽信用限制时，往往会刺激销售，但同时也增加了应收账款；而企业紧缩信用，在减少应收账款时又会影响销售。因此，如果应收账款的增长率明显大于销售收入的增长率，则说明应收账款过多。

所谓结构分析，就是将企业的应收账款占总资产的比例（结构）与同行业其他企业的情况进行比较。一般来说，每一个行业都有其独特的资产结构。如果企业的应收账款占总资产的比例显著超过同行业的一般水平，则往往说明应收账款过多。

所谓比率分析，就是将企业的应收账款周转率与同行业其他企业的情况进行比较。应收账款周转率是用一段时间内的（信用）销售额除以同期内流通在外的应收账款平均余额。其计算公式为：

应收账款周转率 = 销售收入/应收账款平均余额

如果企业的应收账款周转率显著低于同行业的一般水平，则往往说明应收账款过多、周转过慢。其计算公式为：

应收账款平均余额 =（期初应收账款 + 期末应收账款）/2

应收账款过多是企业面临的较严重的财务风险。

此外，在对应收账款的分析中，除了采用比较分析、结构分析和比率分析来判断应收账款是否过多之外，还应进行账龄分析和对象分析来进一步判断应收账款的风险。

应收账款的账龄，是指资产负债表中的应收账款从销售实现、产生应收账款之日起，到收到货款、冲减应收账款所经历的时间。简而言之，就是应收账款停留在企业账户上的时间。在分析应收账款时，一定要仔细分析会计报表附注，了解应收账款的账龄情况。一般来说，1年以内的应收账款在企业正常信用期限范围内；1~2年的应收账款虽属逾期，但也属正常；2~3年的应收账款风险较大，而3年以上的应收账款通常回收的可能性很小。

由于交易对象的信用程度是应收账款风险性的根本来源，因此，在分析应收账款时，在对会计数字层面的趋势变化、结构、比率和账龄了解之后，一定还要仔细分析会计报表附注，了解是谁欠了企业的钱。在对应收账款对象进行分析时需要重点考虑的因素包括：①债务人的区域性。由于区域经济发展水平、法制环境，以及特定的经济状况等条件的差异，不同地区的企业信用状况会不同。②债务人的财务实力。评价债务人的财务实力，需要了解债务人的财务状况。简单的方法是查阅债务人单位的资本实力和交易记录，用这种方法可以识别出一些皮包公司，其中有些根本就是虚构的公司，以便发现会计信息的失真之处。③债务人的集中度。应收账款的集中度风险表现在由于某一个主要债务人支付困难而导致较大比例的债权面临无法回收的风险。要规避债务人集中风险，就需要采取措施使债务人分散化，这和业务多元化以规避业务单一风险的道理是一样的。

(二) 应收账款分析

根据三家企业下列简表的内容（见图9-11和图9-12），对光明乳业进行应收账款分析。

	A	B	C	D	E	F	G	H
1		光明乳业				三元乳业		
2	科目	2011-12-31	2012-12-31	2013-12-31	科目	2011-12-31	2012-12-31	2013-12-31
3	货币资金	1,138,612,323.00	1,114,185,977.00	2,339,384,038.00	货币资金	514,419,322.00	541,285,292.00	407,836,064.00
4	应收账款	930,868,689.00	1,169,307,269.00	1,310,077,082.00	应收账款	151,901,244.00	197,978,968.00	212,339,643.00
5	预付款项	160,947,227.00	183,353,132.00	225,373,435.00	预付款项	8,455,619.00	59,450,127.00	56,146,057.00
6	其他应收款	34,999,690.00	108,736,593.00	58,358,609.00	其他应收款	11,974,465.00	207,798,203.00	15,023,356.00
7	存货	805,764,956.00	1,099,416,886.00	1,015,752,178.00	存货	234,408,695.00	256,155,664.00	252,500,819.00
8	固定资产	1,977,980,322.00	2,482,115,010.00	2,681,667,349.00	固定资产	812,630,424.00	1,302,068,203.00	1,481,836,964.00
9	资产合计	5,974,549,580.00	7,374,015,019.00	9,339,299,576.00	资产合计	2,779,899,802.00	3,472,121,274.00	3,645,641,161.00
10	短期借款	257,604,123.00	975,871,902.00	793,362,976.00	短期借款	490,000,000.00	455,000,000.00	371,000,000.00
11	长期借款	567,330,924.00	504,359,925.00	708,489,280.00	长期借款	1,500,000.00	365,500,000.00	421,000,000.00
12								
13	科目	2011-12-31	2012-12-31	2013-12-31				
14	货币资金	372,881,418.00	244,976,844.00	259,677,050.00				
15	应收账款	73,732,971.00	128,048,763.00	130,638,367.00				
16	预付款项	17,695,968.00	50,480,701.00	94,714,918.00				
17	其他应收款	5,975,985.00	17,361,373.00	34,578,666.00				
18	存货	38,432,196.00	61,327,909.00	78,913,452.00				
19	固定资产	208,763,056.00	289,386,003.00	431,541,784.00				
20	资产合计	922,668,299.00	1,097,180,948.00	1,296,387,093.00				
21	短期借款	80,000,000.00	88,242,000.00	261,000,000.00				
22	长期借款	22,875,000.00						

图9-11 光明乳业财务分析表（一）

项目九 Excel 在会计报表分析中的应用

光明乳业

科目	2011年度	2012年度	2013年度
营业收入	9,572,111,030.00	11,788,779,319.00	13,775,072,506.00
营业成本	6,269,987,809.00	7,845,325,896.00	8,937,639,956.00
销售费用	2,727,328,253.00	3,245,800,807.00	3,819,649,184.00
管理费用	280,165,543.00	354,951,037.00	441,902,612.00
财务费用	26,766,848.00	47,129,710.00	64,626,544.00

三元乳业

科目	2011年度	2012年度	2013年度
营业收入	411,022,605.00	572,435,776.00	754,269,419.00
营业成本	257,791,642.00	357,513,866.00	500,281,734.00
销售费用	78,683,118.00	124,537,945.00	165,336,803.00
管理费用	26,566,958.00	34,696,067.00	51,596,508.00
财务费用	662,518.00	-686,080.00	10,827,986.00

皇氏乳业

科目	2011年度	2012年度	2013年度
营业收入	2,572,273,474.00	3,070,250,356.00	3,552,963,551.00
营业成本	2,161,620,588.00	2,418,231,832.00	2,753,018,350.00
销售费用	492,601,444.00	301,204,743.00	702,890,334.00
管理费用	152,310,998.00	160,411,784.00	171,184,986.00
财务费用	12,147,441.00	25,206,831.00	54,158,789.00

图 9-12 光明乳业财务分析表(二)

1. 比较分析

数据的整理:将两个简表中的数据进行处理,处理结果如图 9-13 所示。

光明乳业

科目	2011-12-31	2012-12-31	2013-12-31
货币资金	1,138,612,323.00	1,114,185,977.00	2,339,384,038.00
应收账款	930,868,689.00	1,169,307,269.00	1,310,077,082.00
预付款项	160,947,227.00	183,363,132.00	225,373,435.00
其他应收款	34,999,690.00	108,736,593.00	58,358,609.00
存货	805,764,956.00	1,099,416,886.00	1,015,752,178.00
固定资产	1,977,980,322.00	2,482,115,010.00	2,681,667,349.00
资产合计	5,974,549,580.00	7,374,015,019.00	9,339,299,576.00
短期借款	257,604,123.00	975,871,902.00	793,362,976.00
长期借款	567,330,924.00	504,369,925.00	708,489,280.00

三元乳业

科目	2011-12-31	2012-12-31	2013-12-31
货币资金	514,419,322.00	541,285,292.00	407,836,064.00
应收账款	151,901,244.00	197,978,968.00	212,339,643.00
预付款项	8,455,619.00	59,450,127.00	56,146,057.00
其他应收款	11,974,465.00	207,798,203.00	15,023,356.00
存货	234,408,695.00	256,155,664.00	252,600,819.00
固定资产	812,630,424.00	1,302,068,203.00	1,481,836,964.00
资产合计	2,779,899,802.00	3,472,121,274.00	3,645,641,161.00
短期借款	490,000,000.00	455,000,000.00	371,000,000.00
长期借款	1,500,000.00	365,500,000.00	421,000,000.00

皇氏乳业

科目	2011-12-31	2012-12-31	2013-12-31
货币资金	372,881,418.00	244,976,844.00	259,677,050.00
应收账款	73,732,971.00	128,048,763.00	130,638,387.00
预付款项	17,695,968.00	50,480,701.00	94,714,918.00
其他应收款	5,975,985.00	17,361,373.00	34,578,666.00
存货	38,432,196.00	61,327,909.00	78,913,452.00
固定资产	208,763,056.00	289,386,003.00	431,541,784.00
资产合计	922,668,299.00	1,097,180,948.00	1,296,387,093.00
短期借款	80,000,000.00	88,242,000.00	261,000,000.00
长期借款	22,875,000.00		

图 9-13 处理结果

在表中新建表格,输入信息,如图 9-14 所示。

公司	科目	2011-12-31	2012-12-31	2013-12-31		公司	科目	2011-12-31	2012-12-31	2013-12-31
光明乳业	应收账款	930,868,689.00	1,169,307,269.00	1,310,077,082.00	三元乳业	应收账款	151,901,244.00	197,978,968.00	212,339,643.00
	资产合计	5,974,549,580.00	7,374,015,019.00	9,339,299,576.00		资产合计	2,779,899,802.00	3,472,121,274.00	3,645,641,161.00
	短期借款	257,604,123.00	975,871,902.00	793,362,976.00		短期借款	490,000,000.00	455,000,000.00	371,000,000.00
	长期借款	567,330,924.00	504,369,925.00	708,489,280.00		长期借款	1,500,000.00	365,500,000.00	421,000,000.00
	营业收入	9,572,111,030.00	11,788,779,319.00	13,775,072,506.00		营业收入	411,022,605.00	572,435,776.00	754,269,419.00
	营业成本	6,269,987,809.00	7,845,325,896.00	8,937,639,956.00		营业成本	257,791,642.00	357,513,866.00	500,281,734.00
皇氏乳业	应收账款	73,732,971.00	128,048,763.00	130,638,387.00					
	资产合计	922,668,299.00	1,097,180,948.00	1,296,387,093.00					
	短期借款	80,000,000.00	88,242,000.00	261,000,000.00					
	长期借款	22,875,000.00							
	营业收入	2,572,273,474.00	3,070,250,356.00	3,552,963,551.00					
	营业成本	2,161,620,588.00	2,418,231,832.00	2,753,018,350.00					

公司	应收账款增长率		营业收入增长率	
	2012年	2013年	2012年	2013年
光明乳业				
三元乳业				
皇氏乳业				

图 9-14 信息输入

选中 B17:E19,设置单元格格式:数字——百分比。

计算光明乳业应收账款、营业收入增长率,采用环比增长进行计算:

选中单元格 B17,输入公式"=(D2-C2)/C2";

选中单元格 C17,输入公式"=(E2-D2)/D2";

选中单元格 D17，输入公式"=（D6－C6）/C6"；
选中单元格 E17，输入公式"=（E6－D6）/D6"。
用同样的方法计算其他公司增长率，计算结果如图 9－15 所示。

公司	应收账款增长率		营业收入增长率	
	2012年	2013年	2012年	2013年
光明乳业	25.61%	12.04%	23.16%	16.85%
三元乳业	30.33%	7.25%	39.27%	31.76%
皇氏乳业	73.67%	2.02%	19.36%	15.72%

图 9－15　计算结果

【财务分析】

从计算结果可以看出，光明公司应收账款增长率与营业收入增长率相比，两者基本持平，推测企业信用政策未发生较大改变；三元乳业应收账款增长率与营业收入增长率相比，2013 年营业收入增长率远远高于应收账款周转率，企业应收账款增长幅度较小；皇氏乳业 2012 年应收账款增长率为 73.67%，而营业收入增长率仅为 19.36%，应收账款增长幅度远远高于营业收入增长幅度，说明企业应收账款过多，而 2013 年企业应收账款增长率仅为 2.02%，营业收入增长率持续 15.72%，拟推测企业对信用政策进行了适当调整，企业信用政策由宽松转为紧缩。

2. 结构分析

新建表格，输入信息如图 9－16 所示。

公司	资产结构百分比		
	2011年	2012年	2013年
光明乳业			
三元乳业			
皇氏乳业			

图 9－16　信息输入

选中 B23：D25，设置单元格格式：数字——百分比。
计算三个公司应收账款占总资产的百分比，计算步骤如下：
选中单元格 B23，输入公式"=C2/C3"，选中单元格 B23，向右自动填充。
用同样的方法计算其他两个公司，计算结果如图 9－17 所示。

公司	资产结构百分比		
	2011年	2012年	2013年
光明乳业	15.58%	15.86%	14.03%
三元乳业	5.46%	5.70%	5.82%
皇氏乳业	7.99%	11.67%	10.08%

图 9－17　计算结果

【财务分析】

从图中可以看出，光明乳业、三元乳业近三年的应收账款比重一直在 15.6%、5.5% 左右，信用政策稳定，而皇氏乳业公司变动幅度相对较大。光明公司同三元乳业、皇氏乳业相比，应收账款比重相对较大，可以推测其所实行的信用政策相对宽松。

3. 比率分析

新建表格，输入信息，如图 9 – 18 所示。

A	B	C	D	E	F	G	H	I
公司	科目	2011-12-31	2012-12-31	2013-12-31	公司	科目	2011-12-31	2012-12-31
光明乳业	应收账款	930,868,689.00	1,169,307,269.00	1,310,077,082.00	三元乳业	应收账款	151,901,244.00	197,978,968.00
	资产合计	5,974,549,580.00	7,374,015,019.00	9,339,299,576.00		资产合计	2,779,899,802.00	3,472,121,274.00
	短期借款	257,604,123.00	975,871,902.00	793,362,976.00		短期借款	490,000,000.00	455,000,000.00
	长期借款	567,330,924.00	504,359,925.00	708,489,280.00		长期借款	1,500,000.00	365,500,000.00
	营业收入	9,572,111,030.00	11,788,779,319.00	13,775,072,506.00		营业收入	411,022,605.00	572,435,776.00
	营业成本	6,269,987,809.00	7,845,325,896.00	8,937,639,956.00		营业成本	257,791,642.00	357,513,866.00
皇氏乳业	应收账款	73,732,971.00	128,048,763.00	130,638,367.00				
	资产合计	922,668,299.00	1,097,180,948.00	1,296,387,093.00				
	短期借款	80,000,000.00	88,242,000.00	261,000,000.00				
	长期借款	22,875,000.00						
	营业收入	2,572,273,474.00	3,070,250,356.00	3,552,963,551.00				
	营业成本	2,161,620,588.00	2,418,231,832.00	2,753,018,350.00				
公司	应收账款增长率		营业收入增长率			公司	应收账款周转率	
	2012年	2013年	2012年	2013年			2012年	2013年
光明乳业	25.61%	12.04%	23.16%	16.85%		光明乳业		
三元乳业	30.33%	7.25%	39.27%	31.76%		三元乳业		
皇氏乳业	73.67%	2.02%	19.36%	15.72%		皇氏乳业		

图 9 – 18 信息输入

计算光明乳业 2012 年、2013 年应收账款周转率。

选中 H17：H19，设置单元格格式：数字——数值；

选中单元格 H17，输入公式 " = D6 × 2 / （C2 + D2）"；

选中单元格 I17，输入公式 " = E6 × 2 / （D2 + E2）"。

用同样方法计算三元乳业、皇氏乳业的应收账款周转率，计算结果如图 9 – 19 所示。

公司	应收账款周转率	
	2012年	2013年
光明乳业	11.23	11.11
三元乳业	3.27	3.68
皇氏乳业	30.43	27.47

图 9 – 19 计算结果

【财务分析】

从图中可以看出，光明乳业应收账款周转率一直保持在 11 左右，保持该行业周转中等水平；三元乳业应收账款周转率仅为 3 ~ 4，显著低于同行业。如果企业的应收账款周转率显著低于同行业的一般水平，则往往说明应收账款周转速度过慢；而皇氏乳业应收账款周转率为 28 左右，远远高于同行业水平，说明该企业应收账款周转速度很快，企业可以充分利用信用政策来加强产品的销售。

三、应用 Excel 进行存货分析

在资产负债表中，"存货"项目反映企业期末在库、在途和在加工中的各项存货的可变现净值，包括各种材料、商品、在产品等。该项目应根据"材料采购"、"在途物资"、"原材料"、"库存商品"、"发出商品"、"委托加工物资"、"生产成本"等科目的期末余额合计，减去"存货跌价准备"科目期末余额后的金额填列。材料采用计划成本核算，以及库存商品采用计划成本或售价核算的企业，还应加或减材料成本差异、商品进销价后的余额填列。

存货按照生产加工的程度分为三类，即原材料存货、在产品存货和产成品存货。原材料存货是指向其他企业购买并用于本企业生产经营的所有基本材料；在产品存货是指正在生产制作过程中的存货，也即有待于进一步加工的产成品；产成品存货指那些已加工完毕而有待于销售的产品。

存货是企业一项非常重要的经济资源，通常占总资产的相当比重。存货过多，往往意味着存在商品积压，是企业面临的较严重的财务风险。过多的存货，一方面由于对流动资金大量占用，企业为了克服现金流量不足的压力，不得不增加有息负债的规模，从而使企业负担的财务费用迅速上升；另一方面其跌价准备的计提使得企业负担的资产减值损失迅速上升，从而给企业业绩造成巨大的压力。

对存货进行分析，主要从比较分析、结构分析、比率分析进行。新建工作表"存货分析"，输入数据，如图 9 - 20 所示。

	A	B	C	D	E	F	G	H
1			光明乳业				三元乳业	
2	科目	2011-12-31	2012-12-31	2013-12-31	科目	2011-12-31	2012-12-31	2013-12-31
3	存货	80,576,456.00	1,099,416,886.00	1,015,752,178.00	存货	234,408,695.00	256,155,664.00	252,600,819.00
4	固定资产	1,977,980,322.00	2,482,115,010.00	2,681,667,349.00	固定资产	812,630,424.00	1,302,068,203.00	1,481,836,964.00
5	资产合计	5,974,549,580.00	7,374,015,019.00	9,339,299,576.00	资产合计	2,779,899,802.00	3,472,121,274.00	3,645,641,161.00
6	营业收入	9,572,111,030.00	11,788,779,319.00	13,775,072,506.00	营业收入	411,022,605.00	572,436,776.00	754,269,419.00
7	营业成本	6,269,987,809.00	7,845,325,896.00	8,937,639,956.00	营业成本	257,791,642.00	357,513,866.00	500,281,734.00
8			皇氏乳业					
9	存货	38,432,196.00	61,327,909.00	78,913,452.00				
10	固定资产	208,763,056.00	289,386,003.00	431,541,784.00				
11	资产合计	922,668,299.00	1,097,180,948.00	1,296,387,093.00				
12	营业收入	2,572,273,474.00	3,070,250,356.00	3,552,963,551.00				
13	营业成本	2,161,620,588.00	2,418,231,832.00	2,753,018,350.00				

图 9 - 20　输入数据

（一）结构分析

表中新建表格，输入信息，如图 9 - 21 所示。

	A	B	C	D
15				
16	公司	存货结构百分比		
17		2011年	2012年	2013年
18	光明乳业			
19	三元乳业			
20	皇氏乳业			

图 9 - 21　信息输入

选中 B18：D20，设置单元格格式：数字——百分比。
计算三个公司存货占总资产的百分比，计算步骤如下：
选中单元格 B18，输入公式"＝B3/B5"，选中单元格 B18，向右自动填充。
用同样的方法计算其他两个公司，计算结果如图 9－22 所示。

公司	存货结构百分比		
	2011年	2012年	2013年
光明乳业	1.35%	14.91%	10.88%
三元乳业	8.43%	7.38%	6.93%
皇氏乳业	4.17%	5.59%	6.09%

图 9－22　计算结果

【财务分析】

从图中可以看出，光明乳业、三元乳业的存货从 2011—2013 年存货在资产结构中整体下降，而皇氏乳业的存货结构比重则稳步上升。光明乳业的存货比重高于同行业其他公司，存货相对较多。

（二）比率分析

在表中新建表格，输入信息，如图 9－23 所示。

图 9－23　信息输入

计算光明乳业 2012 年、2013 年存货周转率。
选中 G13：H15，设置单元格格式：数字——数值；
选中单元格 G13，输入公式"＝C7×2/（B3＋C3）"；
选中单元格 H13，输入公式"＝D7×2/（C3＋D3）"。
用同样的方法计算三元乳业、皇氏乳业的存货周转率，计算结果如图 9－24 所示。

公司	存货周转率	
	2012年	2013年
光明乳业	8.24	8.45
三元乳业	1.46	1.97
皇氏乳业	48.48	39.26

图 9－24　计算结果

选择"插入"选项卡,选择"柱形图"—"二维柱形图",在"选择数据"对话框的"图表数据区域"中输入"=存货分析!＄G＄13:＄H＄15"。

将图例项"系列1"更改为"存货周转率2012年",将"系列2"更改为"存货周转率2013年",单击"确定"按钮完成,如图9-25和图9-26所示。

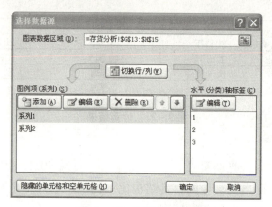

图9-25 源数据选择

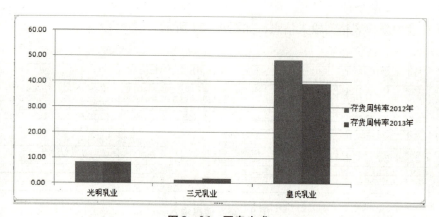

图9-26 图表生成

【财务分析】

从图9-26中可以看出,光明乳业的存货周转率处于乳业中等水平,皇氏乳业存货周转率远远高于其他乳业,说明其存货较少、周转快,而三元乳业在行业中,存货周转率显著低于同行业的一般水平,说明其存货过多、周转过慢。从公司内部来看,光明乳业、三元乳业2012年、2013年存货周转率基本持平,而皇氏乳业2013年相较于2012年,存货周转率降低,周转速度下降。

(三)确定最佳订货批量

1. 存货成本

存货的成本或者与存货相关的成本主要包括取得成本、储蓄成本和缺货成本三个部分。存货在流动资产过程中占有很大比重,对存货的管理要求是既要保证生产经营的连续性，又要保证尽可能少地占用经营资金。那么如何确定存货的数量呢？关键是做到既能满足生产（销售）需要，又能使存货上所耗费的总成本达到最低水平。

（1）取得成本：是指为取得某种存货而支出的成本，常用 TCa 表示。其中又分为订货成本和购置成本。

①订货成本：是指取得订单的成本，如办公费、差旅费、邮资、电报电话费用支出。订货成本中有一部分与订货成本无关，如常设采购机构的基本开支等是订货的固定成本，用 F_1 表示；另一部分与订货次数有关，如差旅费、邮资等是订货的变动成本，每次订货的变动成本用 K 表示。订货次数等于存货年需要量 D 与每次进货批量 Q 之比。

订货成本的计算公式为：

$$订货成本 = F_1 + D/Q \times K$$

在实际分析决策时，订货的固定成本一般可以不加考虑，因为它属于共同成本或者无关成本。该公式可简写为：

$$订货成本 = D/Q \times K$$

②购置成本：存货本身的价值，常用数量与单价的乘积来确定。年需要量用 D 表示，单价用 U 表示，则购置成本 $= DU$。

（2）储存成本：为保持存货而发生的成本，包括存货占用资金所应计的利息（若企业用现有资金购买存货，便失去了现金存放银行或投资于证券本应取得的利息，即为"放弃利息"，若企业借款购买存货，便要支付利息费用，即为"付出利息"）、仓库费用、保险费用、存货破损和变质损失等，通常用 TCc 表示。储存成本也分为固定成本和变动成本。固定成本与存货数量的多少无关，如仓库折旧、仓库职工的固定月工资等，常用 F_2 表示。变动成本与存货数量有关，如存货资金的应计利息、存货的破损和变质损失、存货的保险费用等，用 Kc 表示。

储存成本 = 存储固定成本 + 储存变动成本，因此公式为：

$$TCc = F_2 + Kc \times Q_2$$

储存成本中的固定成本与订货成本一样属于与决策无关的成本，因此也可把公式简写为：

$$TCc = Kc \times Q_2$$

（3）缺货成本：指由于存货供应中断而造成的损失，包括材料供应中断造成的停工损失，产成品库存缺货造成的拖欠发货损失和丧失销售机会的损失，其用 TCs 表示：

$$TC = TCa + TCc = F_1 + D/Q \times K + F_2 + Kc \times Q_2 + TCs$$

企业存货的最优化就是让 TC 值最小。

2. 经济订货批量的确定

经济订货批量也称经济订货量，是指储备存货总成本最少时的订购批量。与存货总成本有关的变量很多,为了解决比较复杂的问题,先简化一些变量,解决简单的问题,然后再扩展到复杂的问题。

(1) 经济订货量的基本模型。

基本模型需要设立的假定条件:存货的年需要量(D)和日消耗量(d)是一定的;每批货物到达时间间隔是固定的,而且每批货物均是一次到达,不是陆续到达;存货单价不变(U为一定量),不考虑现金折扣;不发生缺货,无缺货成本。

根据以上假定,存货总成本的公式可以简化为:

$$T = D/Q \times K + C \times Q/2$$

对上面计算公式求导,当 TC 有最小值时,其导数为 0,可看出:最优订货批量(Q);每年最佳订货次数(N)= 存货全年需要量(D)/最优订货量(Q);最佳订货周期(t)= 1 年/N;经济订货量占用资金 I = 最优订货量(Q)/2 × 单价。

(2) 经济订货量的"陆续到货"模型。

在现实中存货多数不能一次到达,各批次可能是陆续入库,使存货陆续增加,在这种情况下要对基本模型做一些修改,计算公式为:

$$存货总成本 = 订货成本 + 存储成本$$

$$TC = D/Q \times K + C \times (Q - Q/p \times d)/2$$

式中,TC 为存货总成本;D 为存货的年需要量;d 为每日消耗量;K 为每次订货的变动成本;Q 为每次进货批量;p 为每日送货量;C 为单位存货年存储成本。

考虑数量折扣、陆续到货的经济订货批量模型,数量折扣是按数量给予价格上的优惠。如果供应商实行了数量折扣,则存货总成本除了订货成本和存储成本之外,还要加上"采购成本"。其计算公式为:

$$存货总成本 = 订货成本 + 存储成本 + 采购成本$$

$$TC = D/Q \times K + Kc \times (Q - Q/p \times d)/2 + D \times U \times (1 - di)$$

式中,U 表示采购单价;di 表示数量折扣。

(3) 最优订货批量决策模型。

某企业生产产品需要甲、乙、丙、丁 4 种原材料。各材料采购时陆续入库、陆续增加。最基本数据如图 9-27 所示。

	A	B	C	D	E
1	企业存货的基本数据				
2	存货名称	甲材料	乙材料	丙材料	丁材料
3	材料年需要量D	18000	20000	30000	25000
4	一次订货成本K	25	25	25	25
5	单位储存成本C	2	3	4	3
6	每日送货量p	100	200	300	250
7	每日耗用量d	20	30	40	25
8	数量折扣di	2%	2%	2%	2%
9	单价U	10	20	30	25

图 9-27 存货基本资料

试计算各材料的最优订货批量、总成本、最佳订货次数、最佳订货周期、经济订货量占用资金,以及三种材料综合成本。

操作要求:利用"规划求解"工作建立最优订货批量决策模型。

操作步骤:新建工作表,并将其重命名为"最优订货批量决策模型",输入基本数据,如图9-28所示。

	A	B	C	D	E
1	企业存货的基本数据				
2	存货名称	甲材料	乙材料	丙材料	丁材料
3	材料年需要量D	18000	20000	30000	25000
4	一次订货成本K	25	25	25	25
5	单位储存成本C	2	3	4	3
6	每日送货量p	100	200	300	250
7	每日耗用量d	20	30	40	25
8	数量折扣di	2%	2%	2%	2%
9	单价U	10	20	30	25
10	规划求解工具分析				
11	存货名称	甲材料	乙材料	丙材料	丁材料
12	最优订货批量Q*				
13	采购成本				
14	储存成本				
15	订货成本				
16	总成本				
17	综合成本				
18	最佳订货次数				
19	最佳订货周期(月)				
20	经济订货量占用资金				

图9-28 输入基本数据(一)

在B12、C12、D12、E12单元格中随意输入最优订货批量数值。

利用规划求解工作求解最优订货批量时,其目标单元格中的公式含有最优订货批量并且为分母,如果最优订货批量没有数值,就不能进行计算。

其他各项指标的计算公式:

选中单元格B13,输入公式"=B3×B9×(1-B8)";

选中单元格B14,输入公式"=B5×(B12-B12/B6×B7)/2";

选中单元格B15,输入公式"=B4×B3/B12";

选中单元格B16,输入公式"=B13+B14+B15";

选中单元格B18,输入公式"=B3/B12";

选中单元格B19,输入公式"=12/B18";

选中单元格B20,输入公式"=B12/2×B9";

选中单元格B17,输入公式"=B16+C16+D16+E16";

选中单元格B12:B16,向右自动填充C12:E16;选中B18:B20,向右自动填充C18:E20,填充结果如图9-29所示。

10	规划求解工具分析				
11	存货名称	甲材料	乙材料	丙材料	丁材料
12	最优订货批量Q*	1	2	3	4
13	采购成本	176400	392000	882000	612500
14	储存成本	0.8	2.55	5.2	5.4
15	订货成本	450000	250000	250000	156250
16	总成本	626400.8	642002.6	1132005	768755.4
17	综合成本		3169163.95		
18	最佳订货次数	18000	10000	10000	6250
19	最佳订货周期（月）	0.000667	0.0012	0.0012	0.00192
20	经济订货量占用资金	5	20	45	50

图 9－29　输入基本数据（二）

导入"规划求解工具"：

（1）单击"Office 按钮"，然后选择 Excel 选项。

（2）单击"加载项"类别。

（3）在"管理"框中单击"Excel 加载项"，然后单击"转到"按钮。

（4）要加载 Excel 的"加载宏"，请执行以下操作：

①在"可用加载宏"框中，选中"规划求解加载项"的复选框，然后单击"确定"按钮，如图 9－30 所示。

②加载之后的"加载宏"出现在"数据"的最右一栏"分析"中。

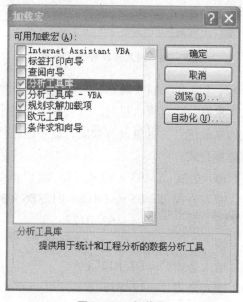

图 9－30　加载宏

打开"数据"中的"分析"—"规划求解"项，出现对话框，如图 9－31 所示。

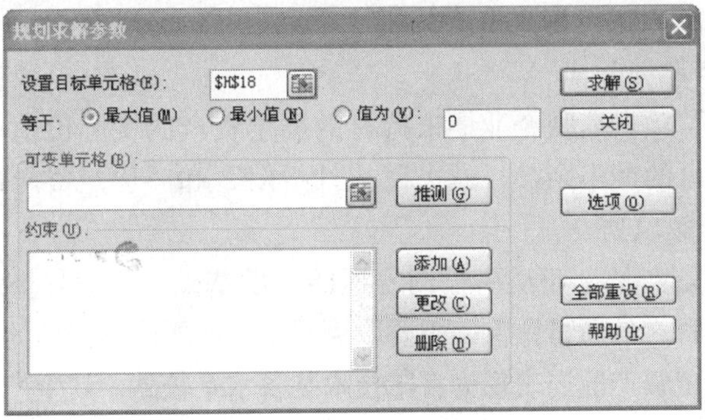

图 9 – 31　规划求解参数对话框

设置目标单元格选择：＄B＄17，求其最小值，对可变单元格进行设置。
要求：可变单元格为：＄B＄12：＄E＄12。
约束条件为：假设最优订货批量只是要每日供货量的三倍。
约束条件：单击"添加"按钮，在出现的对话框中输入相关信息，输入结果如图 9 – 32 所示。

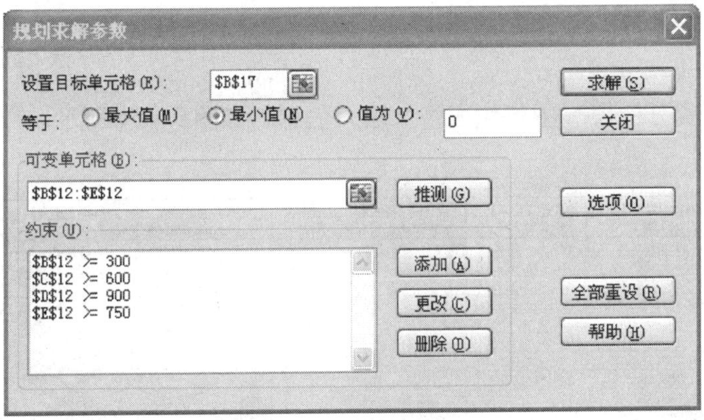

图 9 – 32　添加信息

求解结果如图 9 – 33 所示。

规划求解工具分析				
存货名称	甲材料	乙材料	丙材料	丁材料
最优订货批量Q*	750	626	900	750
采购成本	176400	392000	882000	612500
储存成本	600	798	1560	1013
订货成本	600	799	833	833
总成本	177600	393597	884393	614346
综合成本	2069936			
最佳订货次数	24	31.94888	33.33333	33.33333
最佳订货周期（月）	0.5	0.3756	0.36	0.36
经济订货量占用资金	3750	6260	13500	9375

图 9 – 33　计算结果

四、应用 Excel 进行固定资产分析

1. 固定资产相关知识

"固定资产"项目反映企业期末持有的固定资产的实际价值。该项目应根据"固定资产"科目的期末余额,减去"累计折旧"和"固定资产减值准备"科目期末余额后的金额填列。

企业的固定资产是企业从事长期发展的物质基础,代表着企业的技术装备水平。因此,固定资产的质量评价,主要取决于该资产所能够推动的企业经营活动状况。高质量的固定资产应当表现为:①技术装备水平较高,其生产能力与存货的市场份额所需要的生产能力相匹配,并能够将符合市场质量需要的产品推向市场,从而获得利润;②周转速度适当,资产的闲置率不高;③结构合理,符合行业特征。

判断技术装备水平高低的财务指标主要是固定资产综合成新率:

固定资产综合成新率 = (固定资产原值 - 累计折旧)/固定资产原值

一般情况下,设备、厂房越新,技术装备水平越高;设备、厂房越旧,技术装备水平越低。

判断周转速度快慢的财务指标主要是固定资产周转率:

固定资产周转率 = 营业收入/固定资产平均余额

2. 固定资产分析

在"存货分析表"中新建表格,输入信息,如图 9-34 所示。

	A	B	C	D	E	F	G	H
1			光明乳业				三元乳业	
2	科目	2011-12-31	2012-12-31	2013-12-31	科目	2011-12-31	2012-12-31	2013-12-31
3	存货	805,764,956.00	1,099,416,886.00	1,015,752,178.00	存货	234,408,695.00	256,155,664.00	252,600,819.00
4	固定资产	1,977,980,322.00	2,482,115,010.00	2,681,667,349.00	固定资产	812,630,424.00	1,302,068,203.00	1,481,836,964.00
5	资产合计	5,974,649,580.00	7,374,615,019.00	9,339,299,576.00	资产合计	2,779,899,802.00	3,472,121,274.00	3,645,641,161.00
6	营业收入	9,572,111,030.00	11,788,779,319.00	13,775,072,506.00	营业收入	411,022,605.00	572,435,776.00	754,269,419.00
7	营业成本	6,269,987,809.00	7,846,325,896.00	8,937,639,966.00	营业成本	267,791,642.00	357,513,866.00	500,281,734.00
8			皇氏乳业					
9	科目	2011-12-31	2012-12-31	2013-12-31				
10	存货	38,432,196.00	61,327,909.00	78,913,452.00				
11	固定资产	208,763,056.00	289,386,003.00	431,541,784.00		公司	存货周转率	
12	资产合计	922,668,299.00	1,097,180,948.00	1,296,387,093.00			2012年	2013年
13	营业收入	2,572,273,474.00	3,070,260,356.00	3,552,963,561.00		光明乳业	8.24	8.45
14	营业成本	2,161,620,588.00	2,418,231,832.00	2,753,018,350.00		三元乳业	1.46	1.97
15						皇氏乳业	48.48	39.26
16	公司		存货结构百分比					
17		2011年	2012年	2013年		公司	固定资产周转率	
18	光明乳业	13.49%	14.91%	10.88%			2012年	2013年
19	三元乳业	8.43%	7.38%	6.93%		光明乳业		
20	皇氏乳业	4.17%	5.59%	6.09%		三元乳业		
21						皇氏乳业		

图 9-34 信息输入

计算光明乳业 2012 年、2013 年固定资产周转率。

选中 G19:H21,设置单元格格式:数字——数值;

选中单元格 G19,输入公式"= C6*2/(B4 + C4)";

选中单元格 H19,输入公式"= D6*2/(C4 + D4)"。

用同样方法计算三元乳业、皇氏乳业的固定资产周转率,计算结果如图 9-35 所示。

公司	固定资产周转率	
	2012年	2013年
光明乳业	5.29	5.34
三元乳业	0.54	0.54
皇氏乳业	12.33	9.86

图9-35 计算结果

【财务分析】

从图9-35中可以看出，光明乳业的固定资产周转率处于乳业中等水平，皇氏乳业固定资产周转率远远高于其他乳业，说明固定资产使用率高、周转快，而三元乳业在行业中，固定资产周转率显著低于同行业的一般水平，固定资产周转速度较慢，资产的闲置率较高。从公司内部来看，光明乳业、三元乳业2012年、2013年存货周转率基本持平，而皇氏乳业2013年相较于2012年，固定资产周转率降低，周转速度下降，资产的使用率降低。

任务二 利用Excel分析利润表

一、应用Excel进行收入、毛利分析

新建工作表——"利润简表"，对光明乳业、皇氏乳业、三元乳业利润表进行分析，整理成利润简表如图9-36所示。

	A	B	C	D	E	F	G	H
1			光明乳业				皇氏乳业	
2	科目	2011年度	2012年度	2013年度	科目	2011年度	2012年度	2013年度
3	营业收入	9,572,111,030.00	11,788,779,319.00	13,775,072,506.00	营业收入	411,022,605.00	572,435,776.00	754,269,419.00
4	营业成本	6,269,987,809.00	7,845,325,896.00	8,937,639,956.00	营业成本	257,791,642.00	357,513,866.00	500,281,734.00
5	销售费用	2,727,328,253.00	3,245,800,807.00	3,819,649,184.00	销售费用	78,683,118.00	124,537,945.00	165,336,803.00
6	管理费用	280,165,543.00	354,951,037.00	441,902,612.00	管理费用	26,566,958.00	34,696,067.00	51,596,508.00
7	财务费用	26,766,848.00	47,129,710.00	64,625,544.00	财务费用	662,518.00	-686,080.00	10,827,986.00
8	营业外收入	43,819,299.00	54,539,245.00	107,522,528.00	营业外收入	20,262,984.00	20,117,676.00	23,458,181.00
9	营业外支出	11,478,500.00	14,246,155.00	43,714,390.00	营业外支出	2,510,688.00	3,850,825.00	3,374,427.00
10	投资收益	3,527,009.00	5,727,337.00	5,247,445.00	投资收益	355,743.00	489,255.00	679,379.00
11			三元乳业					
12	科目	2011年度	2012年度	2013年度				
13	营业收入	2,572,273,474.00	3,070,250,356.00	3,552,963,551.00				
14	营业成本	2,161,620,588.00	2,418,231,832.00	2,753,018,350.00				
15	销售费用	492,601,444.00	301,204,743.00	702,890,334.00				
16	管理费用	152,310,998.00	160,411,784.00	171,164,986.00				
17	财务费用	12,147,441.00	25,206,831.00	54,158,789.00				
18	营业外收入	21,926,963.00	130,503,136.00	77,071,018.00				
19	营业外支出	17,066,647.00	8,849,222.00	5,650,307.00				
20	投资收益	331,678,214.00	108,322,836.00	89,539,541.00				

图9-36 利润简表

毛利率的大小及其走向：毛利率=（营业收入-营业成本）/营业收入。良好的财务状况要求企业的毛利率在同行业中处于平均水平以上，且不断上升。

在利润表简表中新建表格，输入信息如图9-37所示。

	A	B	C	D	E	F	G	H	I
1			光明乳业				皇氏乳业		
2	科目	2011年度	2012年度	2013年度	科目	2011年度	2012年度	2013年度	
3	营业收入	9,572,111,030.00	11,788,779,319.00	13,775,072,506.00	营业收入	411,022,605.00	572,435,776.00	754,269,419.00	
4	营业成本	6,269,987,809.00	7,845,325,896.00	8,937,639,956.00	营业成本	257,791,642.00	357,513,866.00	500,281,734.00	
5	销售费用	2,727,328,253.00	3,245,800,807.00	3,819,649,184.00	销售费用	78,683,118.00	124,537,945.00	165,336,803.00	
6	管理费用	280,165,543.00	354,951,037.00	441,902,612.00	管理费用	26,566,958.00	34,696,067.00	51,596,508.00	
7	财务费用	26,766,848.00	47,129,710.00	64,625,544.00	财务费用	662,518.00	-686,080.00	10,827,986.00	
8	营业外收入	43,819,299.00	54,539,245.00	107,522,528.00	营业外收入	20,262,984.00	20,117,676.00	23,458,181.00	
9	营业外支出	11,478,300.00	14,246,155.00	43,714,390.00	营业外支出	2,510,688.00	3,650,825.00	3,374,427.00	
10	投资收益	3,527,009.00	5,727,337.00	5,247,445.00	投资收益	355,743.00	489,266.00	679,379.00	
11			三元乳业						
12	科目	2011年度	2012年度	2013年度		公司	毛利率		
13	营业收入	2,572,273,474.00	3,070,250,356.00	3,552,963,551.00			2011年	2012年	2013年
14	营业成本	2,161,620,688.00	2,418,231,832.00	2,763,018,360.00		光明乳业			
15	销售费用	492,601,444.00	301,204,743.00	702,890,334.00		三元乳业			
16	管理费用	152,310,998.00	160,411,784.00	171,164,988.00		皇氏乳业			

图 9-37　在利润简表中输入信息

计算企业 2011 年、2012 年、2013 年毛利率。

选中单元格 G14，输入公式 "=（B3-B4）/B3×100%"；

选中单元格 G15，输入公式 "=（B13-B14）/B13×100%"；

选中单元格 G16，输入公式 "=（F3-F4）/F3×100%"；

选中单元格 G14：G16，向右自动填充，计算结果如图 9-38 所示。

公司	毛利率		
	2011年	2012年	2013年
光明乳业	34.50%	33.45%	35.12%
三元乳业	15.96%	21.24%	22.51%
皇氏乳业	37.28%	37.55%	33.67%

图 9-38　计算结果

在 F17：I19 单元格中输入图 9-39 中所示信息，结果如图 9-40 所示。

光明乳业营业收入	9,572,111,030.00	11,788,779,319.00	13,775,072,506.00
三元乳业营业收入	2,572,273,474.00	3,070,250,356.00	3,552,963,551.00
皇氏乳业营业收入	411,022,605.00	572,435,776.00	754,269,419.00

图 9-39　信息栏

公司	2011年	2012年	2013年
光明乳业毛利率	34.50%	33.45%	35.12%
三元乳业毛利率	15.96%	21.24%	22.51%
皇氏乳业毛利率	37.28%	37.55%	33.67%
光明乳业营业收入	9,572,111,030.00	11,788,779,319.00	13,775,072,506.00
三元乳业营业收入	2,572,273,474.00	3,070,250,356.00	3,552,963,551.00
皇氏乳业营业收入	411,022,605.00	572,435,776.00	754,269,419.00

图 9-40　计算结果

选择"插入"选项卡，选择"图表"中的"折线图"，单击"二维折线图"，从"数据"中选择的"选择数据"项。在"图表数据区域"中输入"='利润简表'!$F$14:$I$19"，系列产生在"行"，如图 9-41 所示。

项目九　Excel 在会计报表分析中的应用　　229

图 9 – 41　选择数据源

单击"确定"按钮,生成结果如图 9 – 42 所示。

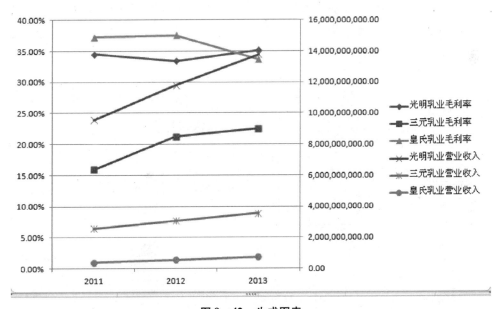

图 9 – 42　生成图表

在图 9 – 42 中选择某一线条,单击鼠标右键进入编辑状态,对其线条进行相关编辑操作,同一公司的毛利率与营业收入采用同一种线条。

【财务分析】

综合营业收入来分析毛利率。从图 9 – 42 中,我们可以看出:光明乳业近三年营业收入持续增长状态,毛利率基本持平,均在 30% 以上,经营较好;皇氏乳业营业收入处于光明乳业与三元乳业之间，但是毛利率高于两者，该公司毛利率在 2012 年有所下降，但仍在 33% 以上。三元乳业营业收入、毛利率虽然持续上涨，但两者总体水平显著低于同行业水平，企业的生产经营状况明显比其他两个公司差，需要进一步改善经营。

二、应用 Excel 进行期间费用分析

期间费用是指销售费用、管理费用和财务费用。对期间费用的分析主要看企业的费用是否与企业的经营规模相适应。企业的销售费用、管理费用等期间费用，其金额总量的变化按照与企业经营业务量水平的关系可以分为变动费用和固定费用。其中，总额随着企业经营业务水平的高低成正比例变化的费用为变动费用；总额不随企业经营业务水平的高低变化而保持固定的费用为固定费用。在企业各个年度可比同类费用的走势上，其总额应该与经营业务规模相适应，即一般情况下，企业的期间费用会随着经营业务规模的提高而增长，但增长的幅度低于经营业务规模增长的幅度。在企业经营业务规模因为竞争加剧而下降的情况下，期间费用的规模由于参与竞争，需要更多费用，投入也不一定会下降。因此我们应该对企业在年度间费用上升或下降的合理性进行分析。

在工作簿中新建工作表，将其命名为“费用分析”，将利润简表中的基本信息复制、粘贴到此工作表中，并新建表格，设计公司各种费用增长率，信息录入后结果如图 9－43 所示。

光明乳业

科目	2011年度	2012年度	2013年度
营业收入	9,572,111,030.00	11,788,779,319.00	13,775,072,506.00
营业成本	6,269,987,809.00	7,845,325,896.00	8,937,639,956.00
销售费用	2,727,328,253.00	3,245,800,807.00	3,819,649,184.00
管理费用	280,165,543.00	354,951,037.00	441,902,612.00
财务费用	26,766,848.00	47,129,710.00	64,625,544.00
营业外收入	43,819,299.00	54,539,245.00	107,522,528.00
营业外支出	11,478,300.00	14,246,155.00	43,714,390.00
投资收益	3,527,009.00	5,727,337.00	5,247,445.00
净利润	227,695,185.00	270,696,426.00	334,886,477.00
总资产	5,974,549,480.00	7,374,015,019.00	9,339,299,576.00
所有者权益	2,686,794,105.00	2,834,825,311.00	4,424,665,226.00

皇氏乳业

科目	2011年度	2012年度	2013年度
营业收入	411,022,605.00	572,435,776.00	754,269,419.00
营业成本	257,791,642.00	357,513,866.00	500,281,734.00
销售费用	78,683,118.00	124,537,945.00	165,336,803.00
管理费用	26,566,958.00	34,696,067.00	51,596,508.00
财务费用	662,518.00	-686,080.00	10,827,986.00
营业外收入	20,262,984.00	20,117,676.00	23,468,181.00
营业外支出	2,510,688.00	3,650,825.00	3,374,427.00
投资收益	355,743.00	489,255.00	679,379.00
净利润	54,870,109.00	63,035,174.00	39,139,207.00
总资产	922,668,299.00	1,097,180,948.00	1,296,387,093.00
所有者权益	747,927,803.00	878,585,674.00	906,132,847.00

三元乳业

科目	2011年度	2012年度	2013年度
营业收入	2,572,273,474.00	3,070,260,356.00	3,552,963,651.00
营业成本	2,161,620,588.00	2,418,231,832.00	2,753,018,350.00
销售费用	492,601,444.00	301,204,743.00	702,890,334.00
管理费用	152,310,998.00	160,411,784.00	171,164,986.00
财务费用	12,147,441.00	25,206,831.00	54,158,789.00
[illegible]	21,926,963.00	130,503,136.00	77,071,018.00
[illegible]	17,066,647.00	8,849,222.00	5,650,307.00
投资收益	331,678,214.00	108,322,836.00	89,539,541.00
净利润	43,041,736.00	24,132,091.00	3,998,897.00
总资产	2,779,899,802.00	3,472,121,274.00	3,645,641,161.00
所有者权益	1,741,894,221.00	1,795,727,063.00	1,957,064,752.00

公司	比率	2012年	2013年
光明	销售费用增长率		
	管理费用增长率		
	财务费用增长率		
	营业收入增长率		
三元	销售费用增长率		
	管理费用增长率		
	财务费用增长率		
	营业收入增长率		
皇氏	销售费用增长率		
	管理费用增长率		
	财务费用增长率		
	营业收入增长率		

图 9－43 信息录入

选中单元格 H16：I27，设置单元格格式为“百分比”，计算费用、收入增长率；

销售费用增长率，选中单元格 H16，输入公式“＝（C9－B5）/B5”；

管理费用增长率，选中单元格 H17，输入公式“＝（C6－B6）/B6”；

财务费用增长率，选中单元格 H18，输入公式“＝（C7－B7）/B7”；

营业收入增长率,选中单元格 H19,输入公式"=(C8-B8)/B8"。

用同样方法计算光明乳业、三元乳业、皇氏乳业 2012 年、2013 年费用、收入增长率,最终计算结果如图 9-44 所示。

公司	比率	2012年	2013年
光明	销售费用增长率	19.01%	17.68%
	管理费用增长率	26.69%	24.50%
	财务费用增长率	76.07%	37.12%
	营业收入增长率	24.46%	97.15%
三元	销售费用增长率	22.05%	16.91%
	管理费用增长率	5.32%	6.70%
	财务费用增长率	107.51%	114.86%
	营业收入增长率	495.17%	-40.94%
皇氏	销售费用增长率	58.28%	32.76%
	管理费用增长率	30.60%	48.71%
	财务费用增长率	-203.56%	-1678.24%
	营业收入增长率	-0.72%	16.60%

图 9-44 费用增长率分析

新建表格"近 3 年各项费用所占营业收入比重",计算各乳业公司各项费用所占营业收入比重,计算结果如图 9-45 所示。

公司	类型	2011年	2012年	2013年
光明	销售费用增长率	28.49%	27.53%	27.73%
	管理费用增长率	2.93%	3.01%	3.21%
	财务费用增长率	0.28%	0.40%	0.47%
三元	销售费用增长率	19.15%	19.58%	19.78%
	管理费用增长率	5.92%	5.22%	4.82%
	财务费用增长率	0.47%	0.82%	1.52%
皇氏	销售费用增长率	19.14%	21.76%	21.92%
	管理费用增长率	6.46%	6.06%	6.84%
	财务费用增长率	0.16%	-0.12%	1.44%

图 9-45 各项费用占营业收入比重分析

对比图 9-44 与图 9-45 中的信息,进行分析可得如下结论:

①光明公司:2013 年的营业收入相较于 2012 年增长率由 24.46% 上升到 97.15%,增长幅度较大。由分析费用构成可以看到,三项费用增长率均下降,其中财务费用增长率下降幅度较大。分析各项费用所占收入比重可以看出销售费用所占比重较大,管理费用、财务费用近三年有小幅度上浮。企业可以通过重点分析销售费用的构成来提高利润。②三元公司:2013 年营业收入相较于前一年增长率由 495.17% 下降到 -40.94%,营业收入大幅下降。但是企业财务费用均在原有基础上小幅度增长,管理费用所占收入百分比下降。③皇氏公司:2013

年营业收入相较于 2012 年增长率上升，分析其费用所占收入百分比可以看出近三年的财务费用变化幅度相对较大。2012 年，企业财务费用呈现负值，企业资金较多。

分析三个公司的三项费用，皇氏乳业的管理费用比重相对较高，光明乳业销售费用比重较高，而三元乳业的财务费用较高。公司在进行财务分析中，可以参考其他企业，调整本企业费用构成，控制费用，提高经济效益。

三、企业获利能力分析

企业获利能力指标主要有销售净利率、总资产报酬率、权益报酬率等指标。在工作簿中新建工作表，命名为"利润分析"，将"费用分析"表中的原始数据复制到该表中。

在表中新建表格，输入信息，如图 9-46 所示。

	A	B	C	D	E	F	G	H	I
1			光明乳业				皇氏乳业		
2	科目	2011年度	2012年度	2013年度		科目	2011年度	2012年度	2013年度
3	营业收入	9,572,111,030.00	11,788,779,319.00	13,775,072,506.00		营业收入	411,022,605.00	572,435,776.00	764,269,419.00
4	营业成本	6,269,987,809.00	7,845,325,896.00	8,937,639,956.00		营业成本	257,791,642.00	357,513,866.00	500,281,734.00
5	销售费用	2,727,328,253.00	3,245,800,807.00	3,819,649,184.00		销售费用	78,683,118.00	124,537,945.00	165,336,803.00
6	管理费用	280,166,543.00	354,951,037.00	441,902,612.00		管理费用	26,566,958.00	34,496,067.00	51,596,508.00
7	财务费用	26,766,848.00	47,129,710.00	64,625,544.00		财务费用	662,518.00	-686,080.00	10,827,986.00
8	营业外收入	43,819,299.00	54,539,245.00	107,522,528.00		营业外收入	20,262,984.00	20,117,676.00	23,458,181.00
9	营业外支出	11,478,300.00	14,246,155.00	43,714,390.00		营业外支出	2,510,688.00	3,650,826.00	3,374,427.00
10	投资收益	3,527,009.00	5,727,337.00	5,247,445.00		投资收益	355,743.00	489,255.00	679,379.00
11	净利润	227,695,185.00	270,696,426.00	334,886,477.00		净利润	54,870,109.00	63,035,174.00	39,139,207.00
12	总资产	5,974,649,480.00	7,374,015,019.00	9,339,299,576.00		总资产	922,668,299.00	1,097,180,948.00	1,296,387,093.00
13	所有者权益	2,686,794,105.00	2,834,825,311.00	4,424,665,226.00		所有者权益	747,927,803.00	878,585,674.00	906,132,847.00
14			三元乳业						
15	科目	2011年度	2012年度	2013年度		公司	比率	2012年	2013年
16	营业收入	2,572,273,474.00	3,070,250,356.00	3,552,963,551.00			光明		
17	营业成本	2,161,620,588.00	2,418,231,832.00	2,753,018,350.00		销售净利率	三元		
18	销售费用	492,601,444.00	601,204,743.00	702,890,334.00			皇氏		
19	管理费用	152,310,998.00	160,411,784.00	171,164,986.00			光明		
20	财务费用	12,147,441.00	25,206,831.00	54,158,789.00		资产报酬率	三元		
21	营业外收入	21,926,963.00	130,503,136.00	77,071,018.00			皇氏		
22	营业外支出	17,066,647.00	8,849,222.00	5,650,307.00			光明		
23	投资收益	331,678,214.00	108,322,836.00	89,539,541.00		权益报酬率	三元		
24	净利润	43,041,736.00	24,132,091.00	3,998,897.00			皇氏		
25	总资产	2,779,899,802.00	3,472,121,274.00	3,645,641,161.00					
26	所有者权益	1,741,894,221.00	1,795,727,063.00	1,957,064,752.00					

图 9-46 信息输入

计算各利润指标：

销售净利率又称销售净利润率，是净利润占销售收入的百分比。该指标反映每一元销售收入带来的净利润的多少，表示销售收入的收益水平。

销售净利率 = 净利润/营业收入 × 100%；

资产报酬率 = 净利润/总资产平均余额 × 100%。

权益报酬率又称净值报酬率，是指普通股投资者获得的投资报酬率。

权益报酬率 = 净利润/所有者权益平均余额 × 100%。

在工作表中输入计算公式：

光明公司利润指标：

选中单元格 H16，输入公式 " = C11/C3"；

选中单元格 H19，输入公式 " = C11 * 2/（B12 + C12）"；

选中单元格 H22，输入公式"=C11*2/（B13+C13）"。

其他公司利润指标依次计算，选中单元格 H16：H24，向右自动填充，最终计算结果如图 9-47 所示。

公司	比率	2012年	2013年
销售净利率	光明	2.30%	2.43%
	三元	0.79%	0.11%
	皇氏	11.01%	5.19%
资产报酬率	光明	4.06%	4.01%
	三元	0.77%	0.11%
	皇氏	6.24%	3.27%
权益报酬率	光明	9.80%	9.23%
	三元	1.36%	0.21%
	皇氏	7.75%	4.39%

图 9-47 计算结果

选择击"插入"选项卡，再选择"柱状图"中的"三维柱状图"，单击"选择数据"项。在"选择数据源"中的"图表数据区域"中输入"='利润分析'!＄F＄16：＄I＄24"，系列产生在"行"，编辑"图例项（系列）"，如图 9-48所示。

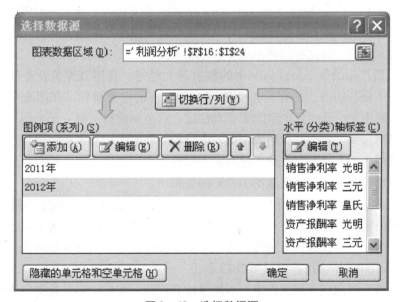

图 9-48 选择数据源

单击"确定"按钮，在"图表布局"中选择有标题的布局，双击输入标题"财务指标对比分析"，生成结果如图 9-49 所示。

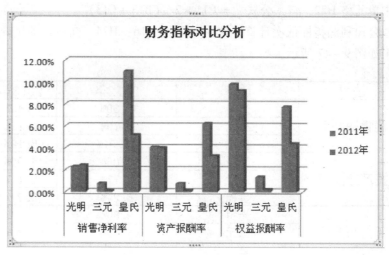

图 9-49 生成图表

【财务分析】

(1) 销售净利率：从图 9-48 和图 9-49 中可以看出，三元公司的此项指标一直高于其他两个企业，光明乳业处于行业中等水平，而皇氏乳业低于行业平均水平。从企业内部来看，光明公司两年的净利率保持稳定状态，三元乳业虽处于行业较高水平，但是 2013 年相较于 2012 年，销售净利率下降了一半多，企业销售额较高，但利润较低。这种情况可以考虑公司费用增加的幅度是否大于毛利增加的幅度，从而导致这种问题出现。

(2) 资产报酬率：资产报酬率的数值越大越好。其用以评价企业应用全部资产的总体获利能力，是评价企业资产运营效益的重要指标。在图表中可以看出，该指标中光明公司资产报酬率相对稳定，收益率较高，而三元公司资产报酬率低，说明三元公司资产利用效率低，应分析差异原因，加速资金周转，提高企业经营管理水平。总资产报酬率越高，表明资产利用效率越高，说明企业在增加收入、节约资金使用等方面取得了良好的效果。

(3) 权益报酬率：从图表中可以看出，光明乳业该指标近两年均超过 9%，说明普通股投资者委托公司管理人员应用其资金所获得的投资报酬率高于其他两家公司，而三元乳业的该指标低于其他乳业，公司普通股东投资报酬低。从公司内部来看，2013 年该指标均低于 2012 年。

在分析公司利润指标过程中，不能单纯分析某一指标，要综合进行考虑，分析结果的准确性才能较高。

【概念索引】

比率分析　结构分析　比较分析

【闯关考验】

分析计算：

根据项目八闯关考验的资产负债表和利润表进行下列指标的分析：

资产结构百分比、应收账款周转率、毛利率、销售净利率、资产报酬率、权益报酬率。

【课外修炼】

[1] 邵亮. Excel 在会计中的应用【M】. 北京：教育科学出版社，2013.

[2] 于清敏. Excel 在财务中的应用【M】. 大连：大连理工大学出版社，2011.

【微语录】

项目十

货币的时间价值

知识结构图

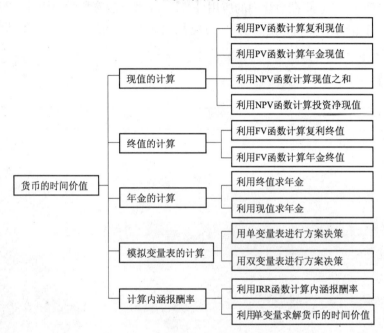

情境写实

【情境案例】

某公司考虑用一台新的、效率高的设备来代替旧设备,以减少成本,增加收益。新、旧设备的有关资料如图 10 – 1 所示。

图 10 – 1　固定资产更新资料

【分析与思考】

旧设备是否需要更新？如果更新应选择哪种设备？

学习目标

【知识目标】

了解相关投资决策的计算指标。

【能力目标】

（1）掌握相关投资决策计算指标的计算方法。

（2）掌握相关指标应用条件。

任务一　现值的计算

货币的时间价值理念强调现在的 1 元钱在未来某时期不再是 1 元钱，而是增值。货币时间价值的本质是价值增值，即货币在投入使用后，在循环周转过程中所增加的价值。投资时间越长，循环周转的次数越多，价值增值就越多，货币的时间价值也就越多。从现象上看，货币时间价值与利息、利率相似，不过在计算货币时间价值时应该采取复利计息方式。当已知未来某期的金额、期数、利率时，可以计算现值，类似于求本金；当已知一定数额的本金、期数及利率时，可以求终值，类似于求本利和。

一、利用 PV 函数计算复利现值

Excel 提供了可以用来计算现值的 PV 函数。PV 函数是用来计算一段时间内连续收到、支出一系列固定金额的现值，或一次性收到、偿还额的现值。PV 函数的格式为：

$$PV（Rate，Nper，Pmt，Fv，Type）$$

其中：

Rate：各期的利率、贴现率或投资者期望的最低报酬率。

Nper：付款的总期数或项目投资的使用年限。

Pmt：年金，各期支付的固定金额。

Fv：终值，一次性收到或偿还金额投资期终了时的本利和或若干期等额收付款后的本利和。若不填视为 0。

Type：表示收款和付款日的类型——期初或期末收付款。"1"表示每期期初收款或付款；不填或输入"0"表示每期期末收款或付款。

PV 函数可以计算未来某期一次性收到或偿还某一金额的现值。我们只需要知道 Rate、Nper、Pmt、Fv、Type 的值，便可用 Excel 中的 PV 函数计算复利终值。

例 1：某人现在投资一项目，打算在 5 年后一次性收到 100 000 元，该项目

的投资报酬率为 6%，问现在应投资多少金额？

第一步：打开一张 Excel 工作簿，命名为“货币的时间价值”，将 Sheet1 命名为“复利现值”，输入计算投资现值所需相关内容，如图 10－2 所示。

	A	B
1	投资报酬率	6%
2	投资年限	5
3	复利终值	100000
4		
5	投资现值	
6		

图 10－2　数据输入

第二步：选中 B5 单元格，选择“公式”→“函数库”→“财务”命令，或直接单击“公式”工具栏上的函数按钮 fx 插入函数，如图 10－3 所示。

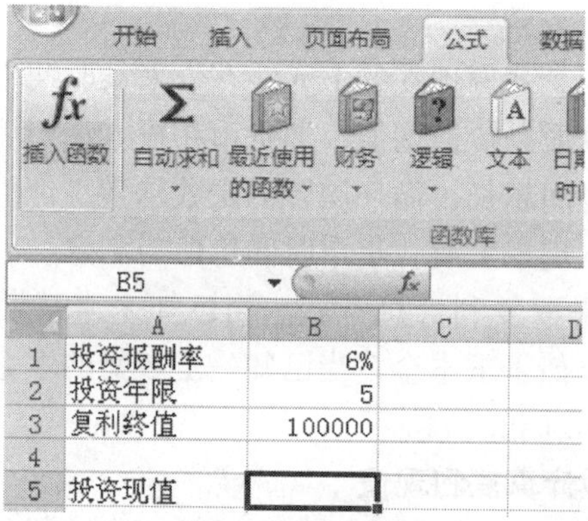

图 10－3　选择命令

第三步：在弹出“插入函数”对话框中，选择“财务”类别下的 PV 函数，如图 10－4 所示。

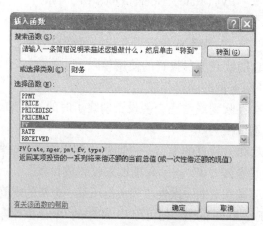

图 10－4　插入函数

第四步：单击"确定"按钮，在 PV 对话框中直接输入各个参数值，计算结果直接显示在下方，如图 10 – 5 所示。

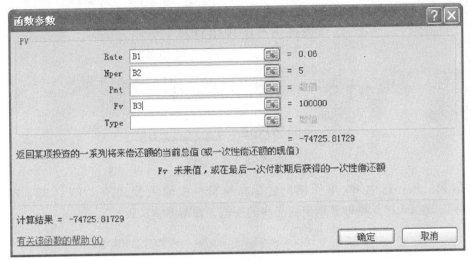

图 10 – 5　输入参数

也可以将计算投资现值的相关参数值输入公式选项板，如图 10 – 6 所示。

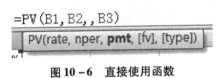

图 10 – 6　直接使用函数

第五步：单击"确定"按钮，投资现值的计算结果就出现在 B5 单元格中，如图 10 – 7 所示。

	A	B
1	投资报酬率	6%
2	投资年限	5
3	复利终值	100000
4		
5	投资现值	￥-74,725.82

图 10 – 7　输出结果

计算结果为负，表示要付出的金额。其中参数 Pmt 空出不填，原因是在计算复利现值。

二、利用 PV 函数计算年金现值

例2：有一栋商品房，采用月供方式每月应付 3 600 元，分 20 年按揭，年利率为 6%，那么该商品房的现值是多少？（注：因为是月供，所以利率应换算成月利率 0.5%，付款次数应为 240 次，年金值为 3 600 元。）

第一步：将 Sheet2 命名为"年金现值"，输入计算商品房现值所需相关内容，如图 10-8 所示。

	A	B
1	按揭房产的现值计算	
2	月利率	0.50%
3	付款次数	240
4	月供金额	3600
5		
6	商品房现值	

图 10-8　录入数据

第二步：选中 B6 单元格，然后在编辑栏中输入公式" = PV（B2，B3，B4）"，在 B6 单元格即显示出商品房的现值，如图 10-9 所示。

B6　　　　　　fx　=PV(B2,B3,B4)

	A	B	C	D
1	按揭房产的现值计算			
2	月利率	0.50%		
3	付款次数	240		
4	月供金额	3600		
5				
6	商品房现值	¥-502,490.78		

图 10-9　输出结果

三、利用 NPV 函数计算现值之和

NPV 函数可以用来计算一项投资从投资项目开始到项目寿命终结，每期现金流量（包括现金流入量和现金流出量）按资本成本或某一固定贴现率计算的现值之和。因为在整个投资项目期需要贴现的现金流金额可能不等，所以就不能用前面介绍的 PV 函数求现值。NPV 函数的格式为：

NPV（Rate，Value1，Value2，…）

其中：

Rate：投资的资本成本、投资项目各期现金流量的贴现率。

Value1，Value2，…：依序表示未来各期的投资项目现金流量，最多可至 29 笔。

例3：假设某工厂分期付款购买设备，在签订合同时先付 15 000 元，第 1 年年末付 2 000 元，第 2~5 年年末每年付款 1 500 元，第 6 年年末再付 1 000 元，如果年利率为 6%，问该设备的现值为多少？有关数据资料如图 10-10 所示。

	A	B	C
1	分期付款设备的现值计算		
2	年利率		6%
3	首付款		15000
4			
5	每年末的付款额		
6	第1年		2000
7	第2年		1500
8	第3年		1500
9	第4年		1500
10	第5年		1500
11	第6年		1000
12	1-6年的折现额		
13	分期付款设备的现值		

图 10－10　输入数据

第一步：选中 C12 单元格，在弹出的"插入函数"对话框中选择"财务"类别下的 NPV 函数，单击"确定"按钮，如图 10－11 所示。

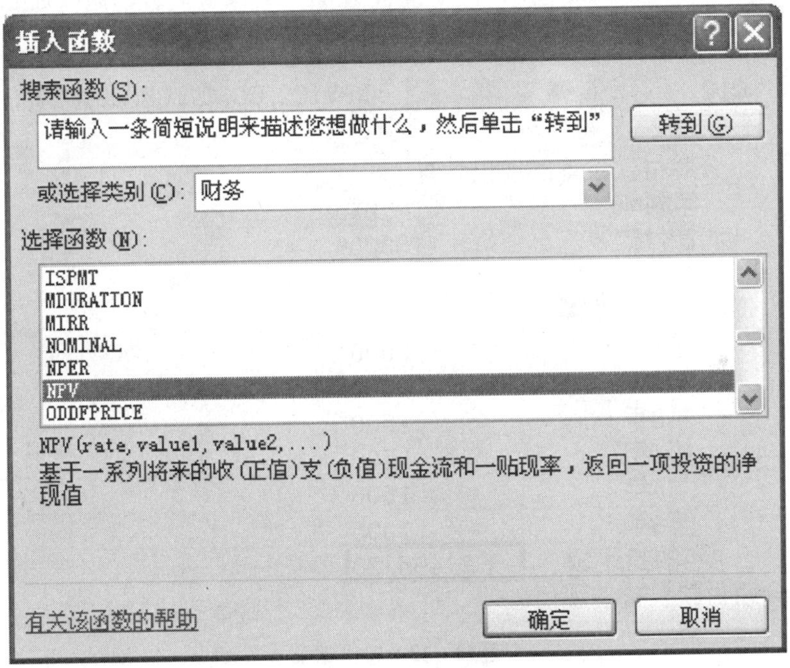

图 10－11　插入函数

第二步：单击"确定"按钮，弹出 NPV 函数设置对话框，在该对话框中分别输入各个参数对应的单元格，单击"确定"按钮，即可在选定位置得到计算结果。如果需要输入的现金流量期数较多，那么将右侧滚动条往下拉，即可弹出空白的 Value 值栏，就可接着输入数值，如图 10-12 所示。

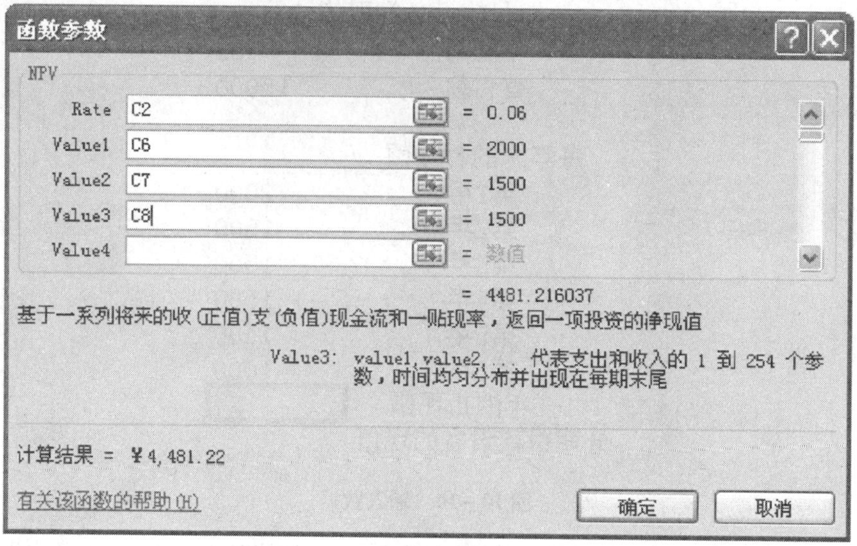

图 10-12　函数参数

第三步：单击"确定"按钮，1~6 年分期付款设备的折现额的计算结果就出现在 C12 单元格中，如图 10-13 所示。

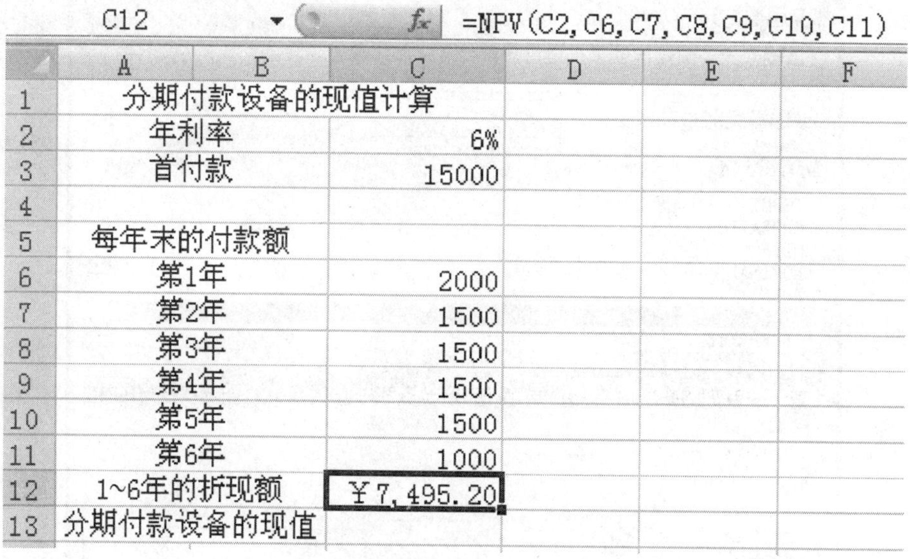

图 10-13　输出结果

第四步：选中 C13 单元格，输入公式"=C3+C12"，分期付款设备的现值即出现在 C13 单元格中。因为该例题中的分期付款设备有首付款，在计算设备现值时必须考虑。NPV 函数的默认值是对每期期末金额进行折现，如果是每期期初折现额，则可以经过换算后再利用函数计算，如图 10-14 所示。

	A	B	C
	C13		fx =C3+C12
1	分期付款设备的现值计算		
2	年利率		6%
3	首付款		15000
4			
5	每年末的付款额		
6	第1年		2000
7	第2年		1500
8	第3年		1500
9	第4年		1500
10	第5年		1500
11	第6年		1000
12	1~6年的折现额		¥7,495.20
13	分期付款设备的现值		¥22,495.20

图 10-14 输出结果

四、利用 NPV 函数计算投资净现值

例 4：某公司有一投资项目，其初始投资包括：机器设备投资 70 万元，垫支营运资本 20 万元。该项目寿命期为 5 年，固定资产采用直线法折旧，寿命期终了有固定资产残值 5 万元。投产后每年可获得销售收入 60 万元，第 1~2 年付现成本为 30 万元，第 3~5 年付现成本为 35 万元。若企业所得税率为 40%，资金成本率为 10%。要求：评价该投资项目是否可行。相关数据资料如图 10-15 所示。

	A	B	C	D	E	F	G	H	I
1			投资项目可行性分析						
2	初始投资：								
3	机器设备投资		700,000						
4	垫支营运资本		200,000						
5	投资项目寿命期		5						
6	企业所得税率		40%						
7	机器设备期末残值		50,000						
8	投资项目资本成本		10%						
9	投资项目每年的现金流量、现金流量现值及净现值								
10	年份	销售收入	销售收入（税后）	付现成本	付现成本（税后）	折旧	税收挡板	现金净流量（税后）	
11	1	600,000		300,000		130,000			
12	2	600,000		300,000		130,000			
13	3	600,000		350,000		130,000			
14	4	600,000		350,000		130,000			
15		600,000		350,000		130,000			
16	5			期末收回垫支营运资本				200,000	
17				机器设备期末残值				50,000	
18				小计					
19	投资项目的现值								
20	投资项目的净现值								

图 10-15 输入原始数据

由所得税对现金流量的影响作用，可知：

税后营业现金流量 = 销售收入 – 付现成本 – 所得税

　　　　　　　 = 销售收入 –（营业成本 – 折旧）– 所得税

　　　　　　　 = 营业利润 + 折旧 – 所得税

　　　　　　　 = 税后净利 + 折旧

　　　　　　　 =（销售收入 – 付现成本 – 折旧）÷（1 – 税率）+ 折旧

　　　　　　　 = 销售收入 ×（1 – 税率）– 付现成本 ×（1 – 税率）– 折旧 ×（1 – 税率）+ 折旧

　　　　　　　 = 销售收入 ×（1 – 税率）– 付现成本 ×（1 – 税率）+ 折旧 × 税率

　　　　　　　 = 税后收入 – 税后成本 + 税负减少（或称税收挡板）

第一步：选中 D11 单元格，输入公式"= C11 *（1 – C $ 6）"，然后将鼠标光标移至单元格右下角填充控制点，再向下拖至 D15 单元格，即可在 D11：D15 区域填充"税后销售收入"的金额，如图 10 – 16 所示。

图 10 – 16　计算税后销售收入

第二步：选中 F11 单元格，输入公式"= E11 *（1 – C $ 6）"，然后将光标移至单元格右下角填充控制点，再向下拖动至 F15 单元格，即可在 F11：F15 区域填充"税后付现成本"的金额。

第三步：选中 G11 单元格，输入公式"=（C $ 3 – C $ 7）/5"，然后将光标移至单元格右下角填充控制点，再向下拖动至 G15 单元格，即可在 G11：G15 区域填充"折旧"的金额。

第四步：选中 H11 单元格，输入公式"= G11 * C $ 6"，然后将光标移至单元格右下角填充控制点,再向下拖动至 H15,即可在 H11:H15 区域填充"税收挡板"的金额。

第五步:选中 I11 单元格,输入公式" = D11 - F11 + H11",然后将光标移至单元格右下角填充控制点,再向下拖动至 I15,即可在 I11:I15 区域填充"税收挡板"的金额。

第六步:期末投资项目的现金流量除了这一年的营业现金净流量(I15)外,还包括两项,一项是"期末收回垫支营运资本(I16)",另一项是"机器设备期末残值(I17)",所以在 I18 单元格中输入公式" = I15 + I16 + I17",将第 5 年的现金净流量相加。

第七步:选中 C19 单元格,输入公式" = NPV(C8,I11,I12,I13,I14,I18)",即可在该单元格计算出投资项目的现值之和。

第八步:选中 C20 单元格,输入公式" = B19 - C3 - C4",即可在该单元格计算出投资项目的净现值。结论:由于该项目的净现值大于 0,所以该投资项目可行。结果如图 10 - 17 所示。

	A	C	D	E	F	G	H	I
1				投资项目可行性分析				
2	初始投资:							
3	机器设备投资	700,000						
4	垫支营运资本	200,000						
5	投资项目寿命期	5						
6	企业所得税率	40%						
7	机器设备期末残值	50,000						
8	投资项目资本成本	10%						
9	投资项目每年的现金流量、现金流量现值及净现值							
10	年份	销售收入	销售收入(税后)	付现成本	付现成本(税后)	折旧	税收挡板	现金净流量(税后)
11	1	600,000	360,000	300,000	180,000	130,000	52,000	232,000
12	2	600,000	360,000	300,000	180,000	130,000	52,000	232,000
13	3	600,000	360,000	350,000	210,000	130,000	52,000	202,000
14	4	600,000	360,000	350,000	210,000	130,000	52,000	202,000
15	5	600,000	360,000	350,000	210,000	130,000	52,000	202,000
16		期末收回垫支营运资本						200,000
17		机器设备期末残值						50,000
18		小计						452,000
19	投资项目的现值			973,035				
20	投资项目的净现值			73,035				

图 10 - 17 输出结果

任务二 终值的计算

一、利用 FV 函数计算复利终值

如果已知一定数额的本金,要计算在若干年后所拥有的本金和利息的总额,即本利和,那么就要选用 Excel 提供的 FV 函数了。FV 函数是一个用来计算未来值的函数,可以用子函数评估某项投资最后可以获得的本金和利息之和。

FV 函数的格式为：

$$FV（Rate，Nper，Pmt，Pv，Type）$$

其中，

Rate：各期的利率、贴现率或投资者期望的最低报酬率。

Nper：付款的总期数或项目投资的使用年限。

Pmt：年金，各期支付的固定金额。

Pv：本金，期初一次性收到或偿还的金额；若不填则视为 0。

Type：表示收款或付款日的类型——期初或期末收付款。1 表示每期期初收款或付款；不输入或输入 0 表示每期期末收款或付款。

例5：将 10 000 元存入银行，利率为 2%，复利计息，求 5 年后的本利和。

第一步：打开 Excel 表，将数据输入单元格，如图 10-18 所示。选中 B5 单元格，单击"公式"→"函数库"工具栏中的"插入函数" f_x 按钮，在弹出的"插入函数"对话框中选择"财务"类别下的 FV 函数。

	A	B
1	复利计息的本利和	
2	本金	-10000
3	利率	2%
4	期数	5
5	5年后的本利和	

图 10-18　输入数据

第二步：单击"确定"按钮，输入公式"= FV（B3，B4，，B2）"，如图 10-19 所示。

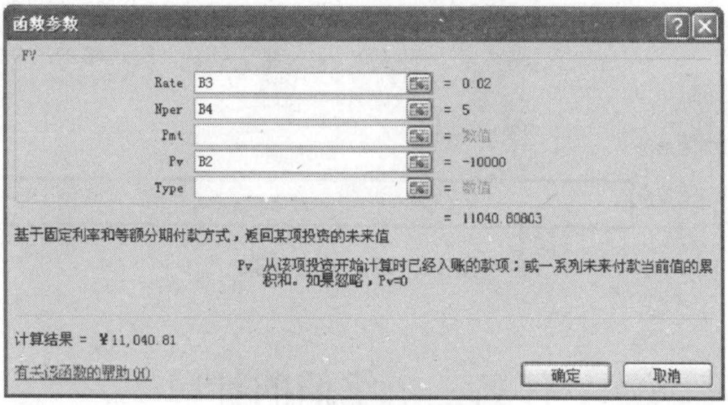

图 10-19　输入参数

注意在计算复利终值时，不需要输入参数 Pmt 的数值，但 Pmt 后的","不能不写！

第三步：单击"确定"按钮，即可在 B5 单元格中得到 5 年的本利和，如图 10-20 所示。

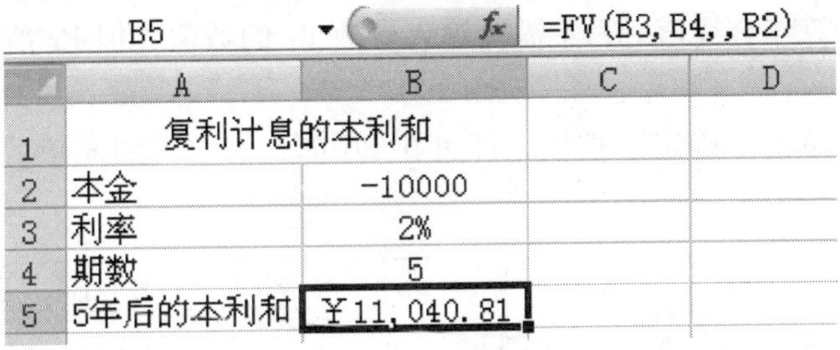

图 10-20 计算结果

二、利用 FV 函数计算年金终值

FV 函数还可以用来计算若干期内连续收付的相等金额（即年金）的复利本利和，即计算年金终值。

例 6：某人每月月初都将 500 元存入银行，利率为 3%，求 8 年后的复利本利和。

第一步：打开一张 Excel 工作表，将数据输入单元格，选中 B6 单元格，如图 10-21 所示。单击工具栏中的"插入函数" f_x 按钮，在弹出的"插入函数"对话框中选择"财务"类别下的 FV 函数。

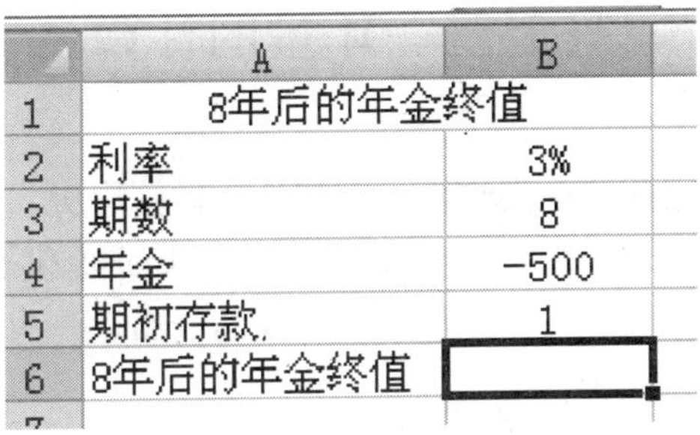

图 10-21 输入数据

注意因为是期初存款，所以收付款类型值选择"1"。

第二步：单击"确定"按钮，输入公式"=FV（B2，B3，B4,，B5）"，如图 10-22 所示。

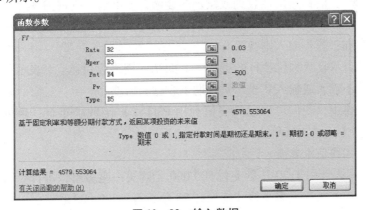

图 10-22 输入数据

注意在计算年金终值时，不需要输入参数 Pv 的数值，但 Pv 后的","不能不写。

第三步：单击"确定"按钮，即可在 B6 单元格中得到 8 年后的年金终值，如图 10-23 所示。

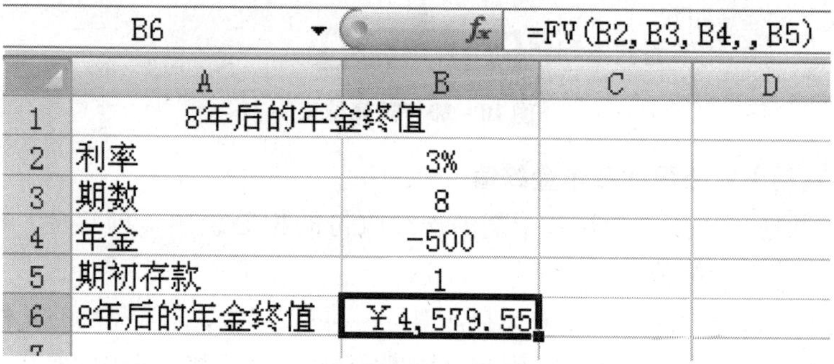

	A	B
1	8年后的年金终值	
2	利率	3%
3	期数	8
4	年金	-500
5	期初存款	1
6	8年后的年金终值	￥4,579.55

B6 =FV(B2,B3,B4,,B5)

图 10-23 输出结果

任务三 年金的计算

年金是指等额、定期的系列收支。例如分期付款购房、分期偿还贷款、每年相同的营业现金流量等，都属于年金收付形式。Excel 提供了 PMT（）函数，用来计算固定期数、利率情况下每期等额收付款的金额。

PMT（）函数的格式为：

PMT（Rate，Nper，Pv，Fv，Type）

其中：

Rate：各期的利率、贴现率或投资者期望的最低报酬率。

Nper：付款的总期数或项目投资的使用年限。

Pv：本金，期初一次性收到或偿还的金额；若不输入则视为 0。

Fv：终值，一次性收到或偿还金额投资期终了时的本利和或若干期等额收付款后的本利和；若不输入则视为 0。

Type：表示收款和付款日的类型——期初或期末收付款。1 表示每期期初收款或付款；不输入或输入 0 表示每期期末收款和付款。

实际工作中，我们可以已知终值利用 PMT（）函数求年金，也可以已知现值利用 PMT（）函数求年金。

一、已知终值求年金

例 7：某人计划于 20 年后支付 500 000 元购买一座房屋，银行年利率为 6%，问每年年末需等额存入多少钱才能保证 20 年后得到 500 000 元？

第一步：打开一张 Excel 工作表，将数据输入单元格，选中 B5 单元格，如

图 10－24 所示。单击工具栏中的“插入函数” *fx* 按钮，在弹出的“插入函数”对话框中，选择“财务”类别下的 PMT（）函数。

	A	B
1	年末等额购房存款	
2	利率	6%
3	期数	20
4	20年后终值	-500000
5	每年末购房存款额	

图 10－24　输入数据

第二步：单击“确定”按钮，输入公式“＝PMT（B2，B3，，B4）”，如图 10－25 所示。

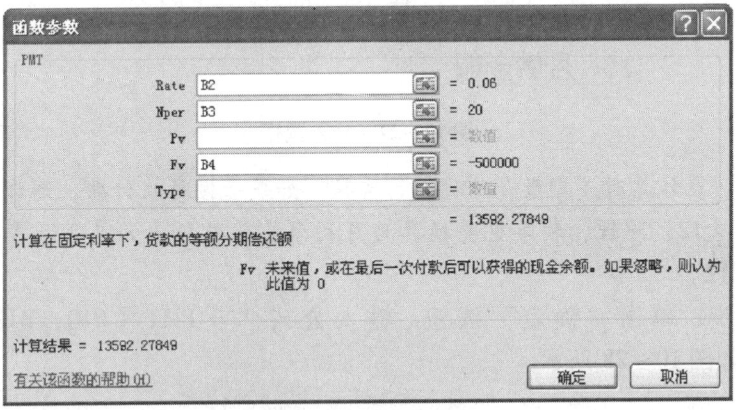

图 10－25　输入参数

第三步：单击“确定”按钮，即可在 B5 单元格中得到 20 年年末等额购房存款金额，如图 10－26 所示。

B5　*fx*　=PMT(B2,B3,,B4)

	A	B	C	D
1	年末等额购房存款			
2	利率	6%		
3	期数	20		
4	20年后终值	-500000		
5	每年末购房存款额	￥13,592.28		

图 10－26　输出结果

二、已知现值求年金

例 8：某款“宝来”牌轿车的现价为 28 万元，某人打算采用每月月初等额付款方式购车，5 年按揭，假设银行年利率为 5%，问该人每月要支付多少钱？

第一步：打开一张 Excel 工作表，将数据输入单元格，其中 B10 单元格输入的是月利率，B12 单元格输入的是按月计算的期数，因为是月初付款，所以在 B14 单元格中输入"1"，代表 Type 的类型，如图 10-27 所示。选中 B15 单元格，并单击工具栏中的 *fx* 按钮，在弹出的"插入函数"对话框中，选择"财务"类别下的 PMT 函数。

7		
8	按揭购车月供款	
9	利率（年）	5%
10	利率（月）	0.42%
11	年数	5
12	期数	60
13	（车款）现值	280000
14	期初付款	1
15	月供金额	

图 10-27　输入数据

注意：在计算时，期数是收付款的次数，如果是按月收付款，则计算次数时用年数乘以 12；同理，利率也要换算为月利率，如果给出的是年利率，则用年利率除以 12。

第二步：单击"确定"按钮，输入公式"= PMT（B10，B12，B13，，B14）"，如图 10-28 所示。

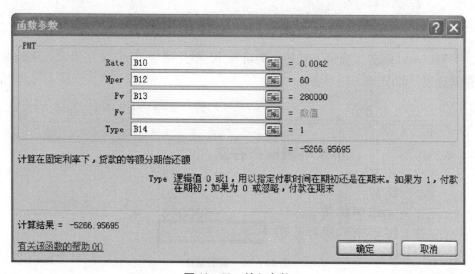

图 10-28　输入参数

第三步：单击"确定"按钮，即可在 B15 单元格中得到 5 年按揭购买"宝来"轿车的月供款，如图 10-29 所示。

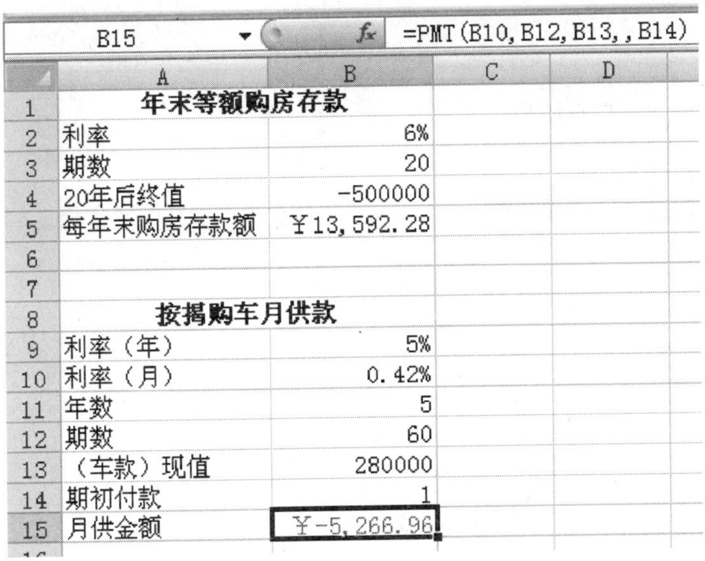

	A	B
1	年末等额购房存款	
2	利率	6%
3	期数	20
4	20年后终值	-500000
5	每年末购房存款额	¥13,592.28
6		
7		
8	按揭购车月供款	
9	利率（年）	5%
10	利率（月）	0.42%
11	年数	5
12	期数	60
13	（车款）现值	280000
14	期初付款	1
15	月供金额	¥-5,266.96

B15 =PMT(B10,B12,B13,,B14)

图 10-29　输出结果

任务四　模拟变量表的计算

一、用单变量进行方案决策

例 9：假设公司将以 10% 的利率借入 50 000 元进行项目投资，项目期为 10 年，问每年至少要收回多少现金方案才可行。如果借入金额 80 000 元、100 000 元、150 000 元、200 000 元，其他条件不变，问公司每年分别至少要收回多少现金方案才可行？

如果按照前面介绍的 PMT 函数的操作步骤，就必须对 50 000 元、80 000 元、100 000 元、150 000 元、200 000 元的现值分别计算一次年金，不仅操作程序烦琐，而且由于结论不能集中显示，比较效果不明显。Excel 是否能够提供一种简便的算法，从而可以帮助使用者对上述问题的解答一次完成呢？

答案是 Excel 确实具有这个能力，那就是利用单变量模拟运算表和双变量模拟运算表进行方案决策。

所谓单变量模拟运算表，是指在函数的公式中可以有一个变量值，只要将此变量输入，即可列出该数值变化后所有的计算结果。

第一步：打开一张 Excel 工作表，将数据输入单元格，其中 B2 单元格输入的是年利率，B3 单元格输入的是项目期数，B4 单元格输入某一借款额，如图 10-30 所示。选中 B7 单元格，单击工具栏中的"插入函数" *fx* 按钮，在弹出的"插入函数"对话框中选择"财务"类别下的 PMT 函数。

	A	B
1	某公司不同借款金额下的年金方案决策	
2	年利率	10%
3	项目期数	10
4	借款额	-50000
5		
6	不同借款额	每期至少应收回的现金额
7		
8	-50000	
9	-80000	
10	-100000	
11	-150000	
12	-200000	

图 10-30　输入数据

第二步：单击"确定"按钮，输入公式"=PMT（B2，B3，B4）"；单击"确定"按钮，即可在 B7 单元格中得到 50 000 元借款额的年金金额，如图 10-31 所示。

B7　　=PMT(B2,B3,B4)

	A	B
1	某公司不同借款金额下的年金方案决策	
2	年利率	10%
3	项目期数	10
4	借款额	-50000
5		
6	不同借款额	每期至少应收回的现金额
7		￥8,137.27
8	-50000	
9	-80000	
10	-100000	
11	-150000	
12	-200000	

图 10-31　输入公式

第三步：光标选中区域 A7：B12，建立数据表。选择"数据"功能区中"数据工具"组的"假设分析"→"数据表"命令，如图 10-32 所示。

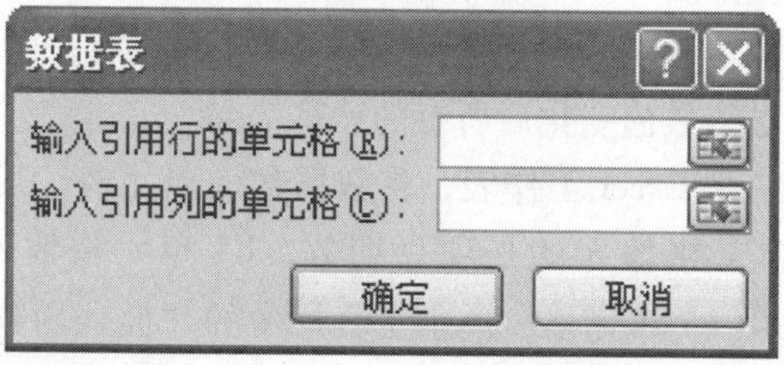

图 10-32　"数据表"对话框

第四步：由于将不同借款额依序按列设置在 A 列的 A8：A12 区域内，因此应将借款额变量设置为例变量，如图 10-33 所示。

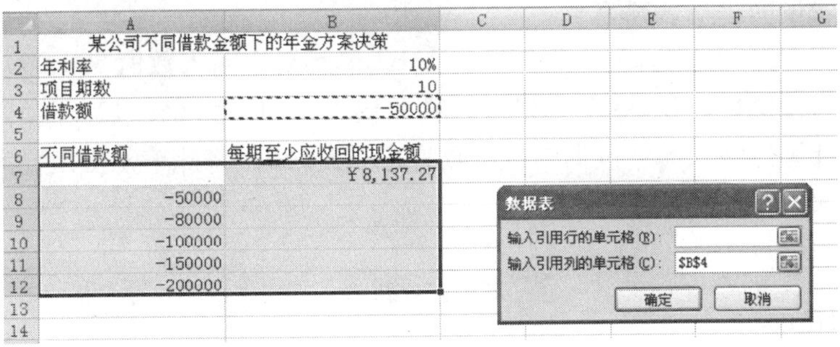

图 10-33　设置列变量

第五步：单击"确定"按钮，不同借款额下的年金值便显示在 B8：B12 区域内，如图 10-34 所示。

图 10-34　输出结果

注意：单变量运算表在左上角的单元格中并无任何作用，所以保持空白。在设置列变量时，"设置公式单元格"应位于变量值列的右侧，并且高于"第 1 个变量单元格"左列。

二、用双变量进行方案决策

双变量模拟运算表可以计算有两个变量的公式，在计算年金的函数 PMT（）中，双变量模拟运算表可以同时让两个参数成为变量，然后计算年金值。

（一）利用双变量模拟运算表进行年金方案决策

例 10：房地产商开发的楼盘中大小户型、各种价位的都有，同时还会提供不同年限的月供方案，一般购房户在选择住房时要考虑诸多因素，如房价、按揭年限等，在众多方案中选择适合自己的方案。假设某开发商的一处楼盘可供选择的房价有 20 万元、30 万元、40 万元、50 万元、60 万元、80 万元，提供 5 年、

10年、15年、20年、30年的按揭方案，张三是位刚参加工作的年轻人，他最关注每月的月供额，最高不能超过2000元，已知银行贷款利率为6%，请用双变量模拟运算表帮助张三选择方案。

第一步：打开一张Excel工作表，在B2单元格中输入数值800 000，将此单元格设置为行变量，在B3单元格中计算并输入月利率为6%/12=0.5%，在B4单元格中计算并输入5年按揭的月份数为5×12=60，将此单元格设置为列变量，如图10-35所示。

	A	B	C	D	E	F
1			不同还款期限、不同房价的房屋月供金额			
2	总房价	800,000				
3	利率	0.50%				
4	期数	60				

图10-35　设置表格

第二步：在C6：H6区域内输入不同房价，在B7：B11区域内输入不同按揭年数的月份数，如图10-36所示。

	A	B	C	D	E	F	G	H
1			不同还款期限、不同房价的房屋月供金额					
2	总房价	800,000						
3	利率	0.50%						
4	期数	60						
5								
6			800,000	600,000	500,000	400,000	300,000	200,000
7	5年按揭	60						
8	10年按揭	120						
9	15年按揭	180						
10	20年按揭	240						
11	30年按揭	360						

图10-36　输入数据

第三步：选中B6单元格，并单击工具栏中的"插入函数" f_x 按钮，在弹出的"插入函数"对话框中选择"财务"类别下的PMT函数。单击"确定"按钮，输入公式"=PMT（B3，B4，B2）"；单击"确定"按钮，即可在B6单元格中得到房价为80万元、5年按揭的月供金额，如图10-37所示。

B6		f_x	=PMT(B3,B4,B2)					
	A	B	C	D	E	F	G	H
1			不同还款期限、不同房价的房屋月供金额					
2	总房价	800,000						
3	利率	0.50%						
4	期数	60						
5								
6		￥-15,466.24	800,000	600,000	500,000	400,000	300,000	200,000
7	5年按揭	60						
8	10年按揭	120						
9	15年按揭	180						
10	20年按揭	240						
11	30年按揭	360						

图10-37　输入计算函数

第四步：光标选中区域 B6：H11，建立数据表。选择"数据"功能区中"数据工具"组的"假设分析"→"数据表"命令，如图 10－38 所示。

	A	B	C	D	E	F	G	H
1			不同还款期限、不同房价的房屋月供金额					
2	总房价	800,000						
3	利率	0.50%						
4	期数	60						
5								
6		￥-15,466.24	800,000	600,000	500,000	400,000	300,000	200,000
7	5年按揭	60						
8	10年按揭	120						
9	15年按揭	180						
10	20年按揭	240						
11	30年按揭	360						

图 10－38　插入数据表

第五步：分别指定 B2 为行变量单元格，B4 为列变量单元格，单击"确定"按钮，在 C7：H11 区域便显示不同还款期限、不同房价的房屋月供金额。例如，E8 单元格的数值表示 50 万元房价、10 年按揭月供金额。具体如图 10－39、图 10－40 所示。

图 10－39　输入数据表的参数

	A	B	C	D	E	F	G	H
1			不同还款期限、不同房价的房屋月供金额					
2	总房价	800,000						
3	利率	0.50%						
4	期数	60						
5								
6		￥-15,466.24	800,000	600,000	500,000	400,000	300,000	200,000
7	5年按揭	60	-15466.2	-11599.7	-9666.4	-7733.12	-5799.84	-3866.56
8	10年按揭	120	-8881.64	-6661.23	-5551.03	-4440.82	-3330.62	-2220.41
9	15年按揭	180	-6750.85	-5063.14	-4219.28	-3375.43	-2531.57	-1687.71
10	20年按揭	240	-5731.45	-4298.59	-3582.16	-2865.72	-2149.29	-1432.86
11	30年按揭	360	-4796.4	-3597.3	-2997.75	-2398.2	-1798.65	-1199.1

图 10－40　输出结果

第六步：按照张三的要求，工作表中有 4 套方案满足月供不超过 2 000 元的条件，可供张三购房时选择，如图 10－41 所示。

	A	B	C	D	E	F	G	H
1			不同还款期限、不同房价的房屋月供金额					
2	总房价	800,000						
3	利率	0.50%						
4	期数	60						
5								
6		¥-15,466.24	800,000	600,000	500,000	400,000	300,000	200,000
7	5年按揭	60	-15466.2	-11599.7	-9666.4	-7733.12	-5799.84	-3866.56
8	10年按揭	120	-8881.64	-6661.23	-5551.03	-4440.82	-3330.62	-2220.41
9	15年按揭	180	-6750.85	-5063.14	-4219.28	-3375.43	-2531.57	-1687.71
10	20年按揭	240	-5731.45	-4298.59	-3582.16	-2865.72	-2149.29	-1432.86
11	30年按揭	360	-4796.4	-3597.3	-2997.75	-2398.2	-1798.65	-1199.1

图 10-41　指出可供选择方案

（二）利用双变量模拟运算表编制年金现值系数表

我们平时计算货币时间价值时经常查阅的复利现值、终值系数表，年金现值、终值系数表，也可以用双变量模拟运算表进行编制，下面以年金现值系数表为例说明编制步骤。

第一步：打开一张 Excel 工作表，在 B2：G2 区域中输入不同利率，在 A3：A12区域中输入不同年限，在 B14 单元格中输入利率 1%，将此单元格设置为行变量，在 B15 单元格中输入年限 1，将此单位格设置为列变量，在 B16 单元格输入年金 -1，如图 10-42 所示。

	A	B	C	D	E	F	G
1				年金现值系数表			
2			1%	2%	3%	4%	5%	6%
3	1						
4	2						
5	3						
6	4						
7	5						
8	6						
9	7						
10	8						
11	9						
12	10						
13							
14	利率	1%					
15	年限	1					
16	年金	-1					

图 10-42　设置表格

第二步：选中 A2 单元格，单击工具栏中的"插入函数" *fx* 按钮，在弹出的"插入函数"对话框中选择"财务"类别下的 PMT 函数。单击"确定"按钮，输入公式"= PV（B14，B15，B16）"；单击"确定"按钮，即可在 A2 单元格中得到年金为 1 元、利率为 1%、1 年期的年金现值金额，如图 10-43 所示。

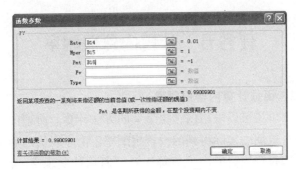

图 10－43　插入函数

第三步：光标选中区域 A2：G12，建立数据表。选择“数据”功能区中“数据工具”组的“假设分析”→“数据表”命令，分别制定“＄B＄14”为行变量单元格，“＄B＄15”为列变量单元格，如图 10－44 所示。

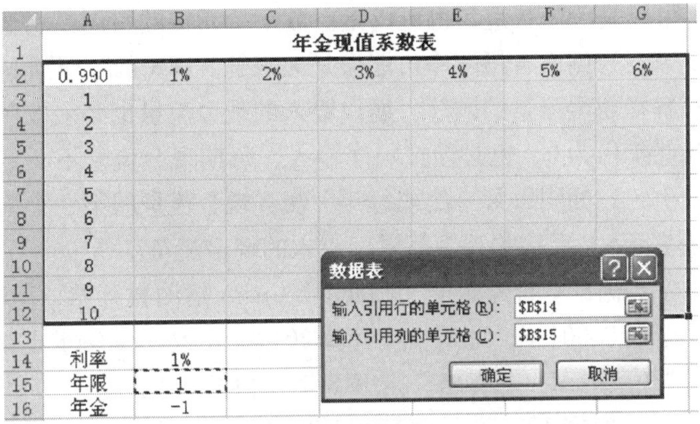

图 10－44　输入数据表参数

第四步：单击“确定”按钮，在 A2：G12 区域内便显示不同利率、不同年限、1 元年金的年金现值系数，如图 10－45 所示。

A2　=PV(B14,B15,B16)

	A	B	C	D	E	F	G
1	年金现值系数表						
2	0.990	1%	2%	3%	4%	5%	6%
3	1	0.990	0.980	0.971	0.962	0.952	0.943
4	2	1.970	1.942	1.913	1.886	1.859	1.833
5	3	2.941	2.884	2.829	2.775	2.723	2.673
6	4	3.902	3.808	3.717	3.630	3.546	3.465
7	5	4.853	4.713	4.580	4.452	4.329	4.212
8	6	5.795	5.601	5.417	5.242	5.076	4.917
9	7	6.728	6.472	6.230	6.002	5.786	5.582
10	8	7.652	7.325	7.020	6.733	6.463	6.210
11	9	8.566	8.162	7.786	7.435	7.108	6.802
12	10	9.471	8.983	8.530	8.111	7.722	7.360
13							
14	利率	1%					
15	年限	1					
16	年金	-1					

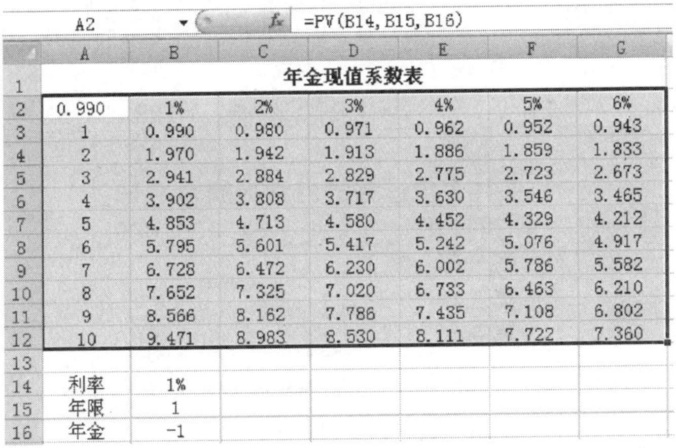

图 10－45　计算结果

任务五 计算内含报酬率

一、利用 IRR 函数计算内含报酬率

投资项目的评价还可以采用内含报酬率的方法计算。所谓内含报酬率，是指投资项目在投资有效期内实际得到的投资报酬率。由净现值的确定方法可知：内含报酬率也就是使投资项目的净现值等于 0 时所用的贴现率。Excel 提供了两个函数用于计算投资项目的内含报酬率：内含报酬率函数 IRR（）和修正的内含报酬率函数 MIRR（）。

内含报酬率函数的格式为：

$$IRR（Values，Guess）$$

其中，Values 可以是一个数组，也可以是对数字单元格的引用。它至少含有一个正数和一个负数，否则内含报酬率可能会是无限解。IRR 函数根据 Values 参数中数字的顺序来解释现金流量的顺序，所以输入的现金流量也必须按照正确的顺序排列。如果某些年份为 0，也必须按顺序输入，每期现金流量不一定相等，但必须是等间距发生的，如同每月一次或每年一次。现金流量的第一个值必须为投资成本（以负值表示），后接的几个值属于收入的现金流量。

Guess 是内含报酬率的猜测值。Excel 从 Guess 猜测数开始，IRR 反复计算，直到误差值小于 0.00001%，如果反复计算 20 次后，依旧无法求出结果，则 IRR 函数会返回错误值#NUM！若省略，则 IRR 默认值为 0.1。

例 11：某企业投资 100 万元于某种有价证券，3 年后收回 150 万元，求其内含报酬率。

具体步骤为：选中 B6 单元格，单击工具栏中的"插入函数" f_x 按钮，在弹出的"插入函数"对话框中选择"财务"类别下的 IRR 函数。单击"确定"按钮，输入公式"=IRR（B2：B5）"；单击"确定"按钮，即可在 B6 单元格中得到 IRR 的数值，如图 10-46 所示。

	A	B
1	某种有价证券的内涵报酬率	
2	期初投资	-1,000,000
3	第一年	0
4	第二年	0
5	第三年	1,500,000
6	IRR	14.47%

图 10-46 计算内含报酬率（一）

二、利用单变量求解货币时间价值

如上例，假设变动期初余额的值，将其定为120万元，3年后收回150万元，求其内含报酬率。我们可以直接将 B2 单元格的值改为"-1 200 000"，则自动在 B6 单元格中显示 IRR 的值，如图10-47 所示。

图 10-47　计算内含报酬率（二）

现假设企业要求的最低投资报酬率不低于10%，还要求投资项目在3年年末可以收回150万元，则期初投资应为多少？如果按照上述做法，将 B6 单元格数值改为"10%"，逆向求期初投资，采用上述方法在 B2 单元格内就得不出结果，如图 10-48 所示。

图 10-48　输入 IRR 值

这时，可以利用 Excel 中的"单变量求解"命令解决问题。其操作步骤如下：

第一步：单击要进行求解的 B6 单元格，选择"数据"功能区中"数据工具"组的"假设分析"→"单变量求解"命令，如图 10-49 所示。

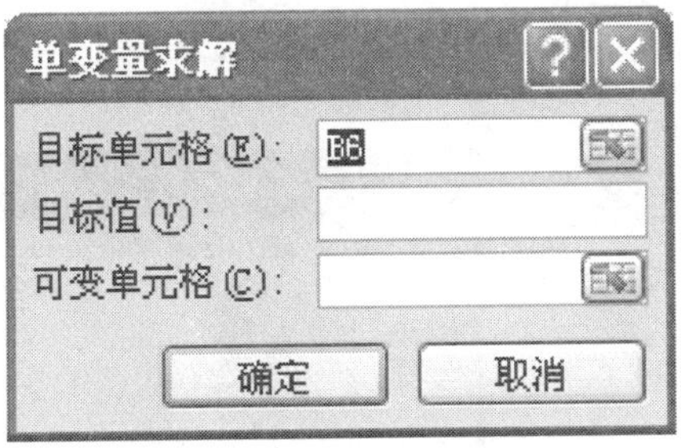

图 10-49　插入"单变量求解"命令

第二步：在"目标值（V）："处单击鼠标左键，并输入内含报酬率的变量"10%"；在"可变单元格（C）："处单击鼠标左键，选中 B2 单元格，如图 10-50 所示。

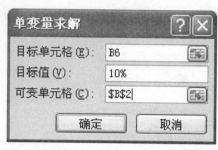

图 10-50　输入"单变量求解"参数

第三步：单击"确定"按钮，将出现"单变量求解状态"对话框，如图 10-51 所示。

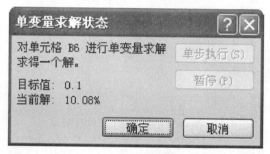

图 10-51　"单变量求解"结果

第四步：工作表中也已显示出当前求解的状态，并已于 B2 单元格中计算出：当 IRR 为 10% 时，期初投资为 -1 124 369.8 元，如图 10-52 所示。

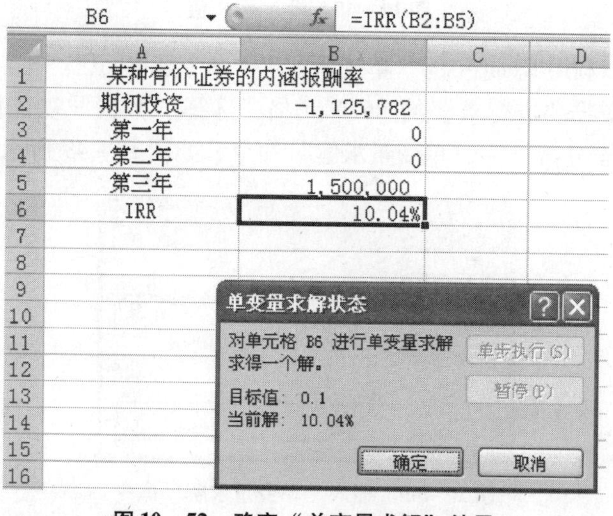

图 10-52　确定"单变量求解"结果

第五步：如果要在工作表中保留当前的计算结果，可单击"确定"按钮；如果要还原为原工作表内容，则单击"取消"按钮。

再如我们利用 NPV 函数计算了本项目例 3 中设备的现价，有关数据资料如图 10-53 所示。

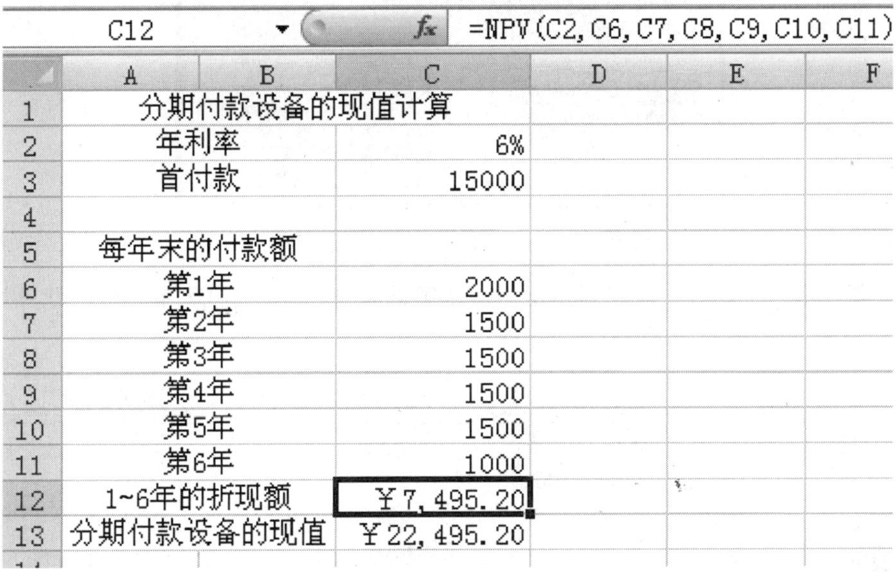

图 10-53 输入数据

第一步：单击要进行求解的单元格 B12，选择"数据"功能区中"数据工具"组的"假设分析"→"单变量求解"命令。在"目标值（V）："处单击鼠标左键，并输入"8 500"；在"可变单元格（C）："处单击鼠标左键，选中 C2 单元格，如图 10-54 所示。

图 10-54 输入"单变量求解"数据参数

第二步：单击"确定"按钮，将出现"单变量求解状态"对话框，如图 10-55 所示。

图 10-55 "单变量求解状态"对话框

第三步：工作表中也已显示出当前求解的状态，并已于 C2 单元格中计算出：当 1~6 年的折现额为 8 500 元时，利率为 2%，如图 10-56 所示。

	A	B	C
1	分期付款设备的现值计算		
2	年利率		2%
3	首付款		15000
4			
5	每年末的付款额		
6	第1年		2000
7	第2年		1500
8	第3年		1500
9	第4年		1500
10	第5年		1500
11	第6年		1000
12	1~6年的折现额		¥8,500.00
13	分期付款设备的现值		¥23,500.00

C12 =NPV(C2,C6,C7,C8,C9,C10,C11)

图 10-56 输出"单变量求解"结果

【概念索引】

货币的时间价值　现值　终值　年金　模拟变量表　内含报酬率

【闯关考验】

上机操作题：

（1）某企业计划用 A 设备替代 B 设备，具体资料如图 10-57 所示。问是否需要替代？

固定资产更新资料

项目	A设备	B设备
资本成本率:	10%	
所得税:	40%	
固定资产原值	210000	120000
预计使用年限	8	5
税前利润	45000	30000
预计净残值	21000	20000
折旧方法	直线折旧法	直线折旧法

图 10-57 固定资产更新资料

（2）有 A、B 两个方案，基本数据如图 10-58 所示，试采用插值法和函数法计算内含报酬率。

投资决策

折现利率: 10%

期数	A方案净现值流量	B方案净现值流量
0	-200000	-200000
1	40000	15000
2	40000	20000
3	40000	25000
4	40000	30000
5	40000	35000
6	40000	40000
7	40000	45000
8	40000	50000
9	40000	55000
10	40000	60000
内含报酬率		

图 10-58 计算内含报酬率

【课外修炼】

百度"Excel 2007'数据表的使用'（培训）"，查看广告中的课程内容，你是否能掌握了？若不会，请教老师或查阅相关资料进行自我学习。

【微语录】

项目十一
Excel 在固定资产管理中的应用

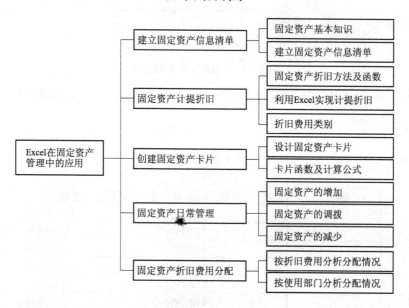

知识结构图

情境写实

【情境案例】

北京天都公司前段时间利用 Excel 对工资管理进行了核算，解决了手工核算计算工作量大、容易出错的难题，得到了公司领导的一致认可。公司固定资产管理、折旧计提和分配、增减变动混乱，已影响到公司的快速发展，领导决定开始尝试用 Excel 设计固定资产核算系统。

公司有行政部、采购部、后勤部、销售部、一车间部、二车间部共六个部门，固定资产的所属部门使用固定资产并负责其日常维护。固定资产的集中管理在财务处，每个固定资产都有自己的一张卡片，记录着其增加方式、减少方式、开始使用日期、固定资产编码、规格型号、所属部门、原始价值、累计折旧、净值、折旧方法等信息。

【分析与思考】

本项目的工作思路是创建一个固定资产管理系统，建立固定资产清单，对固定资产进行管理，每个固定资产均有固定资产卡片记录，选择恰当的折旧方法对各项固定资产计提折旧，最后对折旧费用进行分析。本项目设有五个工作任务，使学生能够利用 Excel 进行固定资产清单、卡片的制作，并从中学习和掌握 Excel 数据有效性定义、有关函数的应用、筛选功能，回顾数据透视表和透视图的基本操作方法。

学习目标

【知识目标】

（1）掌握 Excel 在固定资产管理系统中的应用。

（2）掌握固定资产折旧的计算方法。

【能力目标】

（1）学会使用 Excel 设计固定资产核算系统。

（2）学会使用折旧函数。

（3）学会运用筛选功能及数据分析工具进行固定资产数据的汇总和查询。

任务一　建立固定资产信息清单

一、固定资产基本知识

固定资产是指企业使用期限超过一年的房屋、建筑物、机器、运输工具及其他与生产、经营有关的设备、器具、工具等。对于不属于生产经营主要设备的物品，单位价值在 2 000 元以上，并且使用年限超过两年的，也应当作固定资产。

经过对固定资产管理的分析，根据需要建立"固定资产管理系统"工作簿，再建立"项目设置"表、"固定资产清单"表、"固定资产卡片"、"折旧费用分配"表等。

二、固定资产基本信息设置

Excel 应用于固定资产管理之前，根据任务要求，进行了任务分析；为了提高对固定资产基础数据录入的速度和准确性，要进行相关设置，具体步骤如下。

1. 建立"项目设置"表

（1）在"固定资产管理系统"工作簿中，将 Sheet1 命为"项目设置"。

（2）根据公司已知数据输入基本数据，其中包括类别编号、类别名称、使用部门、增加方式、使用状况、折旧方法、减少原因、折旧费用类别，全部设置为文本格式，具体如图 11-1 所示。

（3）建立名称区域，单击"公式"功能区中的"名称管理器"按钮，弹出"名称管理器"对话框，单击"新建"按钮，在"名称"中输入"类别编号"，"引用位置"为"=项目设置!＄A＄4：＄A＄8"或用鼠标进行选取，如图 11-2 所示，最后单击"确定"按钮。

图 11-1 项目初始化设置数据

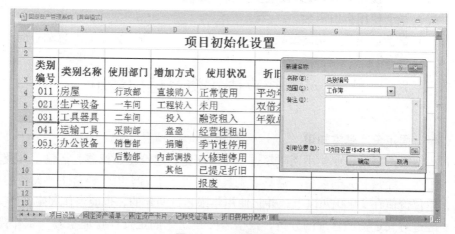

图 11-2 新建名称

（4）分别对"项目设置"表各项目进行名称框设置，步骤同上，结果如图 11-3 所示。

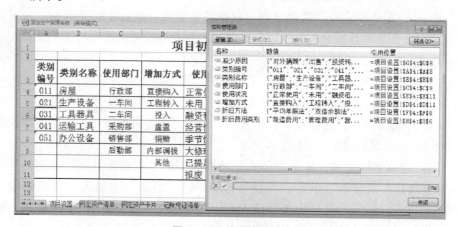

图 11-3 名称框定义

2. 建立"固定资产清单"表,用以建立固定资产初始数据

(1) 在"固定资产管理系统"工作簿中,将Sheet2重命名为"固定资产清单"。

(2) 输入下列固定资产清单项:

在 A1 中输入"固定资产清单";

在 A2 中输入"当前日期";

在 A3 中输入"卡片编号",在 B3 中输入"资产编号";

在 C3 中输入"资产名称",在 D3 中输入"规格型号";

在 E3 中输入"类别编号",在 F3 中输入"类别名称";

在 G3 中输入"使用部门",在 H3 中输入"增加方式";

在 I3 中输入"减少原因",在 J3 中输入"使用状况";

在 K3 中输入"可使用年限",在 L3 中输入"开始使用日期";

在 M3 中输入"折旧方法",在 N3 中输入"资产原值";

在 O3 中输入"已计提月份";

在 P3 中输入"至上月止累计折旧额";

在 Q3 中输入"本月计提折旧额",在 R3 中输入"本年折旧额";

在 S3 中输入"本月末账面净值",在 T3 中输入"净残值率";

在 U3 中输入"折旧费用类别",如图 11 - 4 所示。

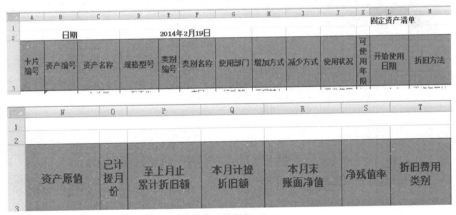

图 11 - 4　固定资产清单项目

(3) 合并单元格。

范围:合并单元格 A1:S1,居中;

　　　合并单元格 A2:C2,右对齐;

　　　合并单元格 D2:F2,左对齐。

(4) 定义单元格属性。

D2(当前日期),输入函数 NOW();

L3(开始使用日期)定义为日期型,选择格式为"2014/2/1";

A3(卡片编号)定义为"自定义",格式为""G" 0000";

N3（资产原值）、P3（至上月止累计折旧额）、Q3（本月计提折旧额）、R3（本年折旧额）、S3（本月末账面净值）定义为数值型，小数位数为2，右对齐；

T3 定义为：百分比、小数位数为2，设置右对齐；

设置后并向下填充100行。

（5）数据有效性设置。

对"类别编号"、"类别名称"、"使用部门"、"增加方式"、"减少原因"、"使用状况"、"折旧费用类别"进行数据有效性控制，具体步骤如下：

选择"类别编号"中的 E4 单元格，单击"数据"中"数据工具"的"数据有效性"按钮，弹出"数据有效性"对话框，在"有效性条件"的"允许"中选择"序列"，"来源"中输入"＝类别编号"，如图11-5所示。在"输入信息"选项卡的"输入信息"中输入"选择类别编号"，单击"确定"按钮，如图11-6所示。

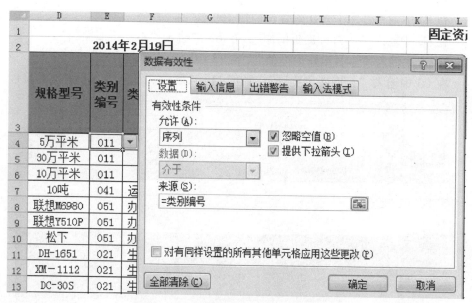

图11-5 "类别编号"数据有效性设置

用同样的方法对"类别名称"、"使用部门"、"增加方式"、"减少原因"、"使用状况"、"折旧费用类别"进行数据有效性控制。

完成以上"数据有效性"设置后，将"类别编号"、"类别名称"、"使用部门"、"增加方式"、"减少原因"、"使用状况"、"折旧费用类别"，向下填充100行，为后面数据做准备。

至此，固定资产相关信息的格式已设计好，输入相关数据资料，完成基础数据录入。

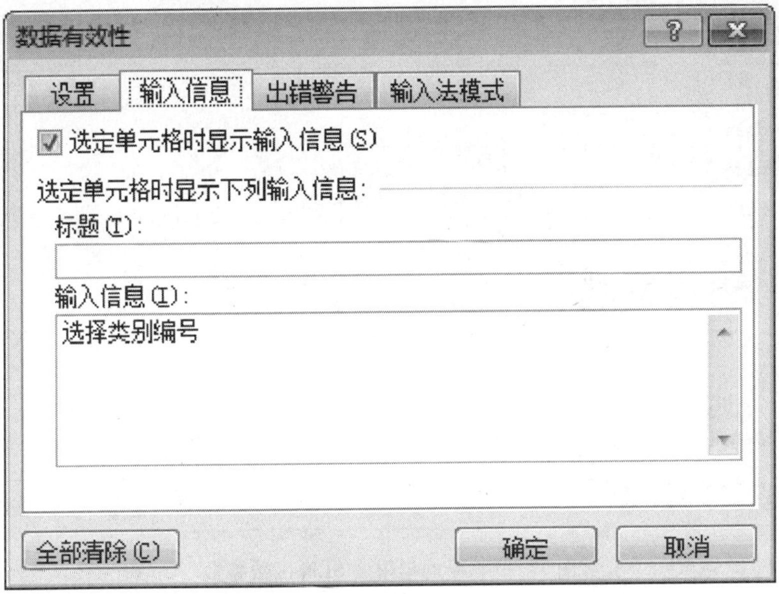

图 11-6　数据有效性提示信息

任务二　固定资产计提折旧

一、固定资产折旧方法及函数

根据不同时期的市场需求、公司目标，对不同类型的固定资产采用不同的计提折旧方法。常用的固定资产计提折旧方法有"平均年限法"、"双倍余额法"、"年数总和法"，下面将具体介绍这几种方法及其函数的使用。

1. 平均年限法

平均年限法也称直线法，是指根据固定资产的原值、预计净残值以及预计清理费用，然后按照预计使用年限平均计算折旧的一种方法。

(1) 平均年限法计算公式。

预计净残值 = 预计残值 – 预计清理费用

预计净残值率 = （预计残值 – 预计清理费用）/原值

年折旧额 = （原值 – 预计净残值）/预计使用年限 = 原值 × (1 – 预计净残值率）/预计使用年限

(2) 使用 SLN 函数，求平均年限法下的年折旧额。

格式：SLN（Cost，Salvage，Life）

其中，Cost 是固定资产原值；Salvage 是资产的净残值；Life 是固定资产的使用年限。图 11-7 所示为平均年限法 SLN 函数参数。

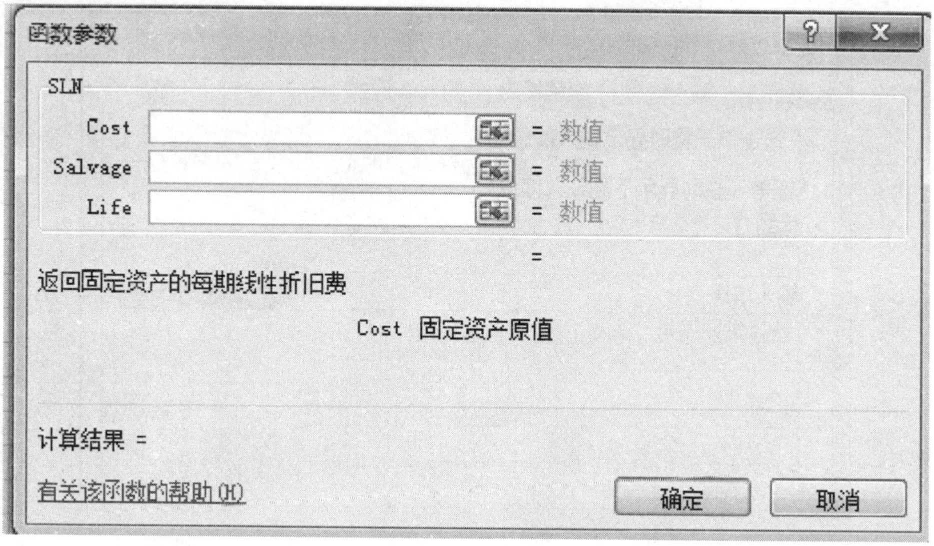

图 11-7 平均年限法 SLN 函数参数

2. 双倍余额递减法

其是在固定资产使用年限的最后两年前的各年，用平均年限法折旧率的两倍作为固定的折旧率，乘以逐年递减的固定资产期初净值，得出各年应提折旧额的方法。在固定资产使用年限的最后两年改用平均年限法，将倒数第 2 年年初的固定资产账面净值扣除预计净残值后的余额在这两年平均分摊。

（1）双倍余额递减法计算公式。

年折旧率 = 2 ÷ 预计折旧年限 × 100%

年折旧额 = 固定资产期初账面净值 × 年折旧率

月折旧率 = 年折旧率 ÷ 12

月折旧额 = 年初固定资产折余净值 × 月折旧率

固定资产期初账面净值 = 固定资产原值 − 累计折旧

（2）使用 DDB 函数，求双倍余额递减法下的计提折旧。

格式：DDB（Cost，Salvage，Life，Period，Factor）

其中，Cost 是固定资产原值；Salvage 是资产的净残值；Life 是固定资产的使用年限；Period 是需要计算折旧值的期间（必须与前面使用相同的时间单位）；Factor 是余额减速率，默认为 2。图 11-8 所示为双倍余额递减法 DDB 函数参数。

提示：双倍余额递减法以加速的比率计算折旧。折旧在第一阶段是最高的，后继阶段会减少；最后两年采用平均年限法（直线法）。

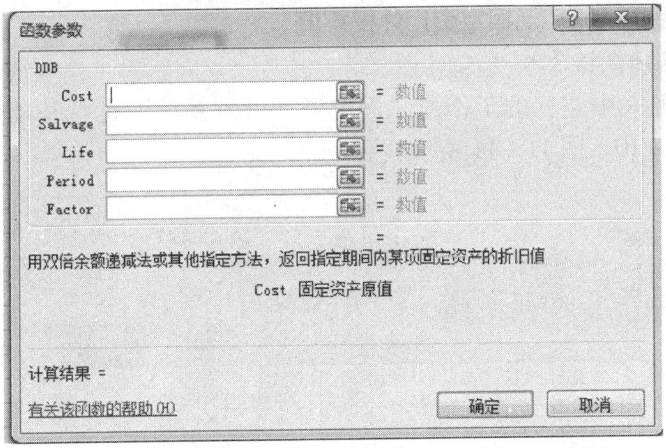

图 11-8　双倍余额递减法 DDB 函数参数

3. 年数总和法

年数总和法又称总和年限法，是指将固定资产的原值减去残值后的净额乘以一个逐年递减的分数计算确定固定资产折旧额的一种方法。

(1) 年数总和法的计算公式。

年折旧率 = 尚可使用年数/预计使用年限 ×100%

年折旧额 = （固定资产原值 - 预计残值）×年折旧率

月折旧率 = 年折旧率/12

月折旧额 = （固定资产原值 - 预计净残值）×月折旧率

(2) 使用 SYD 函数，求年数总和法下的折旧额。

格式：SYD（Cost，Salvage，Life，Per）

其中，Cost 是固定资产原值；Salvage 是资产的净残值；Life 是固定资产的使用年限；Per 是需要计算折旧值的期间（必须与前面使用相同的时间单位）。图 11-9 所示为年数总和法 SYD 函数参数。

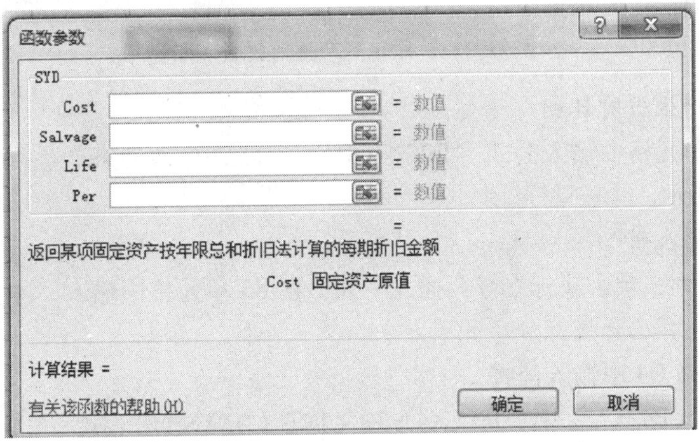

图 11-9　年数总和法 SYD 函数参数

二、利用 Excel 实现固定资产计提折旧

（一）基础数据录入

根据任务一中建立的工作簿"固定资产管理系统"进行基础数据的录入，具体如图 11-10、图 11-11 所示。

卡片编号	资产编号	资产名称	规格型号	类别编号	类别名称	使用部门	增加方式	减少方式	使用状况	可使用年限	开始使用日期
G0001	011023	办公楼	5万平米	011	房屋	行政部	工程转入		正常使用	30	2003/5/22
G0002	011016	厂房	30万平米	011	房屋	一车间	工程转入		正常使用	30	2001/6/18
G0003	011019	仓库	10万平米	011	房屋	二车间	工程转入		正常使用	26	2002/3/26
G0004	041006	货车	10吨	041	运输工具	采购部	直接购入		正常使用	11	2003/10/8
G0005	051055	台式电脑	联想M6980	051	办公设备	销售部	直接购入		正常使用	4	2012/3/21
G0006	051056	笔记本电脑	联想Y510P	051	办公设备	行政部	直接购入		正常使用	4	2013/11/21
G0007	051066	传真机	松下	051	办公设备	行政部	直接购入		正常使用	5	2008/2/19
G0008	021056	机床	DH-1651	021	生产设备	一车间	投入		正常使用	10	2011/10/16
G0009	021057	机床	XM-1112	021	生产设备	二车间	投入		正常使用	10	2009/10/16
G0010	021031	吊车	DC-30S	021	生产设备	二车间	捐赠		正常使用	12	1999/3/17
G0011	051077	复印机	东芝S166	051	办公设备	后勤部	直接购入		正常使用	5	2004/8/15

图 11-10 固定资产基础数据（一）

折旧方法	资产原值	已计提月份	至上月止累计折旧额	本月计提折旧额	本月末账面净值	净残值率	折旧费用类别
平均年限法	5,000,000.00					10.00%	管理费用
平均年限法	16,000,000.00					10.00%	制造费用
双倍余额法	2,000,000.00					10.00%	制造费用
双倍余额法	300,000.00					4.00%	营业费用
双倍余额法	12,000.00					2.00%	管理费用
年数总和法	12,000.00					2.00%	管理费用
平均年限法	6,000.00					1.00%	管理费用
双倍余额法	650,000.00					4.00%	制造费用
年数总和法	456,000.00					4.00%	制造费用
平均年限法	1,200,000.00					4.00%	管理费用
平均年限法	45,000.00					1.00%	管理费用

图 11-11 固定资产基础数据（二）

（二）产生当前日期

在 D2 单元格中输入公式"D2 = TODAY（）"，自动动态产生当前日期，如图 11-10 所示。

（三）插入列

单击 R 列，单击鼠标右键，插入一列，在 R3 单元格中输入"本年折旧额"。

（四）计算已计提月份

在单元格 O4 中输入公式：

O4 = IF（B4 = ""，""，IF（K4 * 12 < INT（DAYS360（L4，$D$2）/30），"折旧提完"，INT（DAYS360（L4，$D$2）/30）））,已计提月份公式首先判

断 B4 资产编号是否为空，如果资产编号为空，则说明没有资产；如果有编号再判断资产是否已计提完毕，即（K4*12＜INT（DAYS360（I4，$D$2）/30），已计提完毕则显示"折旧提完"，未计提完资产显示已提月份。向下填充 100 行。

（五）计算残值

单击 U 列，插入一列，在 U3 单元格中输入"净残值"，在单元格 U4 中输入"N4*T4"。设置单元格格式为"数值"，小数点保留两位小数。向下填充 100 行。

（六）计提折旧

1. 平均年限法

（1）在菜单栏中选择"数据"→"筛选"→"自动筛选"命令，使工作表处于筛选状态。单击"折旧方法"右侧的下拉按钮，在下拉列表框中选择"平均年限法"选项，显示出筛选结果。

（2）计算本年折旧额。单击 R4 单元格输入公式"= IF（O4 = "折旧提完"，0，SLN（N4，U4，K4））"，按【Enter】键即可计算出该固定资产本年折旧额。利用自动填充柄功能，将公式复制到该列的其他单元格中。

（3）计算本月计提折旧额。单击 Q4 单元格，输入公式"= R4/12"，按【Enter】键即可计算出该项固定资产当月的折旧额。利用自动填充柄功能，将公式复制到该列的其他单元格中。

（4）计算至上月止累计折旧额。单击 P4 单元格，输入公式"= IF（O4 = "折旧提完"，N4，Q4*O4）"，按【Enter】键即可计算出该项固定资产计算至上月止累计折旧额。利用自动填充柄功能，将公式复制到该列的其他单元格中。

（5）计算本月末账面净额。单击 S4 单元格，输入公式"= N4 – P4 – Q4"，按【Enter】键即可计算出该项固定资产计算至本月末账面净额。利用自动填充柄功能，将公式复制到该列的其他单元格中。

至此，按照平均年限法计提折旧的所有固定资产的年折旧额和月折旧额就计算出来了。

2. 双倍余额递减法

（1）在菜单栏中选择"数据"→"筛选"→"自动筛选"命令，使工作表处于筛选状态。单击"折旧方法"右侧的下拉按钮，在下拉列表框中选择"双倍余额递减法"选项，显示出筛选结果。

（2）计算本年折旧额。单击 R6 单元格，输入公式"= IF（O6 = "折旧提完"，0，IF（INT（O6/12）+ 1 > = K11 – 1，（N11 – VDB（N6，U6，K6，0，K11 – 1）– U6）/2，DDB（N6，U6，K6，INT（O6/12）+ 1）））"，按【Enter】键即可计算出该固定资产本年折旧额。利用自动填充柄功能，将公式复制到该列的其他单元格中。

（3）计算本月计提折旧额。单击 Q6 单元格，输入公式"= R6/12"，按

【Enter】键即可计算出该项固定资产当月的折旧额。利用自动填充柄功能，将公式复制到该列的其他单元格中。

（4）计算至上月止累计折旧额。单击 P6 单元格，输入公式"= IF（O6 = "折旧提完"，N6，VDB（N6，U6，K6 * 12，0，O6））"，按【Enter】键即可计算出该项固定资产计算至上月止累计折旧额。利用自动填充柄功能，将公式复制到该列的其他单元格中。

（5）计算本月末账面净额。单击 S6 单元格，输入公式"= N11 – P11 – Q6"，按【Enter】键即可计算出该项固定资产计算至本月末账面净额。利用自动填充柄功能，将公式复制到该列的其他单元格中。

至此，按照双倍余额递减法计提折旧的所有固定资产的年折旧额和月折旧额就计算出来了。

3. 年数总和法

（1）在菜单栏中选择"数据"→"筛选"→"自动筛选"命令，使工作表处于筛选状态。单击"折旧方法"右侧的下拉按钮，在下拉列表框中选择"年数总和法"选项，显示出筛选结果。

（2）计算本年折旧额。单击 R9 单元格，输入公式"= IF（O9 = "折旧提完"，0，SYD（N9，U9，K9，INT（O9/12）+1）））"，按【Enter】键即可计算出该固定资产本年折旧额。利用自动填充柄功能，将公式复制到该列的其他单元格中。

（3）计算本月计提折旧额。单击 Q9 单元格，输入公式"= R9/12"，按【Enter】键即可计算出该项固定资产当月的折旧额。利用自动填充柄功能，将公式复制到该列的其他单元格中。

（4）计算至上月止累计折旧额。由于年数总和法关于折旧累计的计算比较复杂，我们可以选择数据表间的链接方法获得。这里可以使用上月固定资产折旧表，单击 P6 单元格，输入公式为上月固定资产折旧表中的"上月累计折旧额 + 本月折旧额"，按【Enter】键即可计算出该项固定资产计算至上月止累计折旧额。利用自动填充柄功能，将公式复制到该列的其他单元格中。

（5）计算本月末账面净额。单击 S6 单元格，输入公式"= N11 – P11 – Q6"，按【Enter】键即可计算出该项固定资产计算至本月末账面净额。利用自动填充柄功能，将公式复制到该列的其他单元格中。

至此，按照年数总和法计提折旧的所有固定资产的年折旧额和月折旧额就计算出来了。

三、折旧费用类别

根据固定资产的使用部门和类型输入折旧费用类别，操作完成如图 11 – 12 所示。

	M	N	O	P	Q	R	S	T
1	清单							
2								
3	折旧方法	资产原值	已计提月份	至上月止累计折旧额	本月计提折旧额	本月末账面净值	净残值率	折旧费用类别
4	平均年限法	5,000,000.00	129	1,612,500.00	12,500.00	3,375,000.00	10.00%	管理费用
5	平均年限法	16,000,000.00	152	6,080,000.00	40,000.00	9,880,000.00	10.00%	制造费用
6	双倍余额法	2,000,000.00	143	1,259,338.73	5,328.50	735,332.77	10.00%	制造费用
7	双倍余额法	300,000.00	124	277,727.90	5,856.94	16,415.16	4.00%	营业费用
8	双倍余额法	12,000.00	23	8,750.00	250.00	3,000.00	2.00%	管理费用
9	年数总和法	12,000.00	3	1,176.00	392.00	10,432.00	2.00%	管理费用
10	平均年限法	6,000.00	60	5,940.00	-	60.00	1.00%	管理费用
11	双倍余额法	650,000.00	28	261,733.33	6,933.33	381,333.34	4.00%	制造费用
12	年数总和法	456,000.00	52	286,533.82	3,979.64	165,486.54	4.00%	制造费用
13	平均年限法	1,200,000.00	144	1,152,000.00	-	48,000.00	4.00%	制造费用
14	平均年限法	45,000.00	60	44,550.00	-	450.00	1.00%	管理费用

M	N	O	P	Q	R	S	T	U	V
清单									
折旧方法	资产原值	已计提月份	至上月止累计折旧额	本月计提折旧额	本年折旧额	本月末账面净值	净残值率	净残值	折旧费用类别
平均年限法	5,000,000.00	130	1625000.00	12,500.00	150,000.00	3,362,500.00	10.00%	500000.00	管理费用
平均年限法	16,000,000.00	153	6120000.00	40,000.00	480,000.00	9,840,000.00	10.00%	1600000.00	制造费用
双倍余额法	2,000,000.00	144	1607171.181	3,990.36	47884.38	388,838.45	10.00%	200000.00	制造费用
平均年限法	300,000.00	125	272727.27	2,181.82	26,181.82	25,090.91	4.00%	12000.00	营业费用
双倍余额法	12,000.00	24	7679.047329	52.50	630.00	4,268.45	2.00%	240.00	管理费用
年数总和法	12,000.00	4		392	4704		2.00%	240.00	管理费用
平均年限法	6,000.00	折旧提完	6000.00	-	0.00	-	1.00%	60.00	管理费用
双倍余额法	650,000.00	29	250758.7257	6,933.33	83200.00	392,307.94	4.00%	26000.00	制造费用
平均年限法	456,000.00	53	193344.00	3,648.00	43,776.00	259,008.00	4.00%	18240.00	制造费用
平均年限法	1,200,000.00	折旧提完	1200000.00	-	0.00	-	4.00%	48000.00	制造费用
平均年限法	45,000.00	折旧提完	45000.00	-	0.00	-	1.00%	450.00	管理费用

图 11－12　公式输入后效果

任务三　创建固定资产卡片

固定资产卡片是固定资产管理中的基础数据，它是按照每一独立的固定项目设置的，用以进行固定资产明细核算的账簿。本任务中的数据引用自任务二的“固定资产信息清单”工作表，创建完成后“固定资产卡片”里面所有的数据都是自动生成的，可以通过按键顺序查看“固定资产清单”中每一个固定资产的详细折旧信息。

一、设计固定资产卡片

1. 建立“固定资产卡片”工作表

（1）在“固定资产管理系统”工作簿中新建工作表，将其命名为“固定资产卡片”。

（2）输入固定资产卡片项目。

操作步骤如下：

在 B2 单元格中输入“固定资产卡片”；

在 B3 单元格中输入“卡片编号”；G3 单元格中输入“日期”；

在 B4 单元格中输入"固定资产编号"；D4 单元格中输入"固定资产名称"；

在 B5 单元格中输入"类别编号"；D5 单元格中输入"类别名称"；

在 B6 单元格中输入"规格型号"；D6 单元格中输入"部门名称"；

在 B7 单元格中输入"增加方式"；D7 单元格中输入"存放地点"；

在 B8 单元格中输入"使用状况"；D8 单元格中输入"使用年限"；

在 F8 单元格中输入"开始使用日期"；

在 B9 单元格中输入"原值"；D9 单元格中输入"净残值率"；

在 F9 单元格中输入"净残值"；

在 B10 单元格中输入"折旧方法"；D10 单元格中输入"已计提月数"；F10 单元格中输入"尚可使用月数"；

在 B11 单元格中输入"已提累计折旧额"；D11 单元格中输入"尚可计提折旧额"；F11 单元格中输入"折旧费用类别"；

在 B13 单元格中输入"折旧额计算"；

在 B14 单元格中输入"年份"；C14 单元格中输入"年折旧额"；D14 单元格中输入"年折旧率"；E14 单元格中输入"月折旧额"；F14 单元格中输入"月折旧率"；G14 单元格中输入"累计折旧额"；H14 单元格中输入"折余价值"；

在 B15 单元格中输入"0"，结果如图 11-13 所示。

图 11-13 固定资产卡片

（3）合并单元格。

范围：B2：H2，C3：F3，E4：H4，E5：H5，E6：H6，E7：H7，G8：H8，G9：H9，G10：H10，G11：H11，B13：H13。

（4）定义单元格属性。

C3 定义为"自定义"，格式为""G"0000"，如图 11-14 所示。

H3、G8 定义为"日期型"，选择格式为"2001年3月14日"。

E8、C9、H9、E10、G10、C11、E11 定义为"数值型"，小数位数为"2"，使用千位分隔符并设置右对齐。

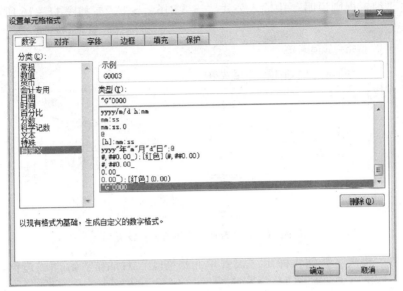

图 11–14　设置自定义格式

C16：C1000、E16：E1000、G15：G1000、H15：H1000 定义为"会计专用"，小数位数为 2，设置右对齐。

E9、D16：D1000、F16：F1000 定义为"百分比"，小数位数为 2，设置右对齐。

（5）添加表框线。

B3：H11 设置所有框线；B13：H15 设置所有框线。

（6）条件格式。

选择 B16：H16 单元格区域，单击功能区"条件格式"，选择"新建规则"命令，弹出"新建格式规则"对话框，"选择规则类型"为"使用公式确定要设置格式的单元格"，如图 11–15 所示。

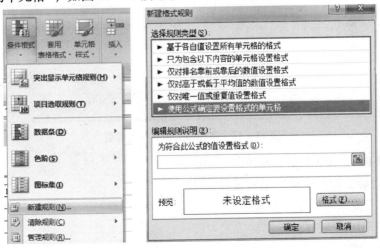

图 11–15　条件格式设置

在"编辑规则说明"中输入公式"=$B16<>""",如图11-16所示。

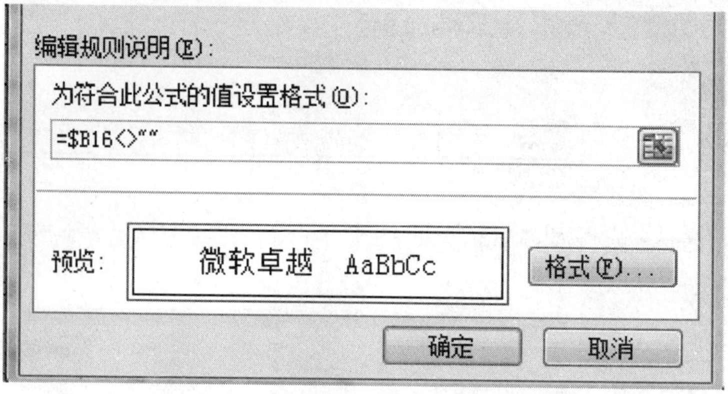

图11-16 条件格式设置公式设置

单击"格式"按钮,弹出"设置单元格格式"对话框,选择"边框"选项卡进行边框线设置,如图11-17所示。

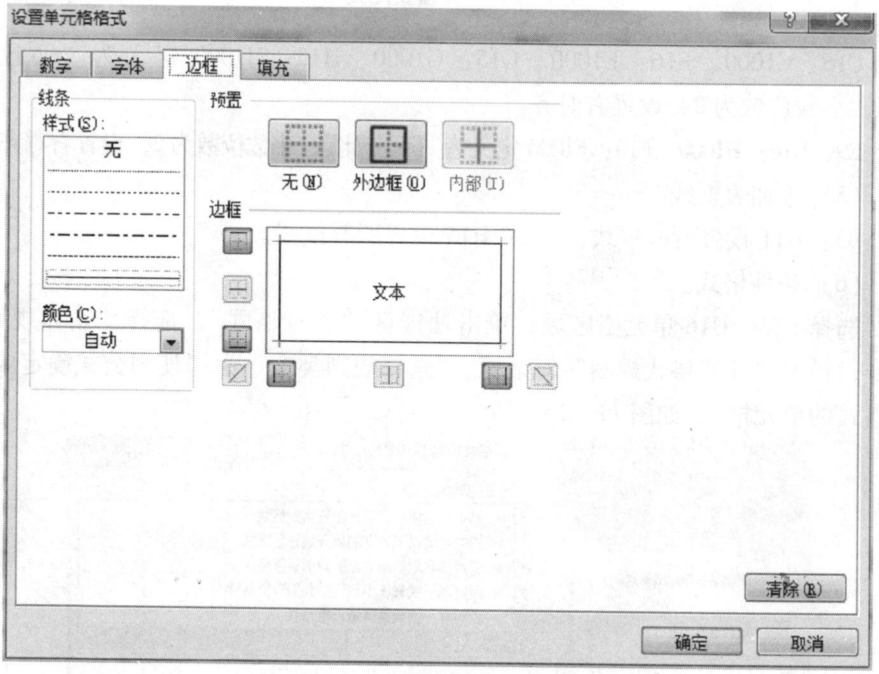

图11-17 条件格式设置边框设置

选择B16:H16区域,向下填充100行。
二、"固定资产卡片"函数及计算公式
1. "固定资产明细"计算公式
（1）INDEX函数。
函数格式:INDEX（Array, Row_num, Column_num）

Array 为单元格区域或数组常数;

Row_num 为数组中某行的行序号,函数从该行返回数值。如果省略 Row_num,则必须有 Column_num;

Column_num 是数组中某列的列序号,函数从该列返回数值。如果省略 Column_num,则必须有 Row_num。

图 11 -18 所示为 INDEX 函数参数设置。

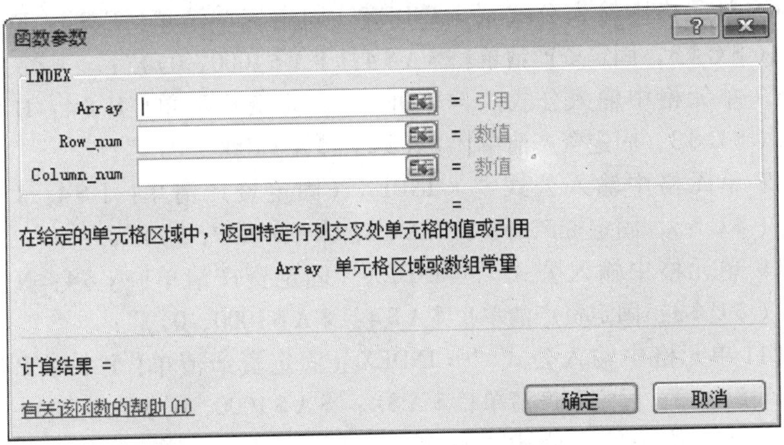

图 11 -18　INDEX 函数参数

(2) MATCH 函数。

函数格式: MATCH (Lookup_value, Lookup_array, Match_type)

Lookup_value: 需要在数据表中查找的值;

Lookup_array: 可能包含所要查找数值的连续的单元格区域,区域必须包含在某一行或某一列,即必须为一维数据,引用的查找区域是一维数组;

Match_type: 为 1 时,查找小于或等于 Lookup_value 的最大数值在 Lookup_array 中的位置, Lookup_array 必须按升序排列。

图 11 -19 所示为 MATCH 函数参数设置。

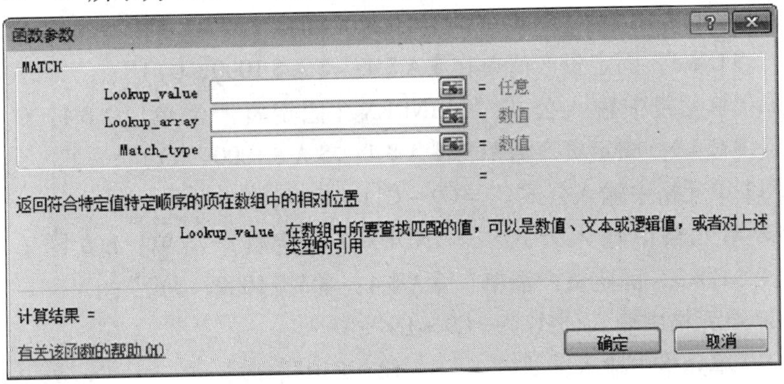

图 11 -19　MATCH 函数参数

（3）函数输入。

在 H3 单元格中输入公式"＝固定资产清单！D2"；

在 C4 单元格中输入公式"＝INDEX（固定资产清单！B＄4：B＄1000，MATCH（＄C＄3，固定资产清单！＄A＄4：＄A＄1000，0））"；

在 C5 单元格中输入公式"＝INDEX（固定资产清单！D＄4：D＄1000，MATCH（＄C＄3，固定资产清单！＄A＄4：＄A＄1000，0））"；

在 C6 单元格中输入公式"＝INDEX（固定资产清单！E＄4：E＄1000，MATCH（＄C＄3，固定资产清单！＄A＄4：＄A＄1000，0））"；

在 C7 单元格中输入公式"＝INDEX（固定资产清单！H＄4：H＄1000，MATCH（＄C＄3，固定资产清单！＄A＄4：＄A＄1000，0））"；

在 C8 单元格中输入公式"＝INDEX（固定资产清单！J＄4：J＄1000，MATCH（＄C＄3，固定资产清单！＄A＄4：＄A＄1000，0））"；

在 C9 单元格中输入公式"＝INDEX（固定资产清单！N＄4：N＄1000，MATCH（＄C＄3，固定资产清单！＄A＄4：＄A＄1000，0））"；

在 C11 单元格中输入公式"＝INDEX（固定资产清单！P＄4：P＄1000，MATCH（＄C＄3，固定资产清单！＄A＄4：＄A＄1000，0））"；

在 E4 单元格中输入公式"＝INDEX（固定资产清单！C＄4：C＄1000，MATCH（＄C＄3，固定资产清单！＄A＄4：＄A＄1000，0））"；

在 E5 单元格中输入公式"＝INDEX（固定资产清单！F＄4：F＄1000，MATCH（＄C＄3，固定资产清单！＄A＄4：＄A＄1000，0））"；

在 E6 单元格中输入公式"＝INDEX（固定资产清单！G＄4：G＄1000，MATCH（＄C＄3，固定资产清单！＄A＄4：＄A＄1000，0））"；

在 E7 单元格中输入公式"＝INDEX（固定资产清单！G＄4：G＄1000，MATCH（＄C＄3，固定资产清单！＄A＄4：＄A＄1000，0））"；

在 E8 单元格中输入公式"＝INDEX（固定资产清单！K＄4：K＄1000，MATCH（＄C＄3，固定资产清单！＄A＄4：＄A＄1000，0））"；

在 E9 单元格中输入公式"＝INDEX（固定资产清单！S＄4：S＄1000，MATCH（＄C＄3，固定资产清单！＄A＄4：＄A＄1000，0））"；

在 E10 单元格中输入公式"＝INDEX（固定资产清单！O＄4：O＄1000，MATCH（＄C＄3，固定资产清单！＄A＄4：＄A＄1000，0））"；

在 E11 单元格中输入公式"＝C9－C11－G9"；

在 G8 单元格中输入公式"＝INDEX（固定资产清单！L＄4：L＄1000，MATCH（＄C＄3，固定资产清单！＄A＄4：＄A＄1000，0））"；

在 G9 单元格中输入公式"＝C9＊E9"；

在 G10 单元格中输入公式"＝E8＊12－E10"；

在 G11 单元格中输入公式"＝INDEX（固定资产清单！T＄4：T＄1000，

MATCH（$C$3，固定资产清单！$A$4：$A$1000,0))"。

2. "折旧额计算"计算公式

在 B15 单元格中输入"0";

在 H15 单元格中输入公式"=C9";

在 B16 单元格中输入公式"= IF（$C$10="",""，IF（ROW()－ROW（$B$15）<=$E$8,ROW()－ROW（$B$15），""))";

在 C16 单元格中输入公式"= IF（B16="",""，IF（$C$10="平均年限法"，SLN（$C$9,$G$9,$E$8），IF（$C$10="双倍余额递减法"，IF（B16<=$E$8-2,DDB（$C$9,$G$9,$E$8,B16），（INDEX（$H$16：$H$202,MATCH（$E$8-2,$B$16：$B$202))－$G$9）/2),))";

在 D16 单元格中输入公式"= IF（B16="",""，ROUND（IF（$C$10="平均年限法"，（1-$E$9）/$E$8,IF（$C$10="双倍余额递减法"，2/$E$8)),4))";

在 E16 单元格中输入公式"= IF（B16="",""，ROUND（C16/12,2))";

在 F16 单元格中输入公式"= IF（B16="",""，ROUND（D16/12,4))";

在 G16 单元格中输入公式"= IF（B16="",""，G15+C16)";

在 H16 单元格中输入公式"= IF（B16="",""，$H$15-G16)";

选择 B16：H16 区域，向下填充 100 行。

3. 插入"数值调节钮"

插入"数值调节钮"的作用是利用"数值调节钮"对卡片编号进行选择，实现卡片调取、换页显示等。

具体步骤为：

选择功能区中"开发工具"，单击"插入"控件的下拉按钮，选择"表单控件"中的"数值调节钮" 后，可以看到鼠标光标变成十字形，在 G2 单元格位置拖动设置"按钮"大小，如图 11-20 所示。

图 11-20　插入"数值调节钮"

对"数值调节钮"进行设置,右击"数值调节钮",选择设置控件格式,如图 11 – 21 所示。

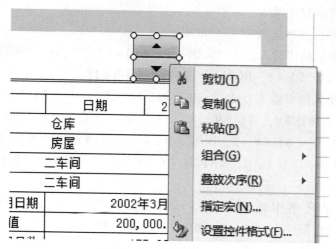

图 11 – 21　设置控件格式

弹出"设置控件格式"对话框,如图 11 – 22 所示,设置"当前值"为"1","最小值"为"1","最大值"为"30 000","步长"为"1","单元格链接"为"$C$3",单击"确定"按钮,完成设置。

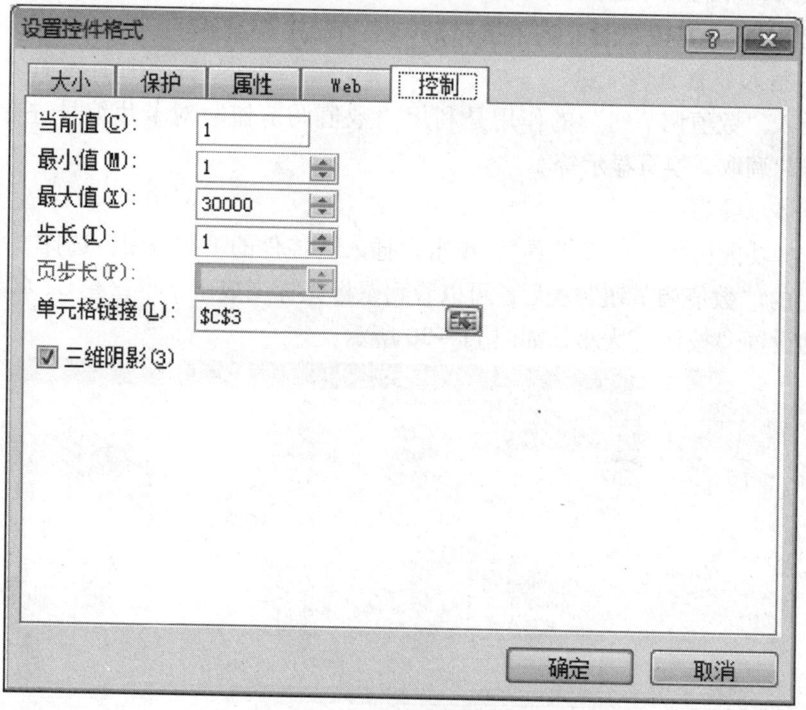

图 11 – 22　设置控件格式参数

任务四 固定资产日常管理

固定资产日常管理业务处理主要包括固定资产增加、固定资产调拨和固定资产减少。

一、固定资产的增加

固定资产的增加是根据需要将购入或以其他方式增加的固定资产添加到固定资产卡片中增加的固定资产信息。具体增加步骤如下：

（1）选择"固定资产清单"工作表，选择工作表标签行及数据，即 A3：T*（*号代表有效数据行），单击快速启动菜单栏中的"记录单" 按钮，弹出"固定资产清单"对话框，如图 11-23 所示。

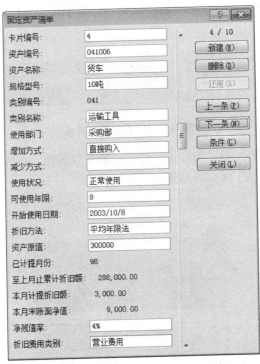

图 11-23 "固定资产清单"对话框

（2）单击"新建"按钮，显示空白的记录单，根据"资料"录入新增固定资产增加的信息。输入完毕后单击"关闭"按钮。

二、固定资产的调拨

固定资产的调拨是将固定资产从一个部门调拨到另一个部门。固定资产的调拨信息见"资料"。具体步骤如下：

（1）单击功能区中的"数据"选项卡，选择"筛选"命令，使工作表处于筛选状态，如图 11－24 所示。此时表头位置全部会产生一个下拉按钮。

	日期		2014年3月22日								固定资产清单		
卡片编号	资产编号	资产名称	规格型号	类别编号	类别名称	使用部门	增加方式	减少方式	使用状况	可使用年限	开始使用日期	折旧方法	资产原值
G0001	011023	办公楼	5万平米	011	房屋	行政部	工程转入		正常使用	30	2003/5/22	平均年限法	5,000,000.00
G0002	011016	厂房	30万平米	011	房屋	一车间	工程转入		正常使用	30	2001/6/18	平均年限法	16,000,000.00
G0003	011019	仓库	10万平米	011	房屋	二车间	工程转入		正常使用	25	2003/3/26	平均年限法	2,000,000.00
G0004	041006	货车	10吨	041	运输工具	采购部	直接购入		正常使用	8	2003/10/8	平均年限法	300,000.00
G0005	051055	台式电脑	联想M6980	051	办公设备	销售部	直接购入		正常使用	4	2002/3/21	双倍余额法	12,000.00
G0006	051056	笔记本电脑	联想Y510P	051	办公设备	行政部	直接购入		正常使用	4	2002/3/21	双倍余额法	12,000.00
G0007	051066	传真机	松下	051	办公设备	行政部	直接购入		正常使用	5	2005/2/19	年数总和法	6,000.00
G0008	021056	机床	DH-1651	021	生产设备	一车间	直接购入		正常使用	10	2001/10/16	年数总和法	650,000.00
G0009	021057	机床	XM－1112	021	生产设备	二车间	直接购入		正常使用	10	2001/10/16	年数总和法	456,000.00
G0010	021031	吊车	DC-30S	021	生产设备	二车间	直接购入		正常使用	12	1999/6/17	平均年限法	1,200,000.00

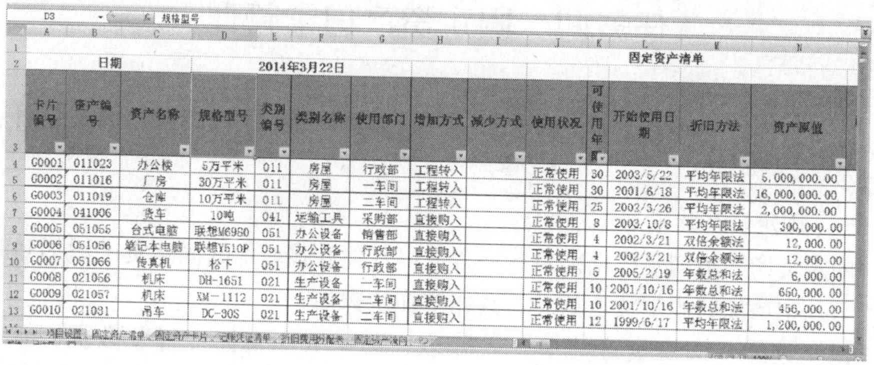

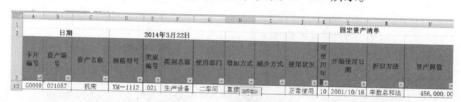

图 11－24　筛选状态

（2）单击“卡片编号”右侧的下拉按钮，在下拉列表框中选择需要调拨的固定资产编号“G0009”，显示出筛选结果，如图 11－25 所示。

	日期		2014年3月22日								固定资产清单		
卡片编号	资产编号	资产名称	规格型号	类别编号	类别名称	使用部门	增加方式	减少方式	使用状况	可使用年限	开始使用日期	折旧方法	资产原值
G0009	021057	机床	XM－1112	021	生产设备	二车间	直接		正常使用	10	2001/10/16	年数总和法	456,000.00

图 11－25　筛选资产结果

（3）单击 I12 单元格，单击单元格右侧的下拉按钮，在弹出的列表框中选择“无偿调出”项，如图 11－26 所示。

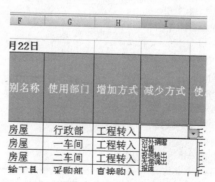

图 11－26　减少方式设置为“无偿调出”

（4）在下月初，单击 H12 单元格，将增加方式改为“内部调拨”，将部门名称改为“一车间”。

（5）单击功能区中的“数据”选项卡，选择“筛选”命令，让清单恢复到正常状态。

三、固定资产的减少

固定资产的减少是由于出售、损毁、报废等原因，将固定资产从固定资产卡

片中删除。减少的固定资产信息见"资料",具体步骤如下:
(1)按照前面的方法,使固定资产处于筛选状态。
(2)单击 A2 单元格右侧的下拉按钮,选择要报废的固定资产编号"G0007"。
(3)选中 I10 单元格,单击其右侧的下拉按钮,选择固定资产减少方式为"报废",完成固定资产减少操作。

任务五 固定资产折旧费用分配表

固定资产折旧费用的分配是指在建立当月固定资产报表时,需要对折旧费用的分配情况进行分析,例如按费用类别分析折旧费用的分配情况、按使用部门分析折旧费用的分配情况等。

一、按固定资产折旧费用类别分析折旧费用分配情况

固定资产折旧费用类别一般分为"管理费用"、"销售费用"、"制造费用"几类,通过建立固定资产折旧费用分配表可以直观地查看本期折旧额中各项费用类别所占的份额。具体分配步骤如下:

1. 建立数据透视表

(1)单击功能区中的"插入"选项卡,选择"数据透视表"中的"数据透视表"项,弹出"创建数据透视表"对话框,如图 11 – 27 所示,选择区域为"固定资产清单!＄A＄3：＄T＄14",选择放置数据透视表的位置为"新工作表",单击"确定"按钮。

图 11 – 27 "创建数据透视表"对话框

(2)将新建的空白数据透视表重命名为"折旧费用分配表",如图 11 – 28 所示。

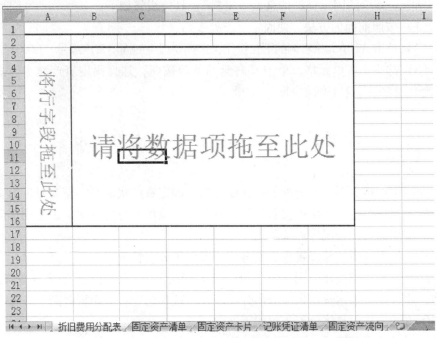

图 11–28　数据透视折旧费用分配表

(3) 将鼠标放置于新建数据透视表任一单元格，选取"开始"功能区中"样式"的"套用表格样式"，选择其中的"数据透视表中等深浅 16"，如图 11–29 所示。

图 11–29　套用表格样式

（4）在"数据透视表字段列表"中将"折旧费用类别"和"使用部门"依次添加到"行标签"区域；将"资产原值"、"至上月止累计折旧额"、"本月计提折旧额"依次添加到"数值"区域，如图 11-30 所示。

图 11-30　添加字段到"行标签"及"数值"区域

（5）在 A1 单元格中输入表格标题"折旧费用分配表"，选中 A1：E1 单元格区域，单击工具栏上的"合并后居中"按钮，并设置文字格式，设置好的折旧费用分配表如图 11-30 所示。

二、按固定资产使用部门分析折旧费用分配情况

固定资产按使用部门分析折旧费用分配情况，可以直观地查看本期折旧额中各个不同部门所占份额。具体步骤如下：

（1）前两个步骤和按折旧费用类别分析相同，就是在添加到"行标签"时将添加"使用部门"即可，如图 11-31 所示，在此不作赘述。生成空白的数据透视表，修改工作表名为"按使用部门分类的折旧费用分配表"。

图 11-31　添加"使用部门"为"行标签"

（2）在"数据透视表字段列表"中将"资产原值"、"至上月止累计折旧额"、"本月计提折旧额"依次添加到"数值"区域。

（3）在 A1 单元格中输入表格标题"按使用部门分类的折旧费用分配表"，选中 A1：D1 单元格区域，单击工具栏的"合并后居中"按钮，并设置文字格

式，最后的折旧费用分配表如图 11-32 所示。

	A	B	C	D
1		按部门分类的折旧费用分配表		
2				
3	使用部门	原值	本月折旧额	本年折旧额
4	财务部门	3000	24.875	298.5
5	管理部门	5063000	7964	95568
6	生产部门	16450000	24534.09091	294409.0909
7	销售部门	3354000	7278.875	87346.5
8	总计	24870000	39801.84091	477622.0909

图 11-32 按部门分类的折旧费用分配表

【概念索引】

固定资产管理　固定资产折旧　双倍余额递减法　平均年限法　年数总和法

【闯关考验】

一、思考题

（1）简述固定资产管理的主要内容。

（2）简要描述几种不同折旧函数的用法。

（3）结合实例，实现对固定资产管理有关数据的查询。

二、综合实训

实训资料：D 公司是一家生产机械设备的企业，企业规模虽然不大，但固定资产较多，而且价值较高，因此，固定资产的管理对于该企业来说是相当重要的。D 公司有厂部、财务处、结算中心、人事处、计划处、销售处、金工车间、结构车间、机装车间等部门。固定资产的所属部门使用固定资产并负责其日常维护。目前 D 公司已有各类固定资产 10 台，固定资产的集中管理在财务处，每个固定资产都有一张卡片记录它增加的方式、开始使用日期、固定资产编码、规格、种类、所属部门、原始价值、累计价值、净值、折旧方法等信息。固定资产日常管理的业务有：固定资产增加、减少、部门间的调拨、月折旧的计提、折旧数据的汇总分析。D 公司的固定资产分为如下几类：房屋类建筑、机械设备类、制冷设备类、汽车类、电子设备类，它们的编码分别为 02、03、05、06 和 07。

实训要求：请假定 D 公司一系列的数据，进行下列操作。

（1）固定资产初始卡片的录入。

（2）固定资产增加。

（3）固定资产查询。

（4）固定资产折旧数据的汇总分析。

【课外修炼】

［1］庄君.Excel 在会计和财务管理中的应用［M］.北京：机械工业出版社，2011.

［2］宋传联.基于 Excel 应用的会计实务［M］.北京：机械工业出版社，2012.

［3］杨佳梅.Excel 应用于财务管理的实训教程［M］.北京：国防工业出版社，2009.

【微语录】

_____

_____